创业

从初创到成功

Entrepreneur

Building Your Business from Start to Success

［丹麦］拉斯·特维德（Lars Tvede）
［丹麦］马斯·福尔霍尔特（Mads Faurholt）著
/
王晋 译

中信出版集团 | 北京

图书在版编目（CIP）数据

创业：从初创到成功 / (丹) 拉斯 · 特维德, (丹) 马斯 · 福尔霍尔特著；王晋译. -- 北京：中信出版社, 2020.12

书名原文: Entrepreneur: Building Your Business From Start to Success

ISBN 978-7-5217-1901-7

Ⅰ. ①创… Ⅱ. ①拉… ②马… ③王… Ⅲ. ①创业－研究 Ⅳ. ①F241.4

中国版本图书馆CIP数据核字（2020）第085148号

Entrepreneur: building your business from start to success by Lars Tvede and Mads Faurholt

ISBN: 978-7-5217-1901-7

创业——从初创到成功

著　　者：[丹] 拉斯 · 特维德　[丹] 马斯 · 福尔霍尔特

译　　者：王晋

出版发行：中信出版集团股份有限公司

（北京市朝阳区惠新东街甲4号富盛大厦2座　邮编　100029）

承 印 者：北京通州皇家印刷厂

开　　本：787mm × 1092mm　1/16　　印　　张：27　　字　　数：300千字

版　　次：2020年12月第1版　　印　　次：2020年12月第1次印刷

京权图字：01-2019-6019

书　　号：ISBN 978-7-5217-1901-7

定　　价：88.00元

目 录

第四部分

公司的成长、战略和挑战

第五部分

退出及以后的生活

序

彼得 · 瓦诺

“彼得，你觉得我们能……吗？”

我不知道本书的作者之一拉斯 · 特维德有多少次用这种句式问我问题了，但确实是很多次。举个例子，有一次，我们有三对夫妇坐在他的游艇里沿着意大利海岸航行，他突然问：“彼得，你觉得我们可以在水下喝啤酒吗？”

我觉得不行，但拉斯特别坚持，在我还没有反应过来时，我们三位男士已经穿着潜水装备在水下喝啤酒了。（我们倒拿着啤酒，往里吹气，待啤酒流出来时喝下去。我还录了一段视频。）

再举个例子。2017 年，拉斯受邀在丹麦成长基金年会上发言，这是丹麦风投领域一年一度的旗舰活动，政府部长、顶尖的投资人和创业者等都会参加。拉斯在上台前大约半小时把我拉到走廊里，一脸坏笑地问：“彼得，你觉得我可以用‘去你的’结束我的演讲吗？”

我以为他在开玩笑，所以一笑了之。好吧，我错了，因为后来他跳上台时，立即在 1 900 名与会者面前指着我，说我不相信他会用“去你的”结束这次演讲。“那就等着看吧。”他边演讲边从台上盯着我。我的天哪！

演讲结束时，他把我叫到台上，抱着我的肩膀，然后停在了一页演示文稿上，上面是马克·安德森（Marc Andressen）发给本·霍洛维茨（Ben Horowitz）的一封电子邮件，这封邮件现在大家都知道了，最后一句写着："下一次你他×的自己去接受采访吧，去你的。"我觉得我自己不会像他这么做，不过在场的人确实都笑了。

2015年4月，也就是那次演讲两年前，拉斯打电话给我说："彼得，我在一次TEDx演讲中遇到了一个最疯狂的人，他叫马斯·福尔霍尔特。"他在电话里喋喋不休地告诉我马斯是多么多么聪明。接下来我知道的就是，拉斯邀请了马斯和他的女朋友去希腊航海。一段伟大的友谊就这样开始了，此后二人有诸多合作，包括本书的出版。

不管是私下里还是商场上，我都非常了解马斯。就我个人而言，我觉得用"疯狂"一词来形容马斯并不完全准确。"令人印象深刻"这个描述更接近一些，此外还有"高效""节奏快"。关于"节奏快"这一点，我举几个例子。马斯在哥本哈根商学院完成学士学位的速度可是创造了纪录的。正常三年的课程，他用了一年零九个月。令人惊讶的是，他在攻读学业的同时还有两份要求很高的工作，其中一份管理着50名销售人员。后来，他去了麻省理工学院，23岁时在那里取得了硕士学位，之后成为麦肯锡公司有史以来最年轻的咨询师。这就是我所说的"节奏快"。

在麦肯锡工作听起来已经很棒了，但马斯很快便跳到了火箭互联网公司（Rocket Internet），并迅速成为高朋（Groupon）公司的亚洲首席执行官，手下有3 500名员工。那时他只有26岁。在亚洲生活期间，他还与人创立了众多网络公司，包括Zalora（网上时装及美容产品购物平台）、来赞达（Lazada）、赞微（Zanui）、The Iconic（澳大利亚时尚购物网站）、爱日租（Airizu）、GlassesOnline（隐形眼镜商城）、HelloFresh（订餐网站）和空腹熊猫（Foodpanda）。2017年，他为自己的公司

CompareAsiaGroup 筹集了 5 000 万美元。在我写下这篇序言的时候，他还拥有 CompareEuropeGroup、CompareLatAmGroup、Startech Asia 和 Private Equity Insights 等公司。

和马斯一样，拉斯不管做什么事情都非常快，尽管这可能不是你对他的第一印象。事实上，他一般都显得很冷静，甚至有点儿心不在焉，也许还有些书呆子气。但是，让我们看看他的职业生涯：大学休学一年去南美旅行，之后回到哥本哈根，毕业后在哥本哈根商学院用三年时间拿到了一般需要四年才能拿到的工商管理硕士文凭。与此同时，他还取得了工程硕士学位。哦，还与人创办了几家公司。19 岁那年，他和一位朋友在西班牙买了一幢避暑别墅，用的是他们求学期间利用业余时间赚的钱。

后来，他在市场营销和金融领域开启了忙碌的职业生涯，同时也在一所大学里做兼职教授和学监，还写了他最先出版的几本书，如今，他已出版 15 本书。这之后，他成了一名公司首席交易员，为现在的乳制品巨头爱氏晨曦（Arla Foods）交易债券、外汇和期货。再后来，他成了科技、生活、房地产和金融领域的连续创业者。

根据我的观察，拉斯有一个令人钦佩的特点，那就是把事情做好，实现自己的计划。就实现计划而言，他通常会准备大概 10 个备用方案，而其中一个（几乎）总是能达到目的。

在我看来，拉斯把生意看成一项运动。比如，几年前，他购买了全球排名前 25% 的对冲基金。然而，由于它们未能达到他的预期收益，即 15% 的年回报率，他就自己成立了一家投资公司，看看是否能够击败那些对冲基金。在接下来的 6 年里，他以 2 万瑞士法郎的初始资金，加上个人抵押，最后赚到了约 5 000 万瑞士法郎。这时，他突然停止交易，兑现了大部分资金，将其用于慈善事业，并在马略卡岛买了一栋别墅，还买了一架里尔喷射机、多辆跑车和他最爱的那艘游艇。

拉斯确信他做不了销售，也不喜欢管理别人。通常情况下，他会和一个或几个合作伙伴一起开公司，来应对这些挑战。不过，除此之外，他在自己选择的挑战中表现得异常灵活。比如，他在卫星通信、移动信息服务、房地产开发、金融交易、批发食品交易、IT 用品等各个领域建立了自己的事业。

他最近也可能是最后一次持久的冒险是在风投领域，这当然是把连续创业和金融这两个他最喜欢的“游乐场”结合起来的理想方式。说得具体一点儿，他于 2016 年和我共同创立了北欧之眼风投公司（Nordic Eye Venture Capital）。

随后他消失了几乎 4 个月，他翻阅了大量关于风险投资的文献——这就是典型的拉斯。再次露面时，他宣称欧洲的风投领域几十年来一直很糟糕，但有几种方法可以改进。有趣的是，其中最重要的一种方法就是积极帮助投资组合公司做好销售，也就是那件他认为自己唯一做不好的事。

幸运的是，这是我的老本行。我们和我们那支超棒的团队在第一年就实现了 203% 的内部收益率，还以一次性派发（股息）的形式作为回报，发放金额超过了基金对所有投资人的承诺。

当我阅读本书的手稿时，我感到震惊的是，书中的所有内容两位作者中至少有一位亲身实践过。在大多数情况下，他们都近乎完美地掌握了书中所写的内容。

拿为创业公司筹集资金为例。马斯从众多投资人那里筹到过资金，包括顶峰投资、摩根大通、金纳威克、高盛、世界银行、阿里巴巴和软银集团。拉斯也从各种创业基金那里募集过资金，此外还有英特尔、德国电信、路透社、洛拉尔系统公司、英国电信、朗讯、基尔希集团和新加坡报业控股。

再举一个例子，本书讲到了以社交媒体为平台的媒体活动和营销，这也是两位作者的主场。马斯和拉斯可能已经做过 1 000 多次采访和公开演讲。此外，马斯 11 岁就当过电台主持人，31 岁时又出现在一部关于创业公司的电视剧中。拉斯一直是丹麦电台和电视台以及美国全国广播公司财经频道（CNBC）的嘉宾主持人。此外，马斯和拉斯目前在社交媒体上拥有超过 5 万名好友和粉丝。

换句话说，这两个人都经验丰富，都经历过艰苦的磨炼。他们像我们一样，结束过失败的项目，聘请过错误的人，未能拿下重要的合同，也把事情搞砸过。不过，他们也创造了巨大的成功，退出项目时实现了可观的利润，包括股权转让、资产出售和上市。此外，拉斯还赢得了很多国际创业和技术奖项，包括《华尔街日报》的欧洲创新奖、《红鲱鱼》全球 100 强、布利奖（两次）和洛桑国际管理学院瑞士创业奖。在《营销大师指南》中，他被列为世界领先的营销战略思想家之一。

我想说的是，他们的话确实言之有据。我还应该补充一点，即使我从 23 岁就开始创业，本书中有很多内容也是我不知道的。

我希望也相信任何读者都会像我一样喜欢这本书。

彼得·瓦诺

北欧之眼风投公司首席执行官

第一部分

创业者

你想自己开家公司吗？你想成为一名创业者吗？在本书的第一部分，我们将介绍作为自雇者或创业者的各种角色，为什么要以及如何从实践中学习，以便可以承担更艰巨、更有挑战性的任务？

我们还会解释创业者如何应对巨大的工作量、压力及健康问题。这些问题的关键就是效率，我们不妨说“要聪明地工作，而非努力地工作”，或者说即使努力工作，至少也得聪明点儿。
但如何做到这一点呢？

在第三章，我们将转而研究产生个人影响的能力，以及在重要时刻突破重围的能力。在知名的大公司工作的人不一定会产生很大的个人影响力。他们在那里做得很好，但是一个强大而知名的组织就像庇护所一样，有时他们的影响力是因公司而生的。不过，在创业公司，你往往需要得到关注，并将你的意愿付诸实践——即便你的公司很小，甚至尚不稳定。那么，从销售大会到谈判，再到公开演讲、媒体采访、社交媒体等等，我们该如何制造影响力？我们会分享一些有益于你的实用技巧。

1 创业者的角色

创业，意味着要有所创新，进入未知领域，也许还要做一些真的无法预见结果或融资前景的项目。很多自雇者都属于创业者，但他们并非所有情况下都兼具这两种角色。比如，一位自己开诊所的牙医可能并不是创业者，而在谷歌管理一个创意项目的员工也许是创业者，但他并非自雇者。

我们认为，凡是梦想成为创业者的人，都应该了解创业者有哪些角色，以及承担这些角色需要具备什么，这一点很重要。我们在本章将研究创业者的各种角色，以及可以提高创业项目成功率的个人特质。此外，我们还会讲到如果选择创业这条路，那么你可能会遇到的风险和可能会有的收获。

“我想要创业。”这句话我们二人在学生时代经常说。

不过，它意味着什么呢？在 15 岁到 18 岁这个年龄段，我们觉得这句话无非是说“有一个好创意，开家公司加以实践”。然而，生活告诉我们还有很多其他的创业方式。有很多人会问如何创业，当然也有很多人会问为什么要创业，我们就从后者谈起吧。

为什么要创业？

统计数据显示，大多数创业者的创业动机往往源自以下两个因素。

> 金钱：希望实现财务自由。
>
> 自由：希望掌控自己的工作和生活。[1]

不过，也许还有很多其他动机。例如，很多人因为前一份工作的挫败开始自己创业。也许他们被愚蠢的老板或是毫无进取心的同事激怒，也许他们觉得自己无法融入公司的“体制”，也因此遭到解雇。

对某些创业者而言，决定开办公司与自我形象有关。父母那一辈的梦想也许是拥有自己的房子，但他们这一代可能梦想着在新的环境中立足。

有些创业者主要是想要激励同事，或是利用尖端技术或新时尚为客户提供优质产品。

也许还有更多职业上的动机。创业所涵盖的工作十分全面，因此需要高度的责任感，此外创业者还会碰到大量普通工作中几乎不可能遇到的挑战。所以创业者早期可能要集销售经理、营销经理、产品经理和人力资源经理于一身。有些人会觉得创业压力巨大，但也有些人，也就是那些伟大的创业者，会认为这一过程充满了乐趣。有些人还想坐在金字塔的顶端，他们认为如果自己创办公司，可以更快地到达这一位置。

有些人则被挑战和困难吸引。他们几乎将创业视为一项运动，甚至是对男子气概的考验（包括女性在内）。这些人喜欢挑战自我，发掘自己的极限。他们心里可能想知道“我能走多远”？让我们面对现实吧，创业者中可能有喜欢寻求刺激的人，但也有一些最后会成为不情愿走向莫都的霍比特人。

你想成为哪种创业者？

如果你觉得自己符合上文所讲的任何一种角色，那么下一个问题是：你想成为什么样的创业者？

在许多人的想象中，创业可能很简单——我们年轻时也是这么想的。某天早上你洗澡时突然想到一个绝妙的主意。太好了，就是它了！接着说服一家银行给你贷款几百万美元。几年后，在你付出了很多艰辛努力后，你把公司卖了……然后，前往南部的海边！

现在，我们年纪大一些了，我们还从未见过这样的创业过程。为什么没有呢？首先，创意很少会在瞬间突然出现，它会随着时间的推移时不时地展现。其次，银行不会贷款让你实现自己的想法，除非你进行全额抵押。银行为什么要贷款给你呢？为了赚取5%的利息，却要冒着你的公司倒闭后它自己损失100%的风险？公司倒闭的可能性是很大的。最后，我们还没听说过有哪位创业者卖了第一家公司后去海边定居了。也许偶尔会有这样的人，但据我们所知，典型的成功创业者都热爱工作，只要有时间，他们会立即启动下一个项目。

如果想创业却没有好点子怎么办？

拥有绝妙创意的创业公司开始时需要各种各样的人才。也许你不是出点子的那个人，但仍然热衷于追求创业之旅。所有创业公司都在寻求帮助和资源，并为收到的任何建议而心存感激。很多人通过早期加入他人的创业项目而成为创业者。

创业之路比以前更容易了！

毫无疑问，创业通常来讲是非常难的，但在我们看来，创业的条件近几十年来已经在很多重要方面得到了改善。创业成本已大幅下降，从技术上讲也更加容易了。当然，烦琐的手续也许增加了，但初步建立一家公司的总成本下降了很多。例如，软件和硬件已经变得十分便宜，航班也是一样，我们现在还可以免费开视频会议。此外，我们还可以使用即插即用的工具、云计算、众包、有针对性且价格不高的广告宣传、全球支付系统、高效的物流服务、智能手机和平板电脑等，它们都易于使用且成本低廉。那些曾经昂贵且笨重工具的价格现在已经降下来了，甚至可以免费使用。总体而言，我们认为除薪水外，各种创业公司的运营成本在过去 20 年下降了 90% 多。

此外，网络效应有时也可以帮助创业公司快速创造巨大的价值。在创业领域，“独角兽”一词用于描述市场价值超过 10 亿美元的公司。在 20 世纪 90 年代以前，最伟大的成功企业通常需要至少 20 年才能达到这个规模，但从那以后这一速度变得越来越快。例如，爱彼迎（Airbnb）在不到 5 年的时间市值就超过 10 亿美元，Snapchat 公司用了一年半的时间，而 Slack 公司仅仅用了 9 个月。

创业成本已大幅下降，从技术层面上讲也更加容易了。

如今，创业者还有一个优势：所有发达国家都有为创业者而设的优秀在线平台，如 Young Upstarts、Sandbox、Fast Company 和 YourStory。你可以定期在这里寻求建议和灵感，并找到对你有用的人。附录 C 列举了对创业者有用的网站和应用。

此外，许多创业公司无须在设备或生产上投入太多就能成为大公司。正如我们经常看到的案例：全球最大的“房东”爱彼迎旗下没有任何酒店，迄今为止全球最大的社交媒体公司脸书（Facebook）不制作任何媒体内容，世界上最大的共享出行公司优步（Uber）不拥有任何车辆。正因如此，它们能够以极快的速度扩张。

所以说，从许多方面讲，现在的创业成本更低，而且更容易了，虽然税收和法律纠纷可能更为复杂。

所有这一切，再加上“精益创业”这套新的管理方法，为创业圈带来了重大变化。我们看到越来越多的“微型跨国公司”，即拥有有限员工和投资需求的全球性公司。现在我们可以用更少的资金创办一家公司，这意味着风险投资人等投资方可以将资金分散到多个项目中。有些投资人倾向于“遍地开花式”的投资策略，这种策略会将少量资金分别投给很多创业公司。另外，在融资和项目退出方面也有重大的创新，比如最近逐渐升温的首次代币发行（ICO）就是一个突出的例子，不过有时会有问题出现。

生活方式型创业者或成长型创业者

我们可以将创业者分为两大类。第一种是生活方式型创业者（lifestyle entrepreneur）。他们会创办并经营一家餐馆、油漆店、牙医诊所等。当然，生活方式型创业者需要冒一些险，通常还需要付出诸多努力和决心，但并不一定需要极高的创造力（当然，也并不是说把创造力排除在外）。不过，这类创业者的特点就是追求成长的雄心有限。

风险投资人通常不会投钱给生活方式型创业者，因为这类投资的潜在利润一般非常有限，创始人很少会有兴趣出售公司，因此也无法给外部投资人带来合理的回报。此外，生活方式型创业者往往依靠的是个人的独特技能或才华，这增加了投资人的风险。

第二种是成长型创业者（growth entrepreneur）。他们会让项目成倍增长，或者用业内人士的话说，让项目“规模化”。如果你开的餐厅成了国际连锁餐厅，那么你就实现了“规模化”。举个例子，麦当劳是一家做汉堡的公司，当时的老板麦克唐纳兄弟并没有什么扩张的想法。不过，后来他们遇到了雷·克拉克，他提出了规模化的主张，并最终以 270 万美元买下了麦当劳。（我们推荐你看一看电影《大创业家》。）同样，英国名厨詹姆斯·奥利弗（James Oliver）没有选择受雇于人或是做生活方式型创业者，而是成为一名成长型创业者。

麦克唐纳兄弟是创新型但不是成长型创业者，但大多数追求成长的创业者都需要在新技术、产品或商业实践方面具有非凡的创新性，并且要能够推动公司的规模化发展。

有些创业者只开办一家公司，并经营一辈子。通常在几年后，他们会不断地从公司提取资金，并将其投资于房地产或私募股权基金等其他领域，但不会创办新的公司。相比之下，有些人则会成为“连续创业者”，他们不断看到有诱惑力的新机会。举个极端的例子，理查德·布兰森（Richard Branson）在众多不同的领域创立了大约500家公司。

单一创业者和连续创业者之间的差异也许可以这样解释：那些一辈子只经营一家公司的人着迷于人事管理，而连续创业者可能更钟情于创意。

风险有多大？

创业有风险吗？文献资料中有不少关于创业公司倒闭比例的研究。有些研究显示，大约90%的创业公司以失败告终，或有75%的创业公司会在3年内倒闭。我们查看了统计数据，结果比较混乱。

不过，我们在这里举几个例子。哈佛商学院的什卡·高希（Shikhar Ghosh）发现，接受风险投资的所有公司中有75%未能给投资人创造利润。[2]

还有更糟糕的。一项持续多年的重要研究涵盖了2 462家以色列科技型创业公司，其中46%的公司都破产了。还有比这更令人担忧的。大约2/3的风投公司投资失败。2/3啊！最糟糕的是，在接受孵化器投资的531家公司中，超过96.5%的公司以失败告终。[3]（孵化器是为拥有商业价值技术或项目的初创企业提供资金、人才、运营、管理等方面公共服务的社会组织，我们稍后会详细介绍。）现在需要说明的是，孵化器投资处于创业初期的创业公司，这时风险较高，但潜在收益也更高。尽管如此，这些数字并不乐观。试想一下：近97%的创业公司都会失败！

有一项规模更大的研究涵盖了1975年至2007年接受风投基金的近1万家美国创业公司。[4]结果显示，由初次创业者领导的创业公司中，有87%没有成功。由创业失败过的创业者领导的创业公司中，有80%失败了。由曾经创业成功的创业者领导的创业公司中，“只有”70%失败了。很明显，以往的表现并不能保证未来的结果，正如银行免责声明说的那样。

大约97%的创业公司失败了!

总的来说就是创业不易。下面的统计数据总结了美国创业公司在创立后一定时期内失败的比例：[5]

另外一项调查显示，截至2004年，德国的4 841家互联网和电子商务创业公司中有21%失败了，但奇怪的是，在获得风投资金的895家企业中，超过53%的公司倒闭了。[6]失败率真是不低！

还有许多其他研究，但要想在它们之间进行比较还是十分具有挑战性的。例如，研究数据可能仅涉及成长型创业者和一个国家，时间跨度很短，通常限于一个领域，并且仅涉及获得某种特定外部资金的公司，比如风投基金。此外，各项研究对“失败”和“成功”的定义也有很大的不同。例如，在有些研究中，“失败”可能指破产，而在其他研究中则指未能给风投

美国公司同比失败率（%）

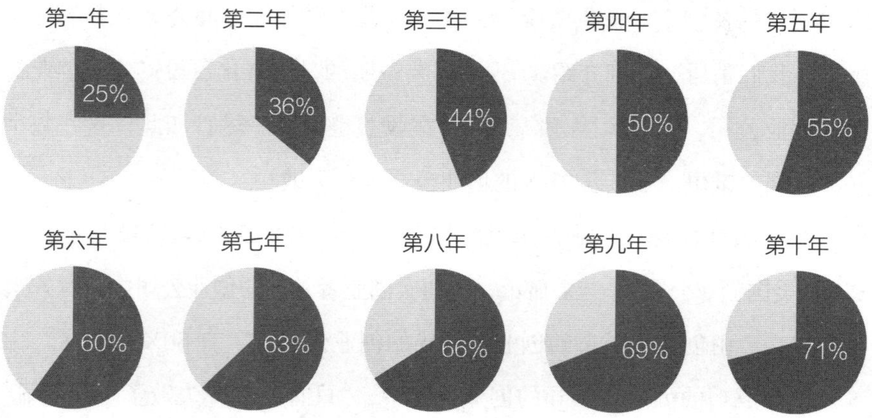

基金创造利润。（我们在后文使用“失败”一词时，只表示未能达到创业者自己的期望。）

不过，这些研究都清楚地说明了一点：创业艰难。风险投资行业的人脑海中都有一个典型的印象：

生活方式型创业者，大约 25% 在 3 年左右失败；

成长型创业者，大约 75% 在 3 年左右失败。

因此，风投基金都很谨慎。一般的风投基金每年会收到 500 至 1 000 份投资建议书。风投基金会快速筛选，可能会仔细研究其中大约 100 份建议书，然后与创始人见一两次面。在这之后，风投基金可能会对其中大约 20 个项目进行深入研究，最后可能会投两个。

假设这两个投资项目是从 700 个项目中选出来的，那么它们的结果会如何呢？根据创业领域的经验法则，结果如下。

30% 破产

30% 存活下来，但投资回报率是负的

30% 存活下来，大致做到了收支平衡

10% 发展得非常好，甚至可能创造了 1 000% 或者更高的回报率

因此，从 700 个投资项目中选出的两个项目，只有 10% 表现得非常好，也就是说 3 500 家创业公司中有一家能达到这个水平。我们再强调一下，这个数字是不确定的，所以把它想象成一个参考范畴即可。

不管在何种情况下，如果有人问创业是否有风险，我们会这样回答：“是的。而且不幸的是，风险还很大，特别是对成长型创业者而言。”

尽管现在创业的成本更低了，也更容易了，但是风险仍然存在。不过，我们还是会建议很多人至少尝试一下，因为如果你比其他人更了解某个项目，那么成功的概率就会大幅提高。毕竟，失败的成本也比以往低了很多。

如何才能降低风险？

有许多方式可以降低创业失败的风险，以下举几个例子（除此以外，本书后面还会详细介绍很多例子）。

如果你至少有一位联合创始人，你们之前曾经共事过，并且你对他非常了解，那么你的成功概率会大大增加。如果你之前曾在别的创业公司工作过，那么这将进一步提高你的成功概率。所有这些都有统计数据的支持（详见第 10 章“核心团队”）。

创业伊始，你不需要商业计划或大量资金，因为一般来说，前几个月甚至前几年你都在开发“最小可行性产品”，并在潜在客户间进行测试。在这个阶段，你把计划列在一大张纸上即可，上面可能只包含一些项目符号而别无其他。此外，你应该用一个带有粗略计算功能的电子表格，还需要几页 PPT 来讲述你的故事，简简单单，无须太长。别的就不需要了。你应该至少每周查看一下这些信息。刚开始的时候，你的目的是学习，而不是行动（详见第 12 章“成长阶段”）。

如果开始时你在大方向上（“关键转折”）做出了改变，这没有什么好尴尬的。事实上，统计数据显示这样反而会增加你的成功概率（详见第 12 章“成长阶段”）。

统计数据还表明，如果你有一位好导师，并关注创业大师的博客，或者二者选一，这将进一步提升你的成功率（详见第 10 章“核心团队”）。

你最大的商业风险有：（1）产品 / 市场匹配性差；（2）内部冲突；（3）一般而言，在你明确证明会有足够的用户真正喜爱并想要花钱购买你的产品之前做了大量投资；（4）在其他环节尚未准备好提速前，加速项目的某些环节；（5）未能从早期使用者（最早的用户）过渡到主流用户（详见第 14 章“五大商业威胁”）。

如上所述，这些例子只是我们将在本书中展示的冰山一角。

其他的创业方式

前文我们说到创业的传统观点，即突然有了一个绝妙的想法，然后围绕这个想法创办一家公司。然而，还有很多不同的创业方式，以下 12 种可能是最好的例子。

（1）为私募股权基金工作。私募股权基金从私营公司购买大量股权，往往处于控股地位。一般来说，私募股权基金继而会实施多个项目以创造更多的价值，然后再出售股权。这项工作有时可能接近传统观念认为的创业。

（2）中后期联合创始人。你的一位朋友开了家创业公司，开始时表现良好。尽管这家公司已经成立了，比如成立了 7 个月，但你可以受邀加入，担任投资人或“联合创始人”。

（3）特许经营。你获权成为麦当劳等成长型公司的经销商或特许经营者（特许经营者是指购买了商标和产品使用权的人）。作为特许经营商，你可以开零售店或成为当地的分销商。不可否认，特许经营用的是别人的想法，但仍是自己的生意。在此期间，你是独立的，所做的事也可以称为创业。

（4）把爱好变为事业。你有某个业余爱好，你觉得它比日常工作更有趣。也许你决定根据这个爱好建立一个网站，同时为志同道合的人打造一个圈子。某一天你也许会想，既然现在认识了这么多潜在用户，而且他们也认识你，那么你就具备了创业的基础。

（5）内部风险投资。有些公司实际上是连续创业公司，因此会为员工创造充足的创业机会。

（6）内部创业者 / 从公司独立出来的创业者。你在一家大公司工作，你或者团队中的某个人想到了一个绝妙的主意。你建议管理层将创意付诸实践，但管理层回应说，尽管这个想法很好，但很难与公司融为一体。因此，你建议新成立一家独立公司来实施这个想法。原公司会为新公司提供几个月或几年的资金，从而获得 50%~80% 的股份。你可以获得剩余的股份，但你的工资将降至最低。后面的事就全靠你了。顺便提一下，有些企业一直在拆分，创立了很多独立公司，为员工提供了大量的内部创业机会。

（7）给创业公司当顾问。你以咨询的方式为客户开发解决方案，比如针对特定问题的软件解决方案。随后，你开始思考“如果这位客户愿意为此花这么多钱，那么也许还有其他人也愿意这样做”。于是你开了一家公司，将这种一次性解决方案转变为规模化的产品。抑或你很纳闷儿，为什么咨询公司因为你的工作向用户收取的费用是你工资的三倍。既然如此，你为什么不自己当老板呢？

（8）生活方式型独立创业者。你开一家小公司自己当老板。

（9）由生活方式型创业者变为成长型创业者。你是一名生活方式型创业者，但有了一项创新，得以扩展你的项目。

（10）臭鼬工厂。臭鼬工厂的概念源于第二次世界大战时期的洛克希德·马丁公司，如今仍被很多公司采用，且效果非常好。臭鼬工厂允许一些员工从事日常管理之外的项目。许多成功的公司，包括许多全球知名的跨国公司，都有臭鼬工厂项目，它们开展的项目通常具有强烈的创业韵味。

（11）人力资产。你给一家创业公司当顾问，不收取任何酬劳，但这是因为你会得到公司的股票期权或股份。抑或你为一家创业公司工作，仅收取很低的工资，但有股票期权。这家公司发展得非常好，股票期权的价值突然升至数百万美元。某一天，你和其他几个人可能会一起选择退出，用获得的酬劳重新开始创业。

好的，下面我们来看看第 12 种情况。

（12）绝妙的主意。你早上洗澡时想到了一个很棒的主意，找到投资人然后开始创业。[7]

不过，请注意，在这 12 种创业途径中，大部分方式的风险都远远低于第 12 种。很多选择最后一种创业方式的人此前都尝试过其他 11 种方法中的一种。此外，还要记住，许多成功人士都曾经失败过一次或多次，而可怕的创业统计数据并未涵盖这一点。因此，假设失败率是 80%，如果每个人都尝试了 5 次，那么大多数人最终都是会成功的。

许多成功人士都曾经失败过一次或多次。

福尔霍尔特：年轻时如何练习创业？

我十四五岁的时候用零用钱买了一批打折的衣服，随后试图把它们卖给一家商店。买这些衣服花了我很多钱，不过这属于我年轻时锻炼创业能力的一次尝试，像这样的尝试还有很多次，都在我真正开始创业之前很多年。我曾在美国团购网站高朋和德国火箭互联网公司工作，那里实际上也可能是创业者的“庇护所”。我用同一个框架参与创建了大约 15 家公司，从中学到了很多东西。锻炼没有错，实际上锻炼是对的。不先进行训练，就无法参加难打的体育比赛，不是吗？

拉斯：我的第一次创业

年轻的时候，我有很多在商场打拼的经历。读大学期间，我曾给一位卖进口盒装蛋糕的朋友帮忙，我们会把这些蛋糕卖给超市。我还和另一位朋友一起把防静电屏幕清洁剂卖给电脑公司。此外，我还借钱投资于股票市场。在 19 岁的时候，我和一位朋友在西班牙买了一栋乡间别墅，用的是我空闲时工作挣的钱。对我来说，买这栋别墅一半是为了熟悉买房子和修房子的门道。我只是想学习。虽然最初的这些创业经历都没有取得重大成功，但我从中学到了很多东西，了解了经营企业的基本流程。

风险是相对的

下面我们对创业风险做个简要概括。当你想到风险时，还有另一种情况你也要考虑。如果选择创业，你在一段时间内的生活会有极高的不确定性，最终很可能会创业失败。但如果成功了，你这辈子就不会再有经济上的问题了，永远不会！因此，你会实现最终的财务自由。那么，另一种情况究竟是什么呢？你一辈子都靠雇主保证你的财务安全。如果失业了，你可能会很快陷入比较大的财务困境。我们的观点是，创业确实存在风险，但是干份传统的工作同样也有风险。

如果你问上了年纪的人他们一生有什么遗憾，他们很少会提及自己做过的事，而往往会说他们没做过的事。所以，如果你梦想开家公司，就试试吧。如果失败了，你至少知道自己尝试过，只是未能让其顺利运转。但是，如果你不去尝试，你可能直到临终的时候还在想如果你试过了会怎样。

这种无论如何都要尝试的精神在创业者中很常见。“真正的失败是不去尝试”，这句话几乎成了创业者的座右铭，我们也认同这句话。当日子屈指可数时，我们会希望有这种感受：我们已经尽了全力，虽然有些尝试失败了。当然，这并不是说失败应该得到美化——正如你有时会在创业领域听到的那样，这只是说，对所有人而言，不挑战自己的潜能可能是最大的错误。

最大的错误或许是从不尝试。

创业需要什么样的性格？

成功的创业者都有不同的个性，但我们认为有一些性格特征可以大大提高成功的可能性。在这里，我们必须马上承认，我们从来没有见过哪个人集这些特征于一身，当然也包括我们自己在内。但与此同时，我们想补充一点，至少在我们看来，你可以通过练习来克服自己的弱点。创业这份工作很可能会让你变得更加强大。

第一个有用的特征是“表现出主动性”。我们在对某事感到恼火时，会在社交媒体上向朋友们抱怨。我们都会这样做，但有些人过后可能会说“好了，不要再抱怨了，让我们把问题解决掉”，然后他们提出了解决方案。“让我们行动起来！”主动是创业者的一个典型特征。

与此同时，创业者往往倾向于“思考如何不断进步”。例如，当他们走进一家餐馆时，他们会立即思考如何改变它。因此，他们的头脑里时刻都有无数可能的项目在穿梭。他们的态度一般是，不会努力去改变现有的情况，而是创造一种替代方案。

还有什么其他有用的性格特征吗？创业者最重要的一个属性可以说是“自我激励”，即他们可以在没有人命令他们的情况下坚持不懈地工作。从逻辑上这自然会带出下一个属性，即“对项目充满热情”。所有的创业公司都要求员工努力工作，如果某个项目没有他们真正喜欢并迫切希望其能成功的亮点，那么从长远来看很难实现自我激励。

在热情之后就是“迫不及待地想要看到最终结果”。当结果出现时，创业者会迫不及待地改善这一结果。对于典型的创业者来说，一切都必须在昨天完成。

但是，迫不及待不应该引发毫无价值的愤怒或恼火，相反，它必须通过“高效工作的能力”来实现。伟大的创业者倾向于快速思考，快速做出决定，将日常问题一个个解决掉，就像用机关枪扫射一样。在创业公司刚成立的时候，时间几乎总是很稀缺，因此如果团队成员有很强的执行力就会十分有用。这种特质的一个表现可能是他们很快完成了学业，在求学期间一边承担着强度很大的工作，一边要完成几项研究，或是在上学时就开办了一家公司。

创业者还有一种品质，他们的“大脑通常反应很快，对混乱和不确定性也很适应”，就像在随时可能发生任何事情的足球比赛中一样。

每家创业公司都会遇到低谷，可能会持续几天、几个月，甚至几年，因此创业者还应该“对逆境有一定的抵抗力”，最好是有很强的抵抗力。这种坚强或适应能力一部分会表现在，他们不关心自己是否看起来像个白痴。这种特质需要相当自信。

典型的创业者会“往前看，而非沉耽过去”。如果出了问题，他们会总结经验并将之牢记在心，但其他的则会很快忘掉，因为他们并不感兴趣。因此，他们虽然朝前看，但仍会从错误中吸取教训。

他们有“职业自豪感”，因此会尽可能用最好的方式做任何事情，即使这项工作没有什么意思或是对他们来说不那么重要。例如，如果他们在上学期间兼职做无聊的工作，但还是会努力做好。

创业者应该“有能力全身心投入一件事”。创业要求创业者能够充分了解某个项目，知道如何改进项目。

此外，许多创业者都有很强的“好奇心”。他们是“想知道按下按钮后会发生什么”的那种人。

创业者通常还“很有合作精神”。那些认为其他人都是白痴的人很难融入团队或建立良好的社交关系。心怀信任同时进行验证是一种更好的态度，这意味着你应该信任别人，但仍要进行合理验证。

此外，创业者应该“坚持不懈”。当一切都开始土崩瓦解的时候，他们仍在工作，而且非常努力。大多数运动员也是如此。设想一下，他们在凌晨4点钟就起床刻苦训练，为的就是将来能够获得仅有微小概率才能得到的奖牌。换句话说，过人的意志力以及即使不一定有回报——而且在很远的将来也不一定有回报，但仍有斗志，这两点很重要，实际上可能比智力、体质、实践或经验影响更大。

有了意志力，你就能够“接受延迟潜在的回报”。创业者愿意努力工作很多年以获得将来或有或无的回报。

如果创业者在青年时期尝试过低薪工作，这也会有所帮助，因为这会让他们更接地气，并有助于他们正确看待自己的努力。

你能接受延迟潜在的回报吗？

“20世纪60年代末70年代初，哈佛大学的心理学家沃尔特·米歇尔（Walter Mischel）做了一项著名的儿童实验。”[8] 孩子们面前放着一个棉花糖，并被告知如果他们可以等20分钟再吃，就会再得到一个棉花糖。

事实证明，那些选择最初不吃棉花糖的孩子，也就是那些自控力更强的孩子，在后来的人生中表现得更好。童年时他们就能控制自己的冲动。创业者必须具备愿意延迟回报的巨大能力。一个20岁的年轻人如果非常在意工作和生活的平衡，那么他几乎不会成为一名创业者。

一般来说，创业者生性就比普通人“乐观”。虽然他们不知道自己的工作会带来什么，但他们有一个基本的信念：他们将在创业项目中不断学习，获得成长。

典型的创业者和非创业者在处理信息和做决策的方式上有所不同。最受欢迎的职业性格测试可能要数迈尔斯－布里格斯类型指标（MBTI）了，这项测试将人们划分为16种性格类型。就处理信息而言，创业者和非创业者的区别在于：是主要关注所接收的基本信息，还是更有兴趣赋予信息一定的意义。举个例子，一位历史学家可能会觉得仔细描述一个历史事件很有意思，而另一位历史学家可能对将这个历史事件放在宏大的历史模式中更感兴趣，从而赋予其意义。前者属于“实感型”，而后者属于“直觉型”。迈尔斯－布里格斯类型指标的发布者咨询心理学出版社2017年发布了一项研究结果，表明创业者平均来讲更偏向直觉型而非实感型。[9]创业者倾向于关注更宏大的模式和意义。

迈尔斯－布里格斯类型指标还有一个主要的维度，即对外部世界的心理认识：你是愿意一次性做好决定，还是愿意接收新的信息和选择？前者被称为“判断型”，而后者被称为“认知型”。研究发现，创业者可能更偏向于认知型而非判断型。

此外，创业者属于“思考型”，而非“情感型”。根据迈尔斯－布里格斯类型指标，前者在很大程度上基于客观原则和不带个人色彩的事实做出决定，而后者更多地受到个人的关注点和相关人士的影响。因此，偏向思考型的人更理性，这也适用于大多数创业者。

这项研究的其他发现和人们的预期完全一致。与非创业者相比，创业者在“创造力、外向性、冒险性、冲动性”以及最重要的“自主性”方面更为突出。但有趣的是，他们在求胜心上并不突出。

最后，有一点必须指出，创业者大多有人格障碍。[10]一项针对创业者的大型心理学研究表明，创业者出现抑郁、吸毒、注意缺陷多动障碍和双向人格障碍的倾向明显更高，其中一半的创业者有罹患遗传性人格偏离的近亲。结果呢，一些在学校中被认为有些怪异的人后来成为明星企业家，这让上学时的朋友惊讶不已。许多创业者也许还倾向于狂热和野蛮，这让他们可以不顾个人的代价和外界的反应去努力实现目标。作为一名创业者，你可能会经常惹恼一些人，在大多数人都会停下来的地方继续前行。

那些最成功的创业者

当然，解释了创业者与非创业者之间有什么区别之后，还有一个问题是哪些创业者最成功。在 2008 年的一项研究中，创业者被按照性格和行为分为两组——“羔羊”和“猎豹”。羔羊组的行为描述如下：围成一圈吃草，依赖他人的反馈和指导。他们很受投资人欢迎，他们中的 57% 在商业上取得了成功。[11] 那么猎豹呢？

正如“猎豹”这种动物所暗示的那样，这组创业者更加粗暴。他们会迅速而积极地行动，努力工作，持之以恒，设定高标准，并让人们遵守这些标准。这些人中的每个人都为投资人创造了高额回报。

研究的结论是，社交技能很重要，但前提还要有把事情做好的强烈愿望。这一点已经得到了其他研究的证实。因此，在考虑创建或领导一家创业公司时，问问自己“我是不是特别爱把事情做好”，这也许是一个很好的问题。

把事情做好的能力显然主要关乎勇气。海豹突击队的队员常常听到，当身体告诉你极限已经到了时，实际上你才用了 40% 的潜能。有勇气的士兵和运动员会超越这个极限。多项研究表明，除了这两个领域以外，勇气比智商或天赋更能预测人生的成功。[12]

可以创业的 23 个迹象	
• 表现出主动性 • 能够自我激励 • 做事迫不及待 • 高效工作的能力 • 大脑反应很快，对混乱和不确定性也很适应 • 对逆境有抵抗力 • 朝前看，但会从错误中吸取教训 • 思考如何不断改进周边事物 • 有职业自豪感 • 能全身心投入一件事 • 有很强的好奇心 • 有合作精神 • 坚持不懈 • 接受延迟潜在的回报	• 总体来说很乐观 • 青年时代做过出力不讨好的烦琐工作 • 倾向于依靠直觉，着眼于大局 • 有创造力 • 对变化持开放态度，因此不倾向于获得问题的确切答案 • 基于客观原则和不带个人色彩的事实，而非个人的关注点和相关人士的影响做出决定 • 冲动 • 可能有适度的性格偏离 • 有把事情做好的强烈倾向

创业能传授吗？

不乏有人声称创业是无法传授的，不管一个人有没有创业能力。的确，音乐、表演等也是如此，但我们相信，在任何具有挑战性的任务中，实践、才能和指导结合在一起往往才是最理想的。有许多大学开设了创业课程，随着时间的推移，学校在这方面已经做得越来越好了。我们的观点是，学习创业可能是有用的。顺便说一句，这一领域最好的教育计划之一就是加州帕洛阿尔托为期两年的考夫曼创投学员项目。该项目每年会从大约 200 名申请者中挑选出 20~30 名学生。

创业者需要的是领域内的专家吗？

如果你是一位生活方式型创业者，可能更容易成为所在行业的内部人士，但成长型创业者往往是局外人或是所谓的外部创业者。实际上，这似乎是一条惯例而非特例。例如，埃隆·马斯克通过创立 Zip2、贝宝、太空探索技术公司、特斯拉和太阳城等公司彻底改变了在线支付、电池、航空航天和汽车行业。史蒂夫·乔布斯通过创立苹果公司、NeXT、皮克斯公司彻底改变了电影、计算机、手机和音乐产业。里德·哈斯廷斯通过创立纯软件和网飞两家公司彻底改变了电影发行领域。理查德·布兰森通过创立维珍彻底改变了飞机制造业。奇普·康利通过创立幸福生活酒店集团彻底改变了酒店业。特拉维斯·卡兰尼克和加勒特·坎普通过创立优步彻底改变了出租车行业。这些人都是所涉行业的外部人士。

统计数据怎么说呢？事实上，统计数据显示，大约 55% 的创业者选择了以前从未做过的行业。[13] 麻省理工学院的凯雷姆·莱克汉尼（Karim Lakhani）在参加分析创新平台 InnoCentive 的活动后表示："实际上，我们发现在非专长的领域创业，成功的可能性会提高。"[14]

为什么呢？也许内部人士为太多传统所包围，对自己的领域有太多敬畏。一定程度的无知和天真可能会成为一种力量。

一定程度的无知和天真可能会成为一种力量。

创业真的像他们说的那么难吗？

我们所知道的大多数创业者，尤其是那些来自成长型公司的创业者，都说自己的工作强度很大。我们可以把创业想象成一个必须利用强大的助推器才能到达稳定轨道的火箭，速度必须快。一项针对英国创业者的研究显示，1/3 的创业者每周工作超过 70 小时，2/3 的创业者每周工作超过 50 小时。除此之外，50% 的创业者下一年的假期计划不超过两周，14% 的创业者预计自己一天都不会休息。[15]

然而，要在短时间内完成如此海量的工作，不仅需要奉献精神并花费大量的时间在工作上，还需要个人效率，我们在接下来的章节中会谈到这一点。

创业从经济角度讲是否值得？

比尔·盖茨通过创业赚得盆满钵满，但根据一般的风险平衡原则，平均而言，创业从经济角度讲并不值得。[16] 事实上，一项研究表明，与凭借自己的资历上班挣钱相比，创业者付出相同的努力在 10 年内赚的钱通常要低 35%。原因可能是创业的工作很繁重，另外，破产的创业公司很多。[17]

不过，请注意“平均”一词。我们已经研究了一些可以提高成功率的因素，在下一章我们会介绍更多的商业模式。你会看到有些模式通常要比其他模式更有前景。例如，一项研究发现，拥有原创技术或业务的成长型创业公司比跟风的创业公司（此类公司的业务基本上与其他公司雷同）有更大的成功机会。[18] 因此，如果我们统计那些有能力的创业者——他们追求考虑周全、可以实现规模化的商业模式，那么情况可能会大不相同，也会更好。

你可以这样想，如果你是一位生活方式型创业者，开了一家店，那么你必须每周工作 60~80 小时，才有 75% 的可能性让你的公司度过关键的前 3 年。换个角度，如果你创办了一家国际软件公司，你每周也必须工作 60~80 小时，但公司长期存活下来的可能性只有 25%。但是，就第一种创业项目而言，你可能不会变得很富有，而第二种原则上可能会让你成为亿万富翁。此外，第一种不会改变世界，但第二种可能通过引入新想法造福人类，从而产生更显著的影响。

创业应该从多大开始？

我们都听过一些家喻户晓的故事，有些人年纪轻轻就创办了异常成功的成长型公司。例如，比尔 · 盖茨创立微软和马克 · 扎克伯格创立脸书的时候都只有 19 岁。史蒂夫 · 乔布斯 21 岁时与人共同创办了苹果公司，丹尼尔 · 埃克（Daniel Ek）23 岁时与人合创了声破天（Spotify），拉里 · 佩奇和谢尔盖 · 布林 25 岁时创办了谷歌。

不过，杰夫 · 贝佐斯创立亚马逊时已经 30 岁了，而埃隆 · 马斯克创立太空探索技术公司时也已经 30 岁了。马云创立阿里巴巴时年纪甚至更大，34 岁。里德 · 哈斯廷斯创立网飞公司时 36 岁。哦，查尔斯 · 弗林特创立 IBM（国际商业机器公司）时已经 61 岁了。

通常而言，没有证据表明人们会在生活或职业的哪个阶段开始创业。实际上，创业的年龄范围很广。[19] 话虽如此，一项研究表明，创业者在创业前平均有 14 年的工作经验，35% 的人有至少 20 年的工作经验。根据这项研究，总体而言，成长型创业者（与生活方式型创业者相对）在创办企业时的平均年龄为三十四五岁。[20]

创业公司基因组项目是一项涵盖全球 10 万多家创业公司的研究，我们在接下来的章节会反复提到这个项目。该项目还研究了全世界创业排名前20的城市，互联网公司创始人的平均年龄是多少？请见下表。[21]

表 1-1　世界排名前 20 的创业中心互联网公司创始人的平均年龄

硅谷	36	巴黎	34
纽约市	34	圣保罗	32
洛杉矶	37	莫斯科	32
波士顿	35	奥斯汀	37
特拉维夫	34	班加罗尔	29
伦敦	33	悉尼	40
芝加哥	38	多伦多	37
西雅图	39	温哥华	40
柏林	32	阿姆斯特丹	34
新加坡	35	蒙特利尔	32

根据这项研究，无论在哪个城市，创业者开始创业的平均年龄都在29岁至40岁之间，总体平均年龄为35岁。顺便说一下，研究人员还调查了成功的创业者和失败的创业者在平均年龄上是否存在显著差异。结果显示没有，成功者创业时的平均年龄为35岁，失败者为34岁。

然而，2018年有两位科学家发表了一项重大研究的结果。这项研究不是以样本为基础，而是以2007年至2014年间在美国创办了企业并随后至少雇了一名员工的270万名创业者为基础。这些创业者创立公司时多大呢？[22]

总体而言，他们的平均年龄为42岁。如下图所示，其中不到1%的人年龄在22岁以下。此外，如果做一下细分，我们会看到不同公司创始人的平均年龄如下。

获得风投资金的公司：42 岁。

聘请高科技人员的公司：43 岁。

申请专利的公司：45 岁。

增长最快的那 0.1% 的创业公司：45 岁。

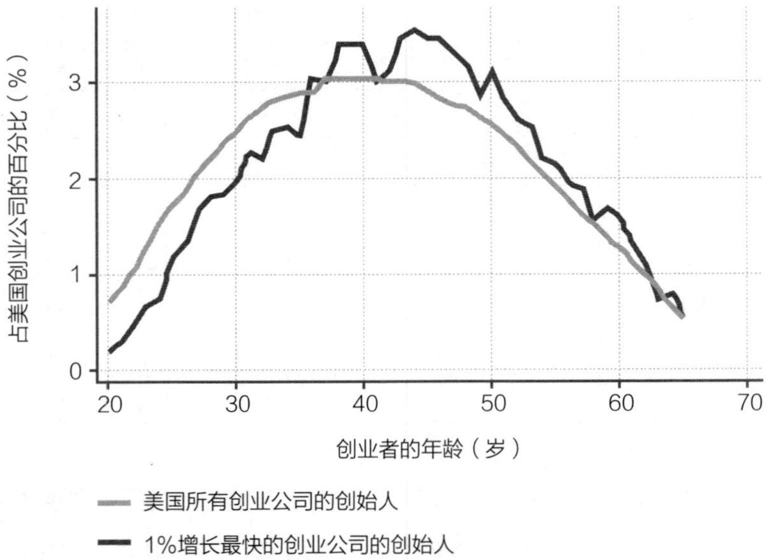

图 1–1 创始人的年龄分布：创业公司及高绩效的创业公司

所以，那些最成功的创业者的年龄比整体的平均年龄略高，实际上平均为 45 岁。在创立公司时，0.1% 的精英创始人中只有 1% 的年龄在 25 岁或以下。

由此我们会想到，许多年纪轻轻就成功创立公司的人，只有在年纪较大时才达到巅峰。例如，史蒂夫 · 乔布斯在 42 岁回到苹果公司时，可以说要远胜于 19 岁与人共创苹果公司时的他。

由此得出的结论是，作为成长型创业公司的投资人，在其他条件相同的情况下，你应该倾向于经验丰富的创始人。尽管如此，如果有机会，我们还是建议你尽早考虑创业。

如果你在职业生涯早期就开始创业，那么有可能是因为创意和团队都已就绪。或者是因为你还没有买车，没有养狗，没有建立家庭，所以也就没有随之而来的社会责任和经济责任。顺便说一下，有一点很有趣，当我们在世界各地做创业演讲时，我们有时会问观众中有多少人养狗。当我们提问的对象都是创业者时，这个数字通常几乎为零。

一般来说，年轻的时候，你的健康状况更好，也不大会因为潜在的创业失败而履历遭毁。如果失败了，你至少试过并积累了经验。年轻人还更容易放下自我——年轻人完全可以在超市里挣钱直到创业项目开始创造利润。因此，这样的人可能更容易接受在早期创业过程中解决所有琐碎的实际问题。此外，如果年轻，那么你也不会过于钟情于某个行业。

还有一点，年轻人往往更擅长发现新的趋势和机会。20 世纪 70 年代苹果公司的史蒂夫·乔布斯和微软公司的比尔·盖茨就是明证，而最近的例证有脸书的马克·扎克伯格和爱彼迎的布莱恩·切斯基。另外一个可能的考量是，开始创业时的年龄越小，其他人就越会觉得你了不起。相反，对于年长的创业者来说，有些人甚至会想“他是因为失业了吗”？

不过，年纪较大时才开始创业的动因可能包括更好的人脉、初始资本和经验的积累，抑或是更大的生活变化，比如在职业生涯中遇到了晋升障碍，甚至失去了工作。总的来说，我们认为年轻人拥有一些优势。很多人都会说最好在求学期间开始创业——如果项目失败，还可以用心学习。

很多人都会说最好在求学期间开

始创业——如果项目失败，还可以用心学习。

拉斯：学习期间创业的好处

我的大女儿 18 岁时和别人创立了一家公司，卖一种名为“隐形发圈”的新型发带。那时，她走进大学校门才 3 个月。3 年后她拿到学士学位时，公司已有 20 多名员工。两年后，她 23 岁时，公司的员工达到了 100 人。此外，她和另一位创始人还登上了《福布斯》欧洲“30 岁以下精英榜”。在她这个案例中，提早创业确实是一个很好的决定。

创业是否需要管理经验？

如果没有管理经验，能经营创业公司吗？当然可以。一项研究显示，只有 18% 的技术和生命科学领域的创业者之前有管理经验。[23] 不过，这些创业者中很多人的相关经验都是在小公司供职时积累的，而且并非领导职务。64% 的创业者来自员工少于 100 人的公司，尽管这些公司的职员占劳动力总数的比例不到 20%。[24]

很多创业者的相关经验都是在小公

司供职时积累的。

创业是否需要很多资金？

是否要等有钱了才能开始创业？有些人用很少的资金或几乎零资金就开始创业了，他们既不从自己腰包里掏钱，也不从陌生人那里募集资金。在风险投资行业，这种做法被称作“自力更生”。比如，你可以通过以下方法做到自力更生：（1）实现快速销售；（2）节省资金，包括在家办公以及使用云计算和众包等；（3）在开发产品时通过提供咨询服务赚钱。

如果你不想靠自己，也没有足够的资金，那么就需要从外部获得资金，但这对于刚成立的公司来说真的很耗时。实际上，开发和销售产品可能同样耗时，因此你应该不间断地考虑其他方式来避开从外部获取资金这条路，至少在创业初始阶段应该如此。

你还应该考虑这样一个事实：拥有充足的资金也可能产生负面影响，因为如果可以用钱解决所有问题，创造力可能就会消失。有钱存在银行里，你会很容易变得过于悠闲。正如有人说的，“在天堂不会感到饥饿”，“必要性是发明之母”。这当然不是说在天堂般的生活中就无法创业。正如上文所述，许多曾经成功创业的企业家都在自己的豪华别墅里开始了新的创业项目。不过，既然已经有了必要的资金，他们可能采取更宽松的方法。

是否应该等到有了好创意再创业？

好创意是应该有的，但正如我们后面会讲到的，创意真的是一个小问题。相比之下，执行力才是最关键的。此外，拥有一个好点子往往不够，通常要好几个创意结合在一起才能创造机会。假设你想创建一家专门卖葡萄酒的公司。没问题，但如何找到潜在客户？嗯……也许可以通过创建关于葡萄酒的网站和杂志？没问题，但如何融资呢？嗯……给葡萄酒和葡萄酒之旅打广告？如此持续问自己，直到你有了讲得通的完整故事。很少有人会在早上洗澡时想到什么复杂的故事。一个故事有许多面，往往会在很长一段时间内不断演变。事实上，很多公司只要保证这个更新过程不间断就会蓬勃发展。

简单往往意味着快速

2005 年，科学家发表了一项荟萃研究（基于其他研究的研究）。他们研究了公司开发产品的时间（概念发布）与产品获得巨大市场份额的时间（加速产品上市）之间有什么关系。他们阅读了 13 项相关研究，其中 10 项研究发现，如果产品的开发时间较短，公司进入市场的速度就更快。[25]

2 个人效能

一般来说，创业者要承担繁重的工作量，同时具有加倍的个人责任感，两者加在一起可能会让人身体劳累、精神紧张。因此，我们认为你应该仔细衡量自己的个人效能。每个人显然都不相同，因此都应该找到属于自己的做事方式。不过在本章，我们将探讨一些有助于创业者应对工作压力的工具和方法。这些方法对我们以及其他创业者都起过作用。

根据我们对工作量和压力的观察，首要也许也是最重要的发现是，许多创业者往往有伴侣和孩子。无论他们喜不喜欢，他们的创业工作都会影响伴侣和孩子，因此我们建议你要与伴侣就你的个人生活哪方面会一如既往，哪方面将不得不发生改变达成一致。也许和孩子有关的事，你几乎不想做任何改变，但可能想暂停和朋友的饭局了。这一点你要与伴侣达成一致。如果你有小孩，我们二人可以提供一个曾对我们都有效的建议，那就是早上陪孩子，因为你晚上回家时他们可能已经睡着了。

如何解决工作中令人不快的问题

尤其是在你创业初期，你需要处理一些你不喜欢的事情，也许是阅读和修改长篇累牍的合同，听取员工的抱怨，或是参加无休止的预算会议。不管是什么事，你都可以在心里告诉自己这件事必须做，这没有什么，因为剩下的工作非常有趣，而且公司的成功对你来说非常重要。你可以这样想：作者必须校对自己的作品，运动员必须经历魔鬼般的训练，滑雪向导在雨天和有雾的时候也要接待顾客。要想成为专业人士，努力过程不会全都令人愉快。

要记住：最终你可以把自己最不擅长或是最不喜欢的工作（一般会是同一种工作）交给下属。关于这种工作有一则伟大的座右铭："要么改进，要么消除，要么交给下属。"最终你可以摆脱其中一些事，但最开始时可能不行。

拉斯：创业者如何保持健康

在我工作量特别大、出差特别频繁的时候，我非常清楚体育运动以及和家人朋友一起参加户外活动会让我更有精力。相反，如果要在餐桌旁坐四五个小时，喝大量的葡萄酒，会损耗我的精力，慢慢破坏我的健康。因此，我开始拒绝这种饭局，我变得非常不受欢迎，直到我解释清楚自己为什么选择这样做，但为时已晚。我认为告诉大家你会参加什么样的聚会，不会参加什么样的聚会很重要。更重要的是，你要说明为什么。如果你以恰当的方式解释，大家通常会理解你的决定。如果他们不能或不会理解你，或许他们不应该成为你的朋友。

不要延迟享受生活

创业者通常会把一生的工作努力提前，以便后来可以享受更多的乐趣和自由。我们并不完全反对这种做法，虽然你可以延迟享受自由，但延迟享受幸福生活实际上是一个有风险且低效的决定。如果你能找到一种既可以享受结果也可以享受过程的方式，那么创业成功的概率就会大大增加。毕竟，这就是成功的创业者往往在退出一个项目后便开始下一个项目的原因——他们之所以成功，是因为他们喜欢创业这种生活，没有它就会感到无聊。对他们而言，过程是回报的重要组成部分。

优化工作、运动和社交的关系

有的人会一直工作，直到觉得自己累了，然后开始“急需的假期”，这种情况十分常见。这当然是可以理解的，我们二人也这样做过很多次，但实际上我们认为最好找到另外一种生活方式，不是需要休假时才休假，而自己想休假时抽出时间来。我们已经在这样做了。

事实上，我们并不确定度假是否能减轻身体上的压力。当无法应对问题时，我们认为大多数人都会产生压力。根据我们的经验，如果你每周工作60小时但仍完不成任务，那么你每周工作80小时，压力就会消失，同时又能完成任务。从长远来看，80小时的工作时间太长了，所以慢慢地你必须找到委派任务的方法。无论如何，假期不应该成为某种必需因素，而应该是一种可以选择的享受。

最好找到另外一种生活方式，不是需要休假时才休假。

如何创造最佳的生活方式呢？首先，不管做什么事，都要始终考虑边际效应。举个例子，完全不运动显然是不合理的，而每天做30分钟的运动则非常有益且十分理性。增加到60分钟会增加效果，但是第二个30分钟没有第一个那么有用。再增加30分钟，边际效应会进一步下降，而所花的时间开始产生很大的机会成本。花时间做任何其他事情都是如此。努力工作是必要的，但过于努力以致损坏了身体和基本的社交关系是没必要的。所以，我们认为“在这件事上所花的时间是不是花在别的事情上更好”是一个始终值得思考的问题。另外，牢记所谓的帕累托法则也很有用：80%的效果通常来自20%的努力。

当然，我们还应该同时考虑“如果我现在做的事情交由别人来做会更合理吗”？的确，聘请实习生帮你分担一些事情也许是有道理的，此外还可以请人帮你做保洁或购物等工作。

合理安排时间

另一个提高效率的好方法就是同时做几件事。比如，如果你跑步就能到办公室，为什么不跑着去上班呢？这样做，不仅到达了目的地，还锻炼了身体。哦，你还可以在跑步上班的途中听播客。现在，你同时做了三件事。

再举个例子，你为什么不边散步边开会呢？不要总是坐在室内开会，你可以和同事在公园散步时讨论一下业务。这样做，既呼吸了新鲜空气，也做了一点儿运动，讨论往往也会更富有成效。再给你一个建议：在机场、火车和飞机上可以读书或工作，一秒钟都不要浪费。

还有一点，按照自己的精力曲线做事。想一想一天当中你在什么时候最擅长做什么。也许你会发现早上最好做一些挑战智商的工作，在一天快结束时做一些常规工作，反之亦然。

最后，可以考虑时不时在家办公，即便你有一间办公室。有些工作最好在一个人的时候完成。此外，在家办公还可以省下路上的时间，没什么不好的。

提前一周做工作计划

周日晚上抽出一点儿时间做好下周的安排，包括制订出差计划、找好所需的衣物等。做一份待办事项列表。列出哪些事重要，哪些不重要。

美好的一天

要想拥有美好的一天，有一种办法是安静地开始一天——洗个澡，吃早餐，做些运动，在查看收件箱之前和孩子玩一会儿。换句话说，一天要开个好头。此外，应该记住，我们的身体每天都需要做些锻炼，见见阳光。没有这些，你很容易感觉背痛、疲劳、有压力。每天至少运动半小时，如果可能的话，花些时间晒晒太阳，这会使你的生活产生很大的不同。

还有一个问题，大多数人都会喝咖啡和酒。但是，如果你每天喝 4~6

杯咖啡以及 2~3 杯葡萄酒，那么这可能会对你产生负面影响，比如精力下降或半夜醒来。

接下来我们要谈到良好睡眠，如果你想成为一名成功的创业者，这必不可少。运动员都懂得睡眠对他们从训练中恢复十分重要，创业者也应如此。当然，人们在睡眠上有不同的需求，但大多数人每天需要 7.5~8 小时的睡眠。如果你做了锻炼，晒了太阳，并限制了咖啡和酒的摄入，那么你获得最佳睡眠时间的可能性就会增加。

我们还有一个发现，你需要经常离开办公室，频率可能比你以为的要多。最好可以享受一个有趣的周末，就像度过一个小小的假期一样，情景也与平时大不相同。如果既有趣，又能进行社交，还不乏新鲜的空气和锻炼，那就更好了。在这些时候，如果你偶尔带上个人电脑、平板电脑或智能手机，做些工作，也完全没问题。就某些工作而言，“办公室外的办公室”可以和办公室一样有效，而且还会带来你急需的变化以及社交效果。此外，在不同的地点办公，通常会激发灵感。

最后一点，很多创业者都在工作场合满足了社交生活的需求。如果你的合伙人和你在同一个地方办公，那就更好办了。大家一起工作、交流、运动，这样就做到了一举两得。

很多创业者都在工作场合满足了社交生活的需求。

有效阅读和倾听

如果对你来说阅读本行业或其他行业的书籍、博客和文章，或是听播客很重要，你可以用很多工具来提高效率。

首先，不要再关注传统媒体中的滚动新闻，也不要和那些不知道自己在说什么的人聊天。比如，下班后不要打开电视看新闻，而是读一些逻辑清晰的分析报告。

其次，在你优化信息流时（稍后我们会详细讲到），一个重要的任务就是找到合适的博客。这些博客还会给你推荐最相关的书籍。有一个找到相关博客的好方法，可以用行业关键词加上“博客”一词进行简单搜索。另一种可能更有针对性的方法是：（1）在 Kickstarter 以及其他众筹平台上查找类似的项目；（2）在谷歌图片上搜索这些公司的产品图片，看看哪些博主为这些产品写过文章。

你可以使用 Audible、Audiobooks、Overdrive 或 Pocket Casts 等应用程序访问书籍和播客。然后，你可以在旅行、运动或做饭时用这些应用程序听音频。还有一个有用的工具，就是亚马逊的 Kindle。有了它，可以轻松阅读电子书以及其他电子文本，即使阳光很强烈也没问题，因为它用的是电子纸。Kindle 有一个功能，你可以用它标记重要的段落，然后在电脑上查看，并轻松将它们复制到 Trello、Evernote（全球拥有超过 2 亿用户）或 Google Keep 里。这些应用程序我们之后会进一步介绍。

使用语音识别

如果你在创建篇幅很长的文档或打字时有问题，你可以使用语音识别。几年前，语音识别还非常糟糕，但情况已经发生了变化。例如，你现在可以在苹果笔记本上做好设置，然后用 Word 进行语音输入，现在能够被识别的语言越来越多（提示：语音输入时，词与词之间要界限分明）。此外，还有各种各样的语音识别网站，比如 dictation.io/。不要忘了，苹果手机的 Notes 也可以进行语音输入。三星手机也有出色的语音识别功能。

整理思路，有效控制项目

除了上面提到的那些应用程序，还有很多优秀且酷炫的应用程序可以存储你随时随地产生的想法，让你能开发创意，安排生活。此外，还有大量的应用程序特别是网站上面有营销计划、法律文档、执行摘要、会议日程和许多其他相关文档的模板。你可以在 Entrepreneur.com、Score.org、sba.gov、liveplan.com 和 bplans.com 上找到或下载 Word 版的模板。但是要注意，从国外网站下载的法律模板可能并不适用于你所在的国家或地区。

你还可以使用 Shake 等法律应用程序创建和签署简单的合同，使用 Scanner Pro 等应用程序扫描文档，使用应用程序 Due Payments 填写发票以及在线付款。

一般来说，这一切都是为了用简单的系统打造高效的工作流程，这些系统既不昂贵也不复杂，可以在像 iPad 等平板电脑以及智能手机上运行。在附录 C 中，我们列出了 85 个我们认为对创业者有用的应用程序和具有软件扩展功能的网站。

有很多优秀的应用程序可以存储你

随时随地产生的想法，让你能开发创意，安排生活。

把时间留给最重要的事和最擅长的事

作为一家新成立的公司的创始人，你几乎要负责所有事情。不过，随着业务的增长，你要时刻想着放权。有些创业者自己几乎没有什么固定的任务，因此他们好似公司的“清扫器”，在最有用和最重要的事上采取行动。

渐渐地，你一定要减少花在自己特别不擅长的事情上的时间。如果你不怎么会撰写新闻稿，就聘请一位自由记者来做。如果你不喜欢做会计工作，就聘请一位会计。你要不断研究自己的挑战，并快速将之解决，通常可以通过授权和外包来实现。正如我们前文提到的，有一则很好的座右铭：“要么改进，要么消除，要么交给下属。”

如今，甚至有些大型的全球性组织都没有什么员工，总部可能有几名员工，其他业务都会被外包出去，因为这种方法更划算。举个极端的例子，美国有一家公司名叫 Living Essentials，它生产一种叫作“5 小时能量”的饮料。这家公司只有大约 60 名员工，但年收入超过 10 亿美元，同时利润也很可观。[1] 这是可以做到的，因为它几乎将全部业务外包给了合作伙伴，只留下了最核心的业务。

别忘了保护知识产权

外包通常是件好事，但如果你雇用了分包商或自由职业者，必须在合同中规定你花钱雇人完成的工作，知识产权属于公司。这一条也适用于员工，他们在工作中的一切成果都属于公司。

做好邀请记录

还有一点需要重点考虑，那就是如何处理采访、讲座和社交活动的邀请。如果你的公司规模还小且微不足道，答案就简单了，因为那时候根本没有什么邀请，哈哈。但是，当你的公司占据了一席之地，情况可能会很快发生变化，从没有人想见你，到人人都想见你。这时你会收到很多请求和邀请，甚至可以说是如洪水般袭来。其中很多邀请非常有用，有些则根本没用。在这种情况下，最重要的是要记住留出足够的时间与员工在一起。一种解决方法是，把这些具有代表性的任务中很大一部分交给一个人，他必须有良好的社交技能和天赋，所做的演讲令人难忘。不过，要实现这一目标，这位员工必须有一个较高的头衔。

提高出差的效率

如今，几乎所有的沟通都可以通过虚拟手段完成，但大多数商务人士仍然选择出差进行面谈。为什么呢？因为只有通过面谈才能观察到别人发出的信号，比如有关性格、行为和心态的信号。如果采用虚拟手段交流，你可能不会注意到这些信号。畅销书《哈佛学不到的经营策略》（*What They Don't Teach at Harvard Business School*）讲的主要就是这个。[2]

出差往往是创业过程中最艰苦的一件事，尽管并非所有创业项目都是如此。早上 4：30 起床去赶飞往巴黎或洛杉矶的早班飞机，这是很令人疲惫的，尤其是需要频繁如此。一种解决方案是坐前一天晚上的飞机，这样你可以在办公室工作到晚上 8 点，然后前往机场（高峰时段之后），路上还可以处理电子邮件、做计划以及演示等。无论是在飞机、火车、出租车上，还是当你降落后用优步打车去酒店的路上，都可以做这些工作。这种解决方案的优点包括：（1）一天可以工作 12~14 小时；（2）可以保证整晚的睡眠；（3）第二天早上肯定能准时参会；（4）避免了交通堵塞；（5）可以在目的地与商业伙伴共进早餐。不利的一面是，需要携带衣物并多支付一晚的酒店费用。

如果去国外出差，你有时还可以做些其他事情：乘坐夜班航班（由于乘客睡眠不足，亦称“红眼航班”），在飞机上睡一觉，降落后在机场洗个澡并穿戴整齐，开一天会，再乘坐红眼航班回国，还是在飞机上睡一晚。这样你白天可以工作 12~14 小时，省下了登记入住和退房的时间，而且还睡了两觉。

如果经常去同一个地方出差，你可以与一家提供洗衣服务的酒店达成协议，酒店会清洗你的衣服，等你下次来时拿给你。这样，你只需要携带随身行李即可，同时也节省了洗衣服的时间。这种方法尚未被普遍使用，但确实存在。有些机场还提供洗衣服务。

如果坐飞机出差，你可以在线办理登机手续。当拿到了电子登机牌，你可以将其传到 Wallet 等应用程序或是截个图，这样即使你在出发大厅信号不好也能找到它。如果你常坐飞机，你可以享受飞行常客的优惠，可能包括快速通道和休息室。

当然，还有落地后的交通问题。下载优步或是出差目的地的出租车应用程序。使用智能手机上的 GPS 定位找到你要去的具体位置，用 GPS 提前查好。如果要与某人见面但找不到对方，可以用导航应用程序确定你的位置，然后通过短信或电子邮件转发给对方。真的有一个这样的应用程序（Glympse），它可以把你的实时位置发送给某人。最后，如果机场很远或是赶上交通高峰，可以考虑乘火车去机场而非自驾。

有效使用可以提高工作效率的工具

电子通信可通过各种各样的工具实现，比如电子邮件、脸书、领英、推特、照片墙（Instagram）、WhatsApp 等。在工作中，你要有效地使用这些工具，但也可以使用把这些工具有效结合在一起的更为通用的工具。

云数据存储。你可以用谷歌 Drive、iCloud、OneDrive、Dropbox 或亚马逊 Cloud Drive 把文件保存在云服务器上，这样无论你身在何处，你都可以在个人电脑、智能手机和平板电脑上下载这些文件，并与他人共享。

视频会议。主要用于两人或多人之间的视听会议，也适用于视频会议，你们可以共享屏幕。你还可以使用 Ecamm Call Recorder 或 Zencastr 把 Skype（即时通信软件）会议录下来，这样你就不会忘记会上的事。此外，你还可以使用 FaceTime、Tango、Frint、Zoom、Facebook Messenger、谷歌环聊（Hangouts）、Imo Free 或微信。WhatsApp 在智能手机上特别好用。与此同时，Skype 也很适合被用于外部联络，因为大多数人都装了这个应用。虽然视频会议可能并不总像面谈那样有效，但可以节省大量的时间和差旅费。

文件共享。你可以通过 Dropbox、OneDrive、Sync.com 等服务向任何人发送下载链接来共享文档。不过，大多数受欢迎的云服务，比如 OneDrive，都包含简单的文件共享功能。只要点击一下，就可以轻松下载某个共享文件的链接。

Slack 软件或其竞争产品。使用 Slack 软件，你可以在公司内部创建许多不同的“渠道”，员工可以讨论某个特定的项目，或是通过拖放操作共享各种类型的文档和图像等。你还可以使用 Slack 在所有产品中进行搜索，从而保持更新、发出通知等等。这些渠道可以向所有员工开放或专门为某些用户创建，还可以开放给使用 Slack 的供应商和客户。有效使用 Slack 可以轻松找到相关信息，新员工刚入职时也不会面对空空的收件箱，而是可以访问大量的结构化数据。

个人网站自动生成器。许多网站，比如 wix.com，可以在 10 分钟或更短的时间内为你设计出出色的个人网站，一般还会与网络托管捆绑在一起。如果你还没有域名，它还会免费提供域名建议。

建立人脉

不断更新你的社交网络。举个例子，当你和某人会面时，你要马上弄清楚如何在社交网络上与其建立联系。比如，可以在领英、Skype 和其他社交媒体与他建立联系，也可以通过短信或电子邮件等向其发送你的 Outlook 个人资料。还可以互赠名片，用名片扫描应用程序（如 CamCard）将名片输入 Outlook 或是其他联系人软件。

如果在谈业务的过程中，你收到了一封电子邮件，邮件还被抄送给了其他人，你也要与这些被抄送人建立联系，看看邮件为什么会被抄送给他们。他们能被抄送是有原因的!

如果公司里有几个人参与了同一个项目，你在给他们发送相关电子邮件时可以附上你的领英链接和 Outlook 的个人资料，这样大家就可以轻松地在网上建立联系。你还可以把你的领英和脸书个人资料添加到电子邮件签名中，也就是为你的电子邮件创建自动签名。一定要记得邀请联系人，与其在社交平台上建立联系!

一般来说，我们认为在一切进展顺利时拓展人脉是很有帮助的，而不是等到遇到问题需要帮助时再这样做。同样地，当你有一定的控制权时，帮助别人也是有用的，一则因为这是好事，也是正确的事；二则因为他们可能会称赞你，也许有一天还会回报你。

另外，要知道在你查看了某人的领英个人资料后，他是可以看到的。所以，为什么不借着查看的机会发送建立联系的邀请呢?

说到特定的社交媒体，它们通常不含专业的协作工具。一般来说，这些工具在项目交流方面要优于电子邮件。Snapchat（色拉布）适用于特定的简单项目（单个项目），而 Producteev、HipChat、HiveDesk 或 Confluence 适用于管理更为复杂的项目。

当你和某个人会面时，你要马上弄清楚如何与其在社交网络上建立联系。

善用电子邮件

社交媒体在很多方面都超过了电子邮件，但不管怎么样，电子邮件仍然非常重要。电子邮件有一个大问题，它会让你感觉世界上一半的人都在因为各种事情轰炸你的收件箱。在最糟糕的情况下，你可能会觉得自己正坐在一张桌子旁，这个桌子位于一条繁忙的街道中间，行人不断把文件放在你那已经过度拥挤的桌子上。

电子邮件的另一个问题是缺乏组织工具。不过，有一些工具可以提高你的效率，其中包括电子邮件插件。我们着重推荐以下插件。

> Rapportive for Gmail 可以帮你查找收件人的领英个人资料。
>
> Boomerang 可以帮你设置电子邮件的发送时间，这样你就不必记着要在某个特定时间发送电子邮件了。
>
> 如果你不知道某个人的电子邮件，FindThatLead 和 Email Hunter 往往可以通过此人的领英个人资料帮你找到它。

还有一个办法是制定电子邮件政策，比如所有邮件必须在一个工作日（24 小时）内回复。懒惰的文化不适用于创业公司，如果你不及时做出反应，小问题就会变成大问题。如果所有问题都及时得到回复，还会为公司树立良好的声誉。

电子邮件的一个典型问题是涉及的人太多，或者发布的信息过多。不要提供对方不需要的信息。如果电子邮件内容含有系统默认保留的原始邮件，把它们删除，这样发给外部合作伙伴的邮件就只剩与他们相关的部分（邮件上部）了。这既可以免除电子邮件过长的烦恼，也可以防止无意中发送了机密资料。

此外，以项目符号的形式写邮件也是提高效率的一个方法，即使邮件内容非常简单也一样。这样做有助于收件人理解邮件内容，有助于对方及时回应。你的很多收件人都很忙，比如他们可能是在机场用智能手机查看邮件，因此邮件内容应该尽可能简单。写电子邮件时有一个很好的规则，那就是要写得简单易懂。

还有一点，如果你发的电子邮件非常重要，在发送之前将其打印出来读一遍。你会在纸上看到屏幕上辨认不出来的错误。

最后，不要不断地查收邮件，这会影响你做其他事情的专注力。相反，你应该把时间花在与人交谈、解决复杂事务上，用碎片时间查看邮件。

管理密码

现代生活中，我们使用的各种产品和服务都需要密码，包括社交网络、云存储、飞行常客会员等等。此外，我们还需要记住安全代码、银行账号等。一个繁忙的人随随便便就会有 50~100 个密码。有一个简单的解决方法，就是在智能手机上安装一个应用程序，把所有密码存在其中。要打开这个应用程序，你只需要记住一个密码。iPassword 这个应用程序就很流行。

随着业务的增长，你需要不断地签署各种文件。现在，越来越多的人愿意使用电子签名，这可以在智能手机或平板电脑上轻松完成。举个例子，你可以下载 Adobe Fill & Sign 这个免费的应用程序，大约一分钟就能学会如何使用。有了这个程序，你可以快速签署和发送文件，同时它能够自动归档，还会帮你保存所签署文件的记录。

设计文档时使用省时工具

在准备工作邀请函、演示文稿、会议纪要时，你可能需要一次又一次地输入同样的文字、数字或其他内容。有一个方法可以帮到你。PandaDoc等应用程序可以帮你创建一个小工具箱，你可以把不同的内容组件放在适合的位置，使用时只需要单击一下。这样一来，设计文档就像搭建乐高积木一样，你只要把一块块积木拼起来，用不着每次都重新铸造每一块积木。

设计文档就像搭建乐高积木一样，你只要把一块块积木拼起来，用不着每次都重新铸造每一块积木。

组织有意义的会议

下面列举一些关于开会的建议。

制定会议议程，说清楚会议的内容，并提前把材料分发下去。

分发会议议程时，说清楚每个主题的讨论时间。

说清楚会议的组织者是谁。

可能的话，针对迟到的人制定一个惩罚制度，罚款可以用来给大家买啤酒之类的。

不要邀请对会议不重要的人，不要浪费他们的时间。如果你在邀请表上看到不认识的人，提前通过领英或其他方法查查他们是谁。

会议开始时所有人都应该关闭手机或把手机调成飞行模式。中间休息时，大家可以查看电子邮件，这样继续开会时大家才可以做到全神贯注。

只在目的明确、内容相关时发言。

如果有人在会议期间提到一些关键问题，但它们与会议本身无关，那么将其记录下来留待以后讨论，继续开会。

除非处于离线状态，否则不要在电子设备上记笔记，因为电子邮件等可能会分散你的注意力。可以用纸笔做笔记，或是在离线状态下用电子设备做笔记。

会议期间自己不要开小会，也不要允许别人开。

在限定时间内开完会。

短于 20 分钟的会议可以站着开（毕竟大家都坐得太久了）。

可以考虑边散步边开会，比如在公园里。

发会议纪要，里面包含行动要点和职责。在会议结束后 10 分钟内撰写会议纪要，20 分钟内发出去。

保持积极的态度

“保持积极的态度”可能听起来像某个头脑聪明的新手说的，但你可以刻意营造一种积极的态度，这会让你精力更为充沛，而且这是具有传染性的。一般来说，就是把项目往好的地方想，笑着面对问题。交谈时从积极的方面说起，即便谈话的主题是某个棘手的问题。积极的态度会带来能量，就像运动和咖啡一样，而且积极的态度是免费的，还不需要额外花时间。

如果表现得快乐，你就会更快乐

在一项著名的心理学实验中，受试者要评论他们看到的动画片有多有趣，同时嘴里要含住一支铅笔。有些受试者必须横着咬住铅笔，这样他们脸上自然会呈现出微笑。另外一些受试者则需要竖着叼铅笔，他们的脸上则呈现出苦相。结果十分显著，总体而言，那些横着咬住铅笔的人觉得动画片更有趣——只是因为他们不能让铅笔掉下来所以不得不微笑。心理学家称这种现象为“启动”（Priming）。[3] 这个实验解释了为什么有意识的积极态度会创造更多的能量和幸福。它还解释了为什么那些有美好期许和较高期望的人在生活或某个项目中往往会走得更远，为什么期望员工高效工作的领导者更有可能得到理想的结果。这种自我实现期望的现象被称为“皮格马利翁效应”，你不妨一用。

维护社交生态系统

社交生态系统至关重要。我们发现，有些人特别擅长把事情做好，而有些人则没有这个本事。两者之间的重要差异往往在于促进合作的能力，而这种能力的关键就是建立社交生态系统。

什么是社交生态系统？让我们先从朋友说起。社会科学家发现，每个人平均有 50 个好朋友，认识大约 150 个愿意邀请前来参加聚会的人（如果能够负担得起的话），另外还认识350个人，他甚至不会邀请他们来参加聚会，还有1 000个人他只知道名字。这就是一个人的社交生态系统。

这些数字与2012年的一项调查结果十分吻合，当时科学家发现，脸书用户平均拥有245个好友。但是，如果再外延两个圈层，即朋友的朋友以及朋友的朋友的朋友，那么会有多少人呢？答案是大约16万人！[4] 当然，我们应该注意到，连续创业者埃隆·马斯克有几个官方和非官方的脸书账户，其中一个的粉丝数超过50万。哦，还有，足球运动员克里斯蒂亚诺·罗纳尔多在脸书上有1亿多粉丝。

现在，让我们来看看公司。业务熟练的经理擅长组织有许多潜在客户、供应商以及行业记者和博主参加的活动。这些参与者显然会注意到，除了他们自己还有这么多重要人物在关注这个项目，因此参加活动的每个人都将成为整条营销链条的一部分。具有良好社交技能的人善于聚集周围的人以及他们的事业，他们也愿意和圈外的人建立联系，并希望别人也这样对待他们。“我的朋友也可以是你的朋友”就是他们的座右铭。分享朋友不仅表现出了一个人的同理心，也会起到实际的作用。

让我们回到社交媒体上，同时考虑以下这个例子。你在100个人面前发表演讲，房间里这100个人可以听到，这很好。但是，如果你把演讲拍下来，发布到脸书上，你的脸书好友（也许有245人）也可以看到。脸书的受众更多。如果你允许的话，原则上脸书上的每个人都可以看到你的演讲（当然并不是每个人都会看）。

这还只是脸书。还有许多其他具有巨大影响力的社交媒体，比如Instagram、推特、Tumblr、Pinterest、YouTube、领英、Snapchat和Xing以及中国的微信，这里仅列举一些最大的社交媒体。这些社交媒体覆盖了数十亿人。显然，没有一个用户会对无聊、无趣的消息感兴趣。但是，如果你发布一些吸引人的内容，可能就会有很多人通过你的社交生态系统来关注这些内容。

使用这种社交媒体难不难？没有你想象的那么难。首先，每个平台都很好用，也都有社交媒体管理软件（SMMS），比如 Falcon、Hootsuite、Involver、SocialBooster、Buffer、Sprout Social、AgoraPulse、Viralheat、SocialClout 等。这些软件可以帮你同时在各个社交媒体上发布消息。

想象一下，你有一些令人兴奋的内容，比如一段有趣的视频剪辑，几分钟之内你就可以把它发布在 10 个不同的社交媒体上。你觉得这会不会增加你的观众？后文我们会谈到营销组合，到时我们会介绍有关使用社交媒体的实用技巧。

社交网络中的不同角色

要善于使用社交网络中的人。一位卓有成效的创业者以及创业项目往往会用到一个有组织的社交网络，它由代言人、Beta 测试人员和其他测试用户、高级用户、关键意见领袖、传播者、博主、媒体联系人、权威人士、市场分析师以及所有通过社交媒体和其他渠道获取信息的人。此外，创业者甚至会在社交网络上发起竞赛（比如设计或创新竞赛），将部分产品公开，以便其他人更容易为其开发应用程序。

再谈效率

我们已经从不同角度研究了个人效率，包括与家人的关系、休闲时光、健康、电子工具的使用、出差计划、授权、网络、会议等等。个人效率很重要，因为创业公司的任务很艰巨，但员工很少，离破产的距离可能也不远。然而，个人效率之所以重要还有一个原因，那就是个人效率能够产生影响力并收获成功。我们将在下一章讨论这个问题。

3 公众影响力

在前两章，我们研究了可能会增加创业者成功概率的个人特征，还介绍了日常生活中提高个人效率的方法。然而，还有一个个人因素对创业者至关重要，那就是取得突破的能力——在公共场合让自己被听到和被看到的能力。本章我们将介绍这方面的实用技巧，因为个人的说服力会对创业项目的正常运转产生重要影响。

在成立已久、盈利高的公司工作，你可能用不着表现出极大的个人影响力也能生存下去，因为这件事公司已经替你做了。但是，创业公司的成败往往完全取决于创业者的个人说服力和激发变革的能力，而人们在这两方面的表现存在巨大差异。我们可能都注意过，有些人会在媒体上给人留下深刻印象，而有些人则不会。同样，有些销售人员能在撒哈拉沙漠把沙子卖出去，而有些人却连冰都卖不出去。有些人特别擅长谈判，而有些人在谈判时表现得很糟糕。

创业公司的成败往往完全取决于创业者激发变革的能力。

有些人可能会说这些能力是无法习得的，但我们认为是可以的。要想产生个人影响力，肯定与一定程度的天赋有关，但它无疑也是一种可以教授并练习的技能。因此，我们在本章将回顾一些简单的原则，比如如何做媒体采访、公开演讲、公司展示，如何参加展览、展销会、销售大会，如何引领销售和谈判，并取得成果！

如何获得演讲邀请？

根据我们的经验，要想获得在重要活动发表演讲的邀请，一个有效的方法是发表相关主题的文章或发布你的演讲视频，这样活动的组织者就可以查看你是否是一位引人入胜的演讲者了。另一个方法就是直接联系活动的组织者，自荐做演讲。你还可以在演讲代理机构登记注册。显然还有更多的途径，例如在社交媒体或是个人网站上上传你参加的演讲活动。

如何准备精彩的演讲和展示？

让我们先从演讲和展示谈起。如何准备一次精彩的演讲，比如产品展示、商务报告或其他专业演示？如何在台上出色地表现？几十年前，有雄心的演说家主要从伟大的演员那里获得灵感，如今这仍不失为一个好办法。不过，今天我们还可以观察以下论坛的优秀演讲者。

TED 演讲。TED 演讲给每位嘉宾最多 18 分钟的时间讲述一个引人入胜的故事。

PechaKucha 20×20。演讲者可以展示 20 张图片，每张图片放映 20 秒。这些图片（一般以 PPT 的形式）在你演讲时会自动换页，也就是说演讲者有 6 分 40 秒的时间产生影响力。

Ignite Talks。演讲者每人有 5 分钟的时间谈论一个话题，同时伴有 20 张 PPT，每张 PPT 在 15 秒后自动换页。

当然，这些论坛上最受欢迎的演讲已经在网上得到了广泛的研究，还有很多书总结了其中最有效的方法及其原因，比如《像 TED 一样演讲》。[1]

我们想给出的第一点重要提示是关于如何传达信息的。如果你能在心里将你的故事归结为一句话，大致包括三小部分，会很有用。你要告诉自己，在你发表演讲两周后，在场的每个人都应该记住演讲的主题和你传达的三条消息——如果做到了这一点，你可能已经成功了。

但是，如何做到这一点呢？一个很好的出发点是将你的信息与令人难忘的事物联系起来，比如引人入胜的趣闻或图像，因为它们具有戏剧性，可以触动别人的情感。演讲结束 6 分钟后，人们可能会记住你展示的许多数据。6 周之后，他们会记住大部分趣闻或图像，但是可能不记得数据了。6 个月之后，他们可能只记得图像和趣闻了。所以要在这些地方多下点儿功夫，它们很重要，真的至关重要！

如果你时间充裕，并且还是个新手，我们还有一个建议。你可以把你的演讲录下来，然后自己检查一下。第一遍不放声音，注意你的所有动作、时间安排、坏习惯等。第二遍只听声音，不放图像，注意你的语调、说话方式等。列出你需要改进的地方，然后不断练习。

好演讲应该有什么样的结构?

如果你对要讲的信息和自己的舞台表现都很满意，现在要切实开始准备演讲了，那么你应该构建一个什么样的演讲骨架呢?

有一条经验法则是，一篇优秀的演讲稿大约10%的内容应该讲可信度，也就是为什么你对这个主题比较了解；大约5%的内容应该介绍演讲的动机，大约15%的内容应该是论据；最重要的，大约70%的内容应该集中在情感方面。当然，我们不必完全拘泥于这个比例分布。

不过，有一点可以成就演讲或者说可以打破樊篱，那就是开头。开头非常重要，因为如果你一开始未能与观众建立联系，那你可能永远也做不到了。事实上，在最初的几分钟内，你必须让观众相信你要讲的内容非常有趣，非常重要，值得倾听。

要做到这一点，你可能要谈一谈你为什么会选择这个话题，为什么选择现在所做的事情，为什么你的公司要像现在这样运作，你的动机是什么……这些都非常重要。(此外，你还要考虑是不是用第一人称演讲。从个人角度来谈偶尔是好的，但如果代表公司发言，应该使用“我们”，而不是“我”。)

演讲时快速切入一段趣闻，事实证明这个方法很有效。这段趣闻可以是关于自己的也可以是关于别人的。举个例子，它可能是一段引发意外结果的经历。讲个成功的故事就不错，但讲一个好莱坞式的故事可能更好。事情先是变得很糟糕，后来又峰回路转，超过一半的好莱坞电影都遵循这个模式。

讲完这段趣闻后，你最好总结一下你想讲的内容。比如，你可以这样说:“接下来的15分钟，我想和你们一起看一下……我会说明为什么……是正确而且重要的。”

因此，我们的经验法则是：解释你将要谈论的内容以及原因，进行阐述，总结刚说过的内容。

开头过后，你就要切入演讲的主题了，这个阶段重要的是不要让人觉得无聊。因此，你应该在故事中穿插几个趣闻，加入一些相关的视觉上或口头上的例子。你可能会因为插入这些有趣的故事，时不时偏离主题。但是，通过这种方式，你为观众提供了有趣的内容以及精神上片刻的休息，之后便可以介绍更严肃的内容。这与上班时的休息时间差不多。

你还可以在故事中添加一些意外情节，即意想不到的转折。如果你有某些重要的内容要给大家看，比如重要的统计数据或产品，先提及再展示。换句话说，你可以创造一些正面的精神紧张。想一想车展上汽车生产商是如何推出新车的？先用布盖着车，之后再把布拉下来。紧张感是会起到作用的。

演讲中如何使用图片？

在不用 PPT 的情况下，也可以发表精彩的演讲，但如果你确实要使用这个工具，请注意“夺命 PPT”这个概念。它的意思是如果 PPT 页数太多，观众会无聊死的。

不过，事实总是如此吗？不见得。一部电视纪录片大部分时间都有一个人在解说，但它也包括视觉图像，自始至终都不间断。它们可能搭配得很好，没有“夺命图片”一说。为什么没有呢？因为技术娴熟的视频制作人会确保解说和图像不冲突，而是相互加强。这是如何做到的呢？首先，典型的电视纪录片的图像不需要观众去解读它。换句话说，如果解说词重在介绍事实，图片用来激发情感，那么两者可以配合得很好。电影的背景音乐也会产生类似的效果，背景音乐很少会令观众困惑，而是会强化电影对他们的影响。

所以，我们的结论是，PPT 页数太多不是问题，除非它让观众的注意力偏离了你的演讲。如果 PPT 实际上加强了你所传递的信息，那就更没问题了。

如果解说词重在介绍事实，图片用来激发情感，那么两者可以配合得很好。

这让我们想到了另外一个重要的建议。一般来说，一页 PPT 上不应该有太多的文字，或者根本不应该有文字。为什么呢？因为 PPT 上的文字会让人专注于阅读而不是倾听，总之会让人分心。但是，有一种例外情况，即 PPT 上的文字反映的正是你在说的话，并且这个方法只是匆匆一用。如果二者是同步完成的（你开始说的那一刻，PPT 上会弹出那些文字，你说完后它们立即消失），效果会非常好。

项目符号是可以使用的，但伟大的演说家一般不用项目符号。如果你一定要用项目符号，比如总结演讲的 3 个要点时，可以在读到要点内容的时候让每个项目符号淡出。再强调一遍：**只有在你说到某句话而屏幕上同时出现这句话时，PPT 才应该有文字**。唯一的例外可能要属标题了，比如图表的标题，它是为了让观众了解图表想要说明的内容。还需要强调的是，PPT 应该以图片为主，不含文字。如果你遵循这一原则，那么你放很多张 PPT 都没问题。

PPT 还有一个用途。有了 PPT，你就不用为了记住演讲词而低头看预先写好的文稿了。除非演讲者特别老练，否则照着稿子大声念出来的演讲往往会把观众晾在一边。

顺便提一下，许多演讲者经常会忘记一个简单的办法——空白 PPT。如果屏幕上一直放着一张 PPT，而你却在讲其他内容，这是一个巨大而常见的错误。因此，做演讲时你总会需要几张空白的 PPT，最好是黑色或深色的背景颜色，在演讲过程中按下快捷键“B”（如果有键盘的话），这样就会出现黑屏。

当你的演讲要结束时，你最好总结一下。这个总结必须令人印象深刻，确保观众不会忘记你讲的要点，也许是 3 个要点。如果总结得当，观众接下来的 30 分钟都会记得演讲内容。但正如前文提到的，趣闻或类似趣闻的内容才会让他们在 6 个月后还记得你的演讲，因为这些内容与他们的情感相关。

最后，结束演讲时应该提供一些自己的信息，方便感兴趣的观众跟进。你可以在最后一张 PPT 上输入你的网址、你的电子邮件或领英链接。如果之后你要以电子方式提交 PPT，你还应该加上你的邮件地址。如果你是在会议上发言，可以告诉大家演讲结束后在哪里能找到你或你的下属，以便想要了解更多信息、寻找事业发展机会的人可以找到你。

精彩的演讲

关于演讲内容

- 以趣闻以及演讲动机开场。
- 总结你要讲的内容。

- 切入主题，但别忘了插入趣闻，也许还可以讲一些离题的幽默笑话。
- 也许可以设置一些意想不到的转折。
- 总结你的演讲，得出大约 3 个结论。
- 演讲结束时留下联系方式。

关于 PPT

- 只有在不会影响观众专心听你演讲的情况下，才能在 PPT 上使用文字。最好在你说的话能与 PPT 上显示的文字一一对应时，才使用文字。除此之外，PPT 展示的都应该是图片。
- 在演讲过程中，如果你说的话与 PPT 无关，可以放一张黑色或空白的 PPT。

如何在展览和交易会上扩大影响力？

下面我们谈一谈展览和交易会。这类活动场面往往很难应付，因为到处都是人和噪声，一片混乱。根据我们的经验，在展览和交易会上如何做，你必须拥有一套方法，否则你将无法做到物尽其用。

第一点提示，复制表格供团队的所有成员使用。每位成员遇到的重要人物，不管是潜在客户、供应商、潜在员工，还是其他人，都要填写一份表格。记下他们的姓名和联系方式，记录当时讨论的内容以及后面由谁在什么时候跟进。此外，还要获取有他们的领英信息的名片或其他信息。在展台上放一个订书机，以便将名片订在表格上，也可以在智能手机上完成这些工作。

拉斯：如何在展览和交易会中获益

我有一家公司，我们的团队非常擅长不花什么钱就能参加展览。例如，我们曾说服英特尔把展台的一个角免费给我们用。当然，因为很多人都会来英特尔的展台，所以我们从中获益颇丰。不过，我们也很擅长建立新的联系。

怎么做呢？我们把它变成一个游戏。每天，我们都填写很多联系人表格。经过漫长的一天，到了晚上我们会碰个面，轮流把当天“最热门”的潜在客户表格放在桌子上，就像打扑克时出手里的牌一样。我们当中有一个人担任法官，他为当天的客户开发人员颁发金、银、铜奖，同时还会有额外奖励，通常是啤酒。潜在客户的数量是评选标准，但如果有人引入了一位重要的潜在客户，比如一家大公司的首席执行官有意大批购入产品，那就相当于往桌子上放了一副皇家同花顺。这样做的整体效果是，每个人都像饥饿的猎犬一样东奔西走，这为公司带来了大量的潜在客户，同时他们还享受着其中的乐趣。

如何设置社交媒体？

我们认为下面几点有助于你在社交媒体上高效完成公司的媒体设置。

第一，在所有相关社交媒体上开设账户，确保公司的品牌有一席之位。至少在领英、Instagram、YouTube、脸书、Skype、推特、SlideShare 和 Vimeo 上为你的公司也就是品牌创建账户。这样做只是为了抢占先机。每个渠道都有各自的优点和缺点，你要找到最适合自己的。

第二，激活最重要的社交媒体账户。选择你想要激活并早期使用的账户或渠道。每个账户都要使用公司的徽标和漂亮的背景图片，并在公司信息中添加业务描述。要想获得灵感，你可以看看你所钦佩的公司是怎么做的。此外，如果你恰好是位作家，可以在亚马逊和 Goodreads 上创建个人网页。请注意，你可以将 Instagram 账户与脸书账户关联起来，因为脸书已经收购了 Instagram。

第三，如果维基百科上还没有公司的词条，就创建一个。

第四，创建员工的社交媒体账户。确保所有员工都拥有个人领英账户。骨干员工还可以使用脸书和其他社交媒体上的个人账户发布业务信息。理想情况下，个人资料中的照片至少要达到 600 像素。此外，在所有账户上都要放相同的照片，以免别人分不清。

如何利用社交媒体获得更多信息？

社交媒体仿佛一把宝贵的钥匙，会打开通往更多内容的大门，也会为你和你的公司提供沟通平台。然而，要想做到鼓舞人心，你需要一定的启发。因此，我们建议你花一整天或更多的时间来整理你从网页到社交媒体的信息流。

创业就是赋能个人和团队掌控学习力之旅。使用社交媒体，不仅仅是为了寻找信息，还为了与别人建立联系，分享观点、见解和经验。这通常被称为“寻找—判断—分享框架”。

> 通过人脉寻找信息，这些人会为你提供并过滤数据，就像你为他们所做的那样。

判断数据的意义。

分享信息，同时还要分享其深层含义。

在这个过程中，你可以和别人一起建立“实践社区”，在这里你们共同增加真正的价值。例如，你可以先与一个专业的实践社区分享一种新的做法，然后将其发布到你经常用的社交媒体上。这是一种整体的方法，它不是把工作和生活区分开来，而是帮助我们理解我们所处的这个混乱、复杂的世界。因此，它始终在进行当中，而且始于与他人建立联系。

追随智者的第一步是在备受尊崇的媒体上注册，比如CB Insights、《经济学人》或《麻省理工科技评论》，成为行业最鼓舞人心的个人和组织的关注者。如果他们在博客上发帖子，你可以注册订阅。

第二步，我们建议在提要聚合器和内容策展平台上设置个人信息，这些服务可以过滤并聚合来自成百上千个信息源的内容，为你创建过滤后或个性化的新闻和特色服务。这一步将寻找和判断高质量知识、信息和数据源结合在一起。

下面列举几个我们喜欢的提要聚合器和内容策展平台（新的聚合器和策展平台仍在不断涌现）。

Flipboard.com（红板报）和Feedly.com为平板电脑、智能手机和电脑提供个性化的新闻提要和专题报道。

你还可以研究一下Scoop.it、RebelMouse和Paper.li，看看是否可以依靠它们来充分利用你认为有价值的社交媒体内容。它们都提供内容策展服务，可以帮助你在社交媒体上拥有更大的发言权。

Futurity.org汇集了你所关心领域的科研研究。你还可以使用Alltop.com和谷歌趋势（Google Trends）了解不同细分领域最受欢迎以及最热门的事情。

谷歌学术（Google scholar）非常适合更严肃的学术研究。

领英影响力人物（LinkedIn influencer）列出了很多重要人物，他们会撰写比较长的博文，你可以选择关注哪一位。

TED.com 以 TED 演讲闻名。这里有高质量的演讲，最长 18 分钟。演讲按主题分类，并且可以搜索。此外，还有适用于智能手机和平板电脑的应用程序。

Getabstract.com 提供了 1 000 本商业书的 10 分钟摘要，同时也发布了相关的应用程序。

Audible.com 提供各种有声读物，你可以在旅行、慢跑时听。

播客。在谷歌搜索引擎中输入你感兴趣的领域以及“播客”这个词，你会找到很多音频博客的链接。你可以把有声读物一起下载下来以备日后使用。

Kindle 是阅读时在电子书上做标注的好工具，可以让你在大白天轻松阅读电子书。

谷歌快讯（Google alerts）、Commun.it、Hootsuite、Sprout Social、Social Mention 等可以用来追踪哪里提到了你的公司、产品或关键人物。

一旦完成了寻找信息和判断信息的设置，你就应该开始分享信息以及策划内容了。下面介绍一些相关工具。

Buffer.com。你可以使用该平台管理你发在所有经常使用的社交媒体上的帖子，并安排发布时间。你还可以单独设计发布到不同社交媒体上的帖子。Buffer.com 还可以在一天中的最佳时间分享你的内容并跟踪链接，以便你可以查看你发布的哪些内容最具吸引力。

Hootsuite.com。该平台可以让你轻松管理所有社交媒体账户之间的共享。不管是添加账户、在所有重要社交媒体上安排发帖时间，还是增加账户管理员，都很容易。此外，该平台拥有一个强大的培训平台，不仅传授使用相关工具的方法，还会教你社交营销策略。如果打包购买，它的性价比最高。

如何提高在社交媒体上的出镜率?

接下来就是如何让别人在社交媒体上轻松找到你了。首先，要创建所谓的个性化“虚拟网址”。在这里解释一下，在脸书、领英等平台上，你可以将标准的由一长串字母和数字组成的账号网址改为更短更容易记的网址。你可以在 facebook.com/username 更改你的脸书网址。对于其他社交媒体，我们建议你在谷歌上查一下如何修改。如果有人注册了你想用的虚拟网址，但却没有使用或名不副实，你可以联系社交媒体，通过投诉得到它。

其次，要升级你的电子邮件签名，将相关的虚拟网址粘贴到电子邮件的签名中。比如，你发出的每封电子邮件可能都包含你的姓名、邮箱地址、手机号码、领英网址、个人或公司的脸书网址，以及公司网站。

最后，我们建议你交叉引用你的社交媒体活动。举个例子，在脸书上晒出你在其他社交媒体上的动态，并给出链接。

如何成为博主并召开网络研讨会?

也许你还想成为一名博主，这可以通过WordPress.com或Medium.com等网站实现。Medium.com有一个WordPress插件，它能使你同时在两个平台发布内容。此外，也可以让你从脸书直接把内容导入Medium.com。你可以在此发表长篇博文，然后利用社交媒体进行推广。还有一个方法是成为其他博主的嘉宾。如果其他博主拥有大量关注者而你却没有，可以利用他们的平台吸引关注者。

还有一个有效的工具，就是Webinar，它是一段与你的业务相关的指导性视频。为此，你需要创建一个Webinar账户。我们建议使用Webinarjam.com作为内容引擎，使用Simplero.com作为内容销售平台，使用Stripe.com作为支付门户。

多媒体信息发布需要哪些设备?

现在，社交网络已经设置好了。要发布热门帖子，你需要购买基本的硬件。我们认为必须购买的两件东西是：（1）耳机，用于Skype通话以及在飞机上收听音频等；（2）自拍杆，用于发布你自己的照片和视频。如果想让你的帖子更为专业，还可以购买其他设备，包括：（3）手机使用的无线麦克风；（4）手机使用的三脚架；（5）车载手机支架，以便你把手机放到挡风玻璃上自拍视频；（6）摄影机稳定器，在移动时你可以保证画面的稳定性。这些你都可以在亚马逊网站上购买，最多几百英镑。

如果你想出差时随身带一个专业的“迷你工作室”，我们推荐Zoom H6便携式6轨录音机，你可以花几百美元在亚马逊购买。你还可以同时购买DT297耳机，价格也是几百美元。如果一次采访有三位参与者，专业的便携式移动录音设备和耳机大约花费 1 000 美元。

如何写出阅读量高的帖子?

现在，账户和设备都已准备妥当，可以发帖子了，但如何能做到高阅读量呢?

第一个重点是主题必须有趣，而且你的帖子要区别于商业广告。你发的帖子不仅应该信息丰富，而且要奇怪、有趣、引人入胜，或者说能够激发或创造好奇心。

第二个忠告是一定要有照片，如果有视频就更好了。你可以链接到有插图的故事或附上你自己的图片。如果你经常发帖，还很专业，你可以使用 Canva.com 等工具，它具有图形模板以及单个的图形，你可以直接拖放到帖子中。

请注意，如果你上传自己的视频，人们滚动到视频处就会开始播放，至少在脸书上是如此。算法可能会更为广泛地传播带视频的帖子，因为这些网站想与谷歌旗下的 YouTube 竞争。另外，你需要建立 Vimeo 账户，因为如果你用智能手机拍了一段相当长的视频并想要把它发送出去，Vimeo 会在手机上压缩视频，然后生成一个下载链接。

除了图片，帖子的内容结构也很重要。最好有解释性的标题，可以是一个粗体字的短句。标题下面，你要在开始的一两行写出结论。如果后面的内容很长，可以尝试用项目符号。如果你用了项目符号，那么标题的设置可能与“设置社交媒体账户的 12 步”类似。插图加上一个列表往往很受欢迎。

超链接也很好用。例如，在脸书中你无法像普通帖子那样写日志，但是在主页左侧栏中你会发现一个名为“Notes”的菜单项，这个功能可以帮你创建超链接。ClickToTweet.com 上也有一个有用的功能，你可以把发在社交媒体上的文本的一部分制作成推文。推特用户只需要点击突出显示的文本，就会生成一条推文并能与他人分享。

当然，会有人反对你发的某些帖子或是不喜欢你的公司。也许他们是对的，也许不是。无论回帖有多么不公平或令人讨厌，都不要粗鲁地回复。如果你想抹掉他们的评论，不要删除，因为这会损害帖子的粉丝触达率，你可以选择隐藏评论。

发帖频率应该多高？

关于何时发帖子（假设你知道大多数目标受众的活跃时间），我们研读了 14 项研究，得出了以下结论。[2]

表 3-1　不同平台的发帖频率

平台	发帖时间（目标受众活跃时间）	发帖频率
脸书：低频率，高质量内容，内容可以是个人视角的或是专业视角的	周四、周五、周六，周四最佳。早晨是获得“点赞”的最佳时间，凌晨 1：00 的点击率较高，凌晨 3:00 的参与度较高。下午 3:00 左右发帖最有效，受众参与度最高	一天 1~2 次，或一周 5~10 次
领英：低频率，高价值内容，内容很少呈现个人视角，多与技术有关	周二、周三、周四最佳。上午 7：00—8:00、中午 12 点、下午 5:00—6:00 最佳。带标记的关键词可以提高帖子的触达率	一天 1 次
推特：低频率，高价值的专业内容，经过策划以及可扩展的内容，最适合加入相关高质量文章的链接	每天都可以。推特具有全球影响力，超越了朋友圈和本地网。你可以针对欧洲和美国的工作时间重复发帖	一天 3 次或更多

（续表）

平台	发帖时间 （目标受众活跃时间）	发帖频率
Instagram：带有短注释的照片	最好每天都发。下午 2：00—5：00 获得的点赞次数最多，用户的参与度最高	一天 1~2 次或更多
博客：有深度的原创内容	没有特别的规律	大约一周 2 次

要注意，如果你有很多好友和关注者，他们不会看到你发布的所有内容，也不是所有人都能看到你发布的所有内容。这是由每个社交媒体开发并不断修改的算法决定的。不过，你可以采取一些措施来增强发帖效果。例如，发帖后及时回复别人的评论。算法会注意到你有这种倾向，因此会更多地推广你的帖子，这是有道理的。

还有一个提示。随着社交网络不断扩展，你应该更多地去了解你的好友和关注者——他们是谁，他们对你的帖子有何反应。SocialBro、Likealyzer、Hootsuite 中的工具，或是其他跨平台发布工具会为你提供这些信息。此外，Facebook Analytics 和 Facebook Insights 可以用来查看什么时间你的帖子的触达率最高，以及用户的参与度最高。

如何利用社交媒体宣传公司活动？

如果公司有什么有趣的事情发生，比如演讲、促销活动或产品发布，那么千万不要忘记使用社交媒体发布相关信息。拿出手机放在三脚架或自拍杆上，把活动录下来！如果你做了直播或为 Instagram 拍了照片，那么你可能会获得更多的报道。推特、Instagram 和脸书特别擅长此道。

如果你和他人合影，他们可能会把照片发出来，并 @ 你，这更有益于活动推广，因为所有的朋友都会看到这个标签。当然，如果你提到别人，也会产生类似的效果。你可以接触到他们的圈子，反之亦然。你也可以通过给公司添加标签获得类似的效果。

还有一种特别有效的沟通工具，就是直播的问答环节。方法很简单，比如你用脸书做直播，最好使用无线麦克风和手机三脚架，然后让人们写下问题。不过，有一点提示，最好事先准备好一些问题，免得到时候没有那么多人问问题。

招募社交媒体发布团队

推出产品时有一个有效的方法，就是招募社交媒体发布团队。他们会获得免费的产品、产品折扣或其他好处，条件是购买或推荐你的产品。

70/30 原则

无论是销售还是营销，你都应该牢记“70/30 原则”，即在媒体活动中，70% 的时间应该用于和客户交谈，把话语权和主动权交给客户。这 70% 的时间的交流可以包括与两位或多位客户之间的交流，他们通过脸书或专用网站上的公司论坛等平台讨论你的产品。剩下 30% 的时间，你应该掌控话语权并提供信息。

事实证明，搜索引擎营销也很有效。Google AdWords 可能是这个领域最知名的平台，这个平台很明智，因为它允许客户只需要按点击量付费。

这对新公司而言是一个很大的优势。很多公司还使用搜索引擎优化、提升自己在网上的知名度。但是，我们认为，这个方法的效果越来越差了。

不管哪一种方法，都是为了提高你的网站的知名度，使其更有可能出现在相关主题的搜索中。搜索引擎营销需要付费，不过搜索引擎优化是免费的（但需要为实施优化花费一定的时间）。

公司如何能被媒体广泛报道？

现在我们来谈一谈应对媒体之道。

首先，如果你想让媒体对你感兴趣，很简单，你只要做个有趣的人即可。你必须拥有有趣的性格，或者你的公司应该做一些让大家觉得有趣的事情。所以，你应该有一个好故事，这个故事对别人来说是有趣的或是信息丰富的。另外，想一想如何把你的故事与当前媒体广泛报道的内容联系起来。

接下来，你当然要确保博主或记者能够发现你。一个好的起点便是社交媒体，在这里你完全可以讲述自己的故事，哪怕最开始没有人听。获得技术奖或创业奖也不错。如果公司刚成立的时候，没有人愿意提你的公司及产品，那就让他们谈谈你这个人。比如，详细介绍你的职业生涯以及你在此过程中遇到的困难、获得的成功。换句话说，把你自己变成一个有趣的故事。

有人联系你做采访怎么办？

如果有人联系你要做一次媒体采访，你应该先查查那位记者和媒体的信息。当然，你可以花很长时间来查，但 5~10 分钟足以让你对他们的工作方式有个大体的了解，即使只花上两分钟也比什么都不查要好。最简单的方法通常是向记者要相关的网站链接或类似采访的例子，他们通常都会提供。

在采访之前，你应该这样想：记者也是在做一份工作，和你一样。他的工作当然是一名记者，而不是你的广告公司，当然你肯定希望他也不是所谓的检察官。你和记者可以在采访过程中互相帮助。如果你做得很好，你可能会与这位记者和他所代表的媒体建立持久的关系，这很可能会对你的将来有帮助。

在和记者初次接触时，最好问问他的工作情况、擅长的报道领域以及采访的目的。整个过程花不了几分钟，这很好，因为你们俩可能都很忙。你还可以主动提供一些参考资料，比如可能有用的研究材料、照片、简历和其他背景数据。此外，你要让记者提前知道你熟知并感兴趣的话题。最后，你还要告诉他你不能或不会谈论什么话题（因为你没有相关的见解，或是不希望/不能谈论这个主题）。这样一来，你就避免了采访中出现“无可奉告”的情况。

你还应该问一下报道的篇幅。比如，问问这次专访会占多大的版面或是什么时候开播或刊登。如果采访很短，你应该用一句话表达自己。如果采访很长，你可以加入更广博的推理、数据和趣闻。如果是以视频形式播出，那么是直播、录播还是预先录制？直播的意思显而易见，录播的意思是全部转播，和直播差不多，内容未经编辑，只是播放时间延后了（不过开头和结尾处可能被缩短）。“预先录制”属于行话，表示录好以后播放，内容可能是被编辑过的。

如果采访很短，你应该用一句话表

达自己。如果采访很长，你可以加入更广博的推理、数据和趣闻。

现在进一步思考一下采访内容，把自己想象成一位典型的观众、听众或读者。什么内容会引起你的注意？也许你可以准备1~3点你认为比较相关的关键信息，这些信息既会吸引受众的注意力，也能让记者完成任务。此外，你还要考虑一下是否要使用技术术语。

是否应该和记者达成协议？

和记者达成协议非常普遍，一般是口头上或通过电子邮件达成协议。不过，也有签署书面协议的，这比较罕见。这种协议几乎不会涉及律师。

就书面报道而言，协议里最常见的一项内容是你要有通读的权利，或是阅读全部内容并检查有没有“事实性错误”，后者更常见。即使记者自己不提，他们大多也会默认这一点，因为避免错误也符合他们的利益。如果在检查稿件的时候，你建议重新修改里面引用的话，这通常是可以接受的。毕竟，这是你说的话。此外，你可以同意记者修改你说的话，但条件是改后必须经过你的阅读和批准。与记者达成的协议还包括其他要素，比如不可发稿的日期，采访的某些内容不可公开报道。

你应该知道，标题通常是编辑或制作人后来添加的，这样的标题往往有误导性。因此，你应该尝试获得审定标题的权利，尽管这一般来说很难达成。

你还可以建议通过电子邮件进行采访，记者用电子邮件发来问题，你用电子邮件进行回复，之后记者可以跟进，补充一些问题。记者很少会提出这个建议，但这样做往往会让双方都受益匪浅。

就广播和电视采访而言，你可以要求编辑权，即对编辑工作的否决权。不过，只有在你怀疑报道存在人为操纵时，这项权利才有意义。编辑权属于例外，媒体很少会交出来。

就照片而言，你可以要求否决权，不过只有极少数记者会同意。要知道，除非另有约定，否则许多摄影师会把你的照片放在照片库中，其他人可以购买并重复使用这些照片。如果你觉得这样做有问题，可以说出来。最后，你还可以要求采访中的材料不得做他用。

采访中有没有需要考虑的实际问题？

采访之前，最好查查采访的具体地点和形式。如果是在工作室进行采访，查查哪些服装不合适，比如佩戴太多的珠宝在聚光灯下可能会反光。如果在其他地方进行采访，而你可以选择场地，那么一定要有创意，比如在街上边走边接受采访，边开车边接受采访，边钓鱼边接受采访，或是在办公室、工厂、图书馆或其他地方接受采访。好的地点可以造就更好的采访。

采访还没有开始之前，预先想好一个结束采访的信号。比如，许多采访者结束采访时会提供公司网站的信息，或者产品的购买信息。如果你不确定哪种方式好，可以在采访前提出建议。试试总没有坏处。

要注意记者介绍你的内容的准确性，经常有人被介绍错。和记者核对一下，因为他们经常忽视这一点，把问题留给编辑或制作人，结果编辑或制作人也犯了错误。

随着采访日临近，在对着麦克风说话之前最好练习一下你想在采访中讲的内容。例如，在前往电视台演播室的出租车上，你可以把准备讲给记者听的故事先讲给司机听听，在媒体的办公楼里给化妆师再讲一遍。为什么这么做呢？因为这是一种热身，也会让你为某些问题做好准备。如果你可以提前见到记者，并与他一起走到演播室，那么你可以再讲一遍你的故事。这不仅是练习，还可以让记者提前知道你要说的内容。值得一提的是，许多电子媒体会在直播和录播之前预先采访，但这与你上台前几分钟的练习并不完全相同。预先采访通常在采访的前一天或更早的时间进行。

推销真相

我们都会犯错误，记者往往喜欢报道这些错误。这时要想想这句话：说实话。

这句话好吗？哦，当然。不过，在商界我们认为还有一句更好的，那就是“推销真相”。它的意思是，是什么说什么，但要好好解释，以便记者和观众可以站在你的角度思考，甚至可能意识到，如果他们是你，就会像你那样做。

顺便说一句，如果你能讲讲创业过程中不太顺利的事情，那么你的故事对观众和你自己来说往往效果更好。这种情况下，你应该解释为什么出了问题，你做了什么或将要做什么来挽救它。说实话可以防止攻击，如果你说假话，这种攻击迟早会到来。真相推销得好，就相当于避雷了。

如何吸引记者的回眸？

有一件事值得认真考虑：如果你想重复出现在大众媒体上，你必须做个有趣的人。除非你的产品极具吸引力，那样的话，你做什么和说什么就都没关系了。因此，我们有一点建议：如果你表现出冷漠、做作的一面，就不会显得特别有趣。相反，做你自己，做个有个性的人，给记者讲讲你的动力是什么，或是讲讲你的工作场所或行业。你为什么要创办这家公司？你的产品有什么用处？如果合适，还要融入感情。如果时间允许，还可以讲讲公司的趣闻。如果以重现的形式讲述就更好了。比如：

> 他说："你卖给我的东西不起作用。"我盯着他，心想我们到底哪儿做得不对？我不知道该如何作答，我无言以对。但是，我在第二天早上吃早餐的时候，突然想到……

有些人就是有办法让观众倾听。当然，如果你讲一些完全出乎意料的事情，娱乐性也会增加。

说到准备，你显然应该记下你要说的话，但最好能自然而然地说出来。不过，你应该牢记一条规则：回答时不要长篇大论，不要把结论放在最后。回答问题时，应该采取简单的方式。如果可能的话，就用一句话来回答，然后再详细说明。如果你反过来做，特别是在现场采访中，你就可能会在说出结论之前被打断。纸媒特别需要简单明了的答案。如果你用长句作答，记者在编辑的过程中往往会把你所说的话缩短，这样你的要点可能会被省去，意思也可能会被完全改变。

很多人会在对话中不知不觉地使用手势，比如回答完毕时点点头，想要打断对方时举手示意。假如记者有打断别人说话的习惯，你可以在采访前建议他，想要打断时做个手势，那么你就会快点儿说完那句话或那一点了。

还有一点建议，如果你说的话有权威来源，那么你的可信度就会大大提高。不过，在做电视采访时，如果你低头看文稿，看起来可能会很不专业，同时会分散观众的注意力，除非你大声念出来。如果你要念稿子，不妨说："我这里有些数据，现在读给你们听。"你也可以把要展示的内容放在摄像机前，这样所有人都可以看到。不过，这可能需要事先与摄影师或其团队打好招呼，才能达到最佳效果。

保持空腹，说话有力

大多数人在空腹时接受采访表现最好。如果你在媒体采访之前需要能量，咖啡、葡萄糖和足够的水都会比汉堡强。在电话和电台采访中，有些人站起来会表现得更好。在电视采访中，你可以问问摄影师希望你采用什么姿势，前倾、后倾，还是其他姿势。

采访中应该注意什么问题？

对创业者的访谈很少会是激进的或消极的。不过，我们还是应该提一下一些应该注意的潜在陷阱。

最无恶意的是沉默陷阱。如果记者在你回答完毕时保持沉默，那么他通常是想让你说出更多的内容。不过，是否继续说完全取决于你，你可以选择保持沉默，用点头或其他肢体语言表示你已经回答完了。

还有一个典型的陷阱，记者引导你做了一个不正确或不完全正确的概括，然后亮出了反证。"您刚才说希望公司干净整洁，但是我们去拜访过您的公司，这是我们找到的一些图片。您觉得这看起来很干净吗？"正如我们前文所说，最好的方法是推销真相。

如果记者提出不合理的问题或违反协议怎么办？通常情况下，采访中的记者不是主角，你才是主角。但是，如果你认为记者所提的问题越界了，那么一定不能让他默默地坐着。“我不知道是不是你们的编辑让你问的这个问题，但实际上我认为这不符合新闻公平的原则。”或者你可以说：“你问我这个问题，是因为你想制造一个民粹主义的新闻视角。然而，这也是不真实的。”如果记者问了你们事先已经同意在采访中不谈的内容，你可以回答说：“正如我在采访前告诉你的，因为某种原因我不能回答这个问题，所以我不知道你为什么还要问。”换句话说，你的回答应该像专业人士与专业人士的对话，而不是像被侮辱了的孩子的回嘴。

另外，还要注意采访的拍摄方式。通常情况下，摄影师都会以一种适合每个人的方式进行拍摄。但是，在极少数情况下，录制风格可能会不太对头。例如，他们把灯光从上面打到你的脸上，你可能看起来像个魔鬼。如果他们采用仰视的角度，你又会显得很傲慢。谁知道呢，也许这样也没什么问题，但如果你觉得不好，你有权说出来。比如你有权要求看看实际拍摄效果。制片人可能会说“这是我们的作品”，但拍摄的主角可是你。

当正式采访结束后，你可能会与记者聊聊天，这本身没什么问题。但是，要记住，除非另有约定，否则你们聊的所有内容都可以被引用。有一个政客犯过一个典型的错误，他忘记了麦克风还开着，然后说了一些绝对不适合黄金时段播出的内容。

还有一点，离开采访地点之前，你可以建议记者和摄影师确认一下设备有没有问题。如果需要做什么调整，当时当地做可能是最容易的。

一般来说，要记住，你的风格代表着你的声誉。记者、被采访者以及公众会讨论记者以及他们的工作，所以记者一般都会看顾自己的声誉。不过，记者也会讨论他们的采访对象及其专业性和媒体吸引力。如果你无理取闹，令人厌烦，不诚实或者不必要地制造很多麻烦，那么你将来得到的媒体采访机会一定比你想要的少。尊重媒体人，和他们合作时要表现得很专业，那么他们可能会以同样的方式对待你。

如何在社交媒体上写出吸睛的帖子？

通常来说，人们会在一瞬间决定是否要读一个帖子。如果他们不喜欢开头，肯定不会看完。要想写出吸睛的帖子，这里有几点提示。

采用吸引人的标题。标题要么有意思，要么属于标题诱饵（比如《人咬了狗》），要么透露出某种承诺（比如《成交的七种方法》）。

立刻进入正题。标题之后可以马上接一段非同一般的引述、总结或逸事。

让帖子易于阅读和浏览。每段应该只有几句话。经常添加副标题，以便读者可以几秒钟浏览完，再决定是否细读。第一段应该只有四行，因为如果太长，人们可能根本就不会读，也不会看剩下的内容值不值得读。你可以用项目符号和引文划分内容。

使用视觉资料，包括视频或图片。如果图片嵌在文本中，可以把图片置于右侧，这样便于读者继续阅读左侧的文字。

优化关键字。在网址、标题、首段、结语、副标题、正文和图像标题中重复使用一个或多个关键字。

互联。让不同的帖子互联。

激发互动。请大家给予反馈或采取其他行动。

使用标签。提到相关人员和网站，这将增加帖子的触达率。

博客应该包含什么内容?

有些博客的读者数量要比其他博客高出很多，这里提供一些有用的建议。大多数情况下，这类帖子都是高价值帖子或补空帖子中的佼佼者。

高价值帖子非常有用，可能已经卖钱了。

长长的实用清单或是有用的参考或链接列表。

某一话题的全部资源。例如总结其他科学相关研究的荟萃内容，或是一段解决某个问题的视频，其中没有任何遗漏，也不会诱发任何误解。

一项如何实现某个目标的案例研究。

你所提到的成功人士所说的话（他们可能会将帖子分享给自己的关注者）。

一系列互相链接的博客。它们将逐渐为你提供一个更广阔的图景，仿佛它们是一本手册的单个章节。

补空帖子篇幅很短，便于坐火车时在智能手机上阅读。

对某个主题的简要解释。

对某个意见或某种感觉的简短描述。

一段有意思的小趣闻。

产品评价或对比。

多媒体内容，比如信息图表、视频和播客。

简短的专家采访。

专家的经验教训。

比赛（使用 SurveyMonkey 或 WordPress Polls 插件）。

活动的最新进展。

4 面对面的影响力

前面我们讲到如何通过演讲、社交媒体和媒体报道发挥影响力。然而，作为创业者，很多情况下并非要影响很多人，而是只需要影响一小群人甚至一个人。没错，这章我们要讨论销售和谈判了。

你要么是个推销员，要么不是；要么是位伟大的谈判者，要么不是。至少我们听人这么说过。事实上，虽然每个人在日常生活中都经常推销自己的想法，协商谈判条款，但要想在金额巨大的商业活动中做到这一点，训练很重要。

如何控制销售流程？

现在，我们来看一下销售，先从如何有效组织销售大会开始，然后再看看组织内部的整体销售流程。

原则上，至少就某些时刻而言，每个人都是推销员，因为我们都需要时不时说服别人做某事。例如，你可能试图让你的伴侣相信该轮到他做晚饭了。事实上，我们认为如果你不具备一定的销售能力，不管是推销创意还是产品，你都很难取得较大的成功。推销既不多余也不是坏事，它是一种必要的沟通方式。天生的推销员会不断地推销，包括向朋友、伴侣和家人推销。不过，我们每个人有时都会这样做。有些人非常擅长推销，有些则不擅长，但推销其实并不复杂。

有些销售非常简单，比如销售员在商店里卖了一件衬衫。有些产品的销售则更为复杂，在这种情况下，你可以使用不同的技巧，我们称其为“销售罗盘”，稍后会详细谈到。

销售技巧并不局限于产品

销售的艺术不仅限于推销产品，还包括缔结重要的经销合同，说服媒体报道你的公司，让风投基金给你投钱，或是让聪明的人为你刚成立的创业公司工作。最成功的创业者大多能够从早到晚推销各种各样的想法、创意和产品，并且他们乐此不疲。能够成功推销是一种天赋，如果你不擅长此道，应该努力学习，同时与非常擅长推销的人合作。

销售漏斗

如何组织公司的整体销售流程？想想销售漏斗，最上面是营销和公关。如今，公关和营销的对象通常被营销专业人士诙谐地称为“疑似潜在用户”。如果不是纯粹的在线销售，销售漏斗的下一阶段就是在你的公司与用户之间建立第一个双向沟通渠道。在这一阶段，你不再对着空气大喊，而是开始与潜在用户进行对话。

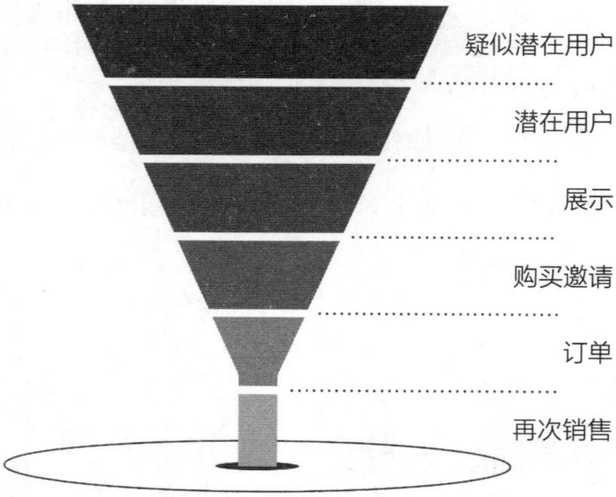

图 4-1　销售漏斗

高效的销售大会

销售流程始于“新品发布会”，这一阶段旨在创造好奇心，激发兴趣，提高产品在众多疑似潜在用户中的可信度。一般来说，新品发布会的发布者应该是一个表达清晰，甚至还有超凡魅力的人。比如，你在展会或演讲台上的展示，可以促发与潜在用户的第一次对话。如果你的性格适合来主持新品发布会，那么你可以代表公司在发布会上演讲，演讲结束后就会有人来找你。但是，他们来找你时，你要快速地把他们引导到公司的其他人那里。这时，找你的这些人不再是销售漏斗中的疑似潜在用户，而变成了“潜在用户”。值得注意的是，成熟的新品发布会讲演者很可能是内向的人，但他们具有出色的演讲或展示能力。

潜在用户是指那些了解公司产品并且已经表现出最低兴趣的人。他们观看了公司的产品展示，如果他们喜欢该产品，他们会收到购买邀请，之后可能会变为订单，甚至他们还可能再次购买。

必须规划销售流程

按照销售漏斗一步步来，这对每个人来说都是一项挑战。在我们看来，纯技术型的创业者，比如工程师，往往会低估规划和实施销售漏斗所需的准备和培训。同样，人们经常低估专业销售大会的规划。试想，如果你是一家大型好莱坞制片公司的电影制片人，你会在没有计划和一套程序的情况下开始拍摄电影吗？可能不会。有时，技术型创业者对待销售就像个完全没有计划的电影制片人。

还以电影制作为例，拍电影之前你会不选角吗？当然，你可能不会。规划销售就是要计划谁来做什么，还要预想销售过程中会发生什么。举个例子，有些用户甚至会用一种策略，他们会试图故意挑衅你，这被称作“踢轮胎”（意思是在购买前仔细试用并检查产品）。在销售培训中，销售人员通常会轮流站在桌子的两侧，一个“踢轮胎”，另一个试图完成销售。这样一来，他们会学会处理不同的棘手情况。

哪个部门负责决策？

如果你是对企业进行销售（“企业对企业”或“B2B”），应该尽早确定哪个是决策部门，即哪个团队可以授权购买。顺便提一下，这也可能适用于把产品卖给个人。在这种情况下，许多购买决策都掌握在某些家庭成员手中。所以，找对谈话对象很重要，否则你会浪费对方的时间和你自己的时间。许多销售人员都会忘记弄清楚自己是否在和对的人交谈。如果找对了人，还要看是不是所有的决策者都在场。

发布新品的方法

作为新产品的揭幕者，你如何实现最好的效果呢？在各个展会以及媒体上发表讲话非常有效，所以如果你的主要工作就是发布新品，你应该主动请缨，在各种活动中讲话。要知道组织展览的人经常犯愁找不到优秀的演讲者，所以会对建议持开放态度。你可以让组织者看看你的 YouTube 视频，以此介绍自己。你可以说，这段视频可以展示你的演讲风格以及你传达信息的能力。

如果产品比较复杂，比如企业软件系统，那么销售过程的中间阶段可能会比较长，这与开始阶段完全不同。在这个阶段，你们会交换大量的技术和商业信息，同时你要努力建立用户对你的公司和产品的信心。

重要提示：如果你正在销售的产品技术含量很高，我们建议你在和用户开会时把技术团队与商业团队分开。为什么这样做呢？因为主管商务的高管很难理解产品的复杂性和技术性。因此，你应该做这种区分，这样你会拥有一个专门解释产品工作原理的技术团队，以及一个专注于业务和销售的商业团队。

销售流程到了最后阶段就是成交。如果业务很复杂，在理想的情况下，用户应与公司的首席执行官等高管以及负责销售的人员见上一面。结束销售的完美人选应该是一个魅力十足、几乎有催眠效果的人，他可以迅速与别人建立互信的关系。

如何准备新品发布会？

新品发布会的成功高度依赖于个人心理的作用，但我们还是需要准备精彩的展示，并事先进行排练。此外，还需要充分考虑可能遇到的问题和异议。

有些销售人员在展示时故意不讲某些内容，从而间接地鼓励他人询问相关的内容。当用户提出这个问题后，用户很可能会对销售人员清晰准确的回答感到惊讶，因为他们没想到销售人员已经考虑过这个问题了。不过，运用这个策略时必须小心，因为如果你漏掉这么重要的内容，可能会显得准备不足。因此，如果采用这种策略，你需要找到平衡点。如果用户没有提起这个问题，你可以自己再讲一讲。

准备新品发布会的时候，我们还有一点建议。你不应该事先发送 PPT（演示文稿），如果要发的话，就只发一部分，这样你在演讲的时候可以迸发更多的热情，还可以避免听众盯着打印出来的文稿，而不看你或是你的 PPT。如果你被迫要事先发送 PPT，做一个较短的版本，这样你在现场使用正常版本时会给大家一个惊喜。

利用销售辅助文件

PPT 等材料通常被称为“销售辅助文件”，它们在会议期间会被用作支持文件，比如辅助演讲者演示。

复杂销售的辅助文件包括会议纪要或方案。对此，我们有一个独特的建议。在重要会议之前，你应该草拟一份方案，不过自然不用给公司以外的任何人看。这是因为它可以被用作你的心理路线图，在开会时你可以遵循这份方案行事。特别是如果你是那种写出来才能想透彻的人，那么起草这些文件会迫使你思考开会的目的以及会议中可能碰到的复杂情况。

这样做还有一个意想不到的收获。如果会议的进展大致和预期一样，你可以立刻更新你的方案，并在会议结束后20分钟之内发出去。这样一来，人们会觉得你非常高效，认为你在组织会议时基于良好的分析，而且还有清晰的计划。

拉斯：如何在会议上使用简单的销售辅助文件

说到销售辅助文件，我们通常应该在做演示时使用PPT。当然，Word文档是不应该用的，因为人们在Word文档中通常会写一些令人困惑的冗长解释，但在PPT中则不得不直指问题的核心。

当我开会中需要解释一些重要的问题时，我不喜欢用笔记本电脑展示图表之类的做法。相反，我经常打印出来10页纸，上面有放大的图表或文字，每张纸上最多有两到三句话。然后，我把它们扣过去，一次翻过来一页。如果有用的话，我还会边讲故事边在纸上写写画画。演示结束后，我有时会把这些纸留下，这会让整个演示清晰易懂。

当你需要做公司和产品展示时，你必须仔细考虑整个过程。在真正重要的用户面前展示业务之前，假如你能先在其他人面前练习一下，会受益良多。你可以从中了解对方的反对意见、误解，也许还有参与度不高的原因。在此过程中，你会知道如何处理人们的反对意见，并预测他们的目的。

在某种程度上，我们可以把新品发布会比作庭审。如果案件的输赢不明显，谁通常会成为赢家？往往是那些讲故事讲得最好的人。如果用户认为你的产品很好，那么你必须考虑如何讲好这个故事——打个比方，如何说服陪审团。有些人更擅长此道，但即使你不是一个完美的推销员，你也可以做好充分的准备，把所有的事情都在脑子里过一遍。这样，你达成交易的希望还是很大的。

马斯：如何在重要会议前进行练习

当我在美国麻省理工学院上学时，最大的愿望是在麦肯锡公司找到一份工作。因此，我先在其他几家咨询公司练了练手，也就是说，我没有直接去参加“欧洲锦标赛的决赛”。那些咨询公司的面试好比友谊赛，通过它们，我为最后参加麦肯锡公司的面试做好了准备。

拉斯：如何在重要演讲前进行练习

在重要的演讲之前，我总是找机会在数量不多、相对不太重要的观众面前演练一遍，我也推荐其他人这么做。早在 2015 年，我 21 岁的女儿索菲亚收到了 TED 演讲的邀请，演讲会在 YouTube 上播出。因为她以前没有参加过 TED 演讲或其他公开演讲，所以我建议她先在较少的观众面前练习一下。她找到了在两所学校演讲的机会，这很可能使她为后来那次伟大而自信的 TED 演讲做好了准备。[1]

如何了解用户公司的情况？

当你准备好会议的议程、策略和辅助文件后，这时重要的是要了解用户公司的组织结构，包括找出决策部门。根据我们的经验，这一般来说很容易。如果你能在一家大公司找到一名和你关系好的员工——你可以称其为“使节”，那个人通常会愿意详细解释公司的结构、方法、问题和优先事项。你也许还可以了解到你的销售对象的行为方式，以及每个重要人物最擅长通过哪种方式来汲取知识——聆听、交谈、阅读，还是写作？此外，你可能还会收集到有关他们注意力范围（即可以保持多长时间的注意力）的信息。

何为销售罗盘？

销售罗盘的基础是源自 IBM（国际商业机器公司）内部的一种销售方法，如图 4-2 所示。

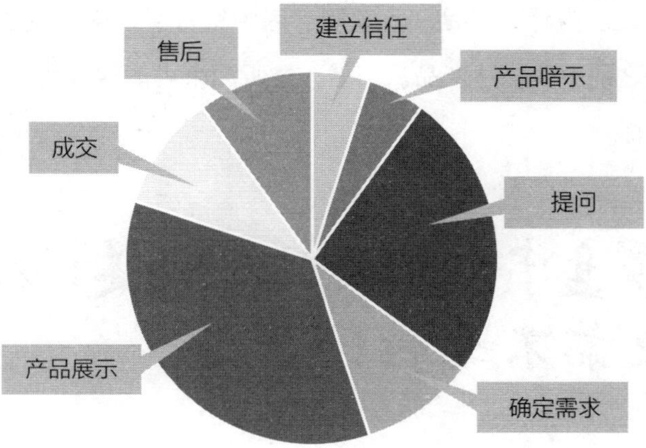

图 4-2 销售罗盘

让我们从最初的几分钟说起。这时你的目标是建立信任、引发兴趣。前提是你要穿着得体，充满自信，表现得积极而富有热情。你要比用户显得快乐一点儿，这一方法很管用，但不要过于夸张。如果用户情绪低落，那么你应该表现得比他略好一些。如果他很高兴，那么你就比他更高兴一点儿。重要的是要记住，如果你认为交谈的结果是成交，那么你大大改变用户行为的机会就会提高。保持快乐会让你更相信自己。要知道大多数笑容都是由一个微笑引起的。

可能闲聊一会儿之后，你就要开始真正展示产品了。你应该从一开始就说明会议的目的是什么，最好通过一则趣闻把目的说清楚。然后，讲些内容，让用户相信你所代表的产品或公司很可靠且具有吸引力。也许你可以讲个故事，描述一位用户觉得你的产品有多好，或是讲讲公司的成功故事。你还应该讲讲你或公司的动力是什么。想象一下，如果你是用户，什么会打动你。

在这个阶段，你可以暗示一些产品的内容，但只是一点儿，不要太多。可以把它想象成第一次约会时解开一颗扣子，让自己变得性感一点儿——

但只是一点儿。为什么只是一点儿呢？因为销售罗盘中最重要的规则是：在卖出产品之前不要描述产品。当然，这听起来可能很荒谬，我们一会儿会进一步解释。

销售罗盘中最重要的规则是：在卖出产品之前不要描述产品。

销售大会的前两个阶段过后，就是重要的发现 / 验证阶段。这个阶段有两个主要目的：第一，确定用户的需求；第二，部分成交。因此，你应该询问用户当前的情况，以便了解他可能需要并最终购买什么产品。你问的问题可以无所不包，比如工作流程、消费习惯、预算和偏好。在某些情况下，一定要确定对方的决策部门，这一点非常重要。显然，最好站在对方的角度提出这些问题，这样用户会愿意与你交谈。还有一条关键的原则，交谈过程中至少要把 70% 的时间交给用户。

要想让交谈有结果，你应该尽量问开放式的问题，即以“什么”“在哪里”“谁”“什么时候”“为什么”开头的问题。中间可以穿插一些封闭式问题，一般就是那些回答“是”或“否”的问题。举个例子，你可以问“你的意思是说……”，从而把交谈引向你所期望的方向。

但是，一切都要适度，切忌机械呆板。如果你只提问题，很容易沦为中央情报局的审讯者，这可不是一个好方法。因此，你应该偶尔提及一些与产品相关的信息。不过，这时的主要任务是弄清楚用户实际可能购买的产品及其原因。

一步步达成交易

你还可以一步步达成交易。原则上，这相当于问“假如我能满足您的需求，您觉得怎么样”？如果用户的回答是“这将很有吸引力”，那么他已经打开了最终成交的大门，你也已经完成了其中的一步。为什么呢？如果你之后可以证明自己确实拥有他所需要的解决方案，那么用户其实早已接受你的方案了，因为他之前说过他对此很感兴趣。要想让用户这样一步步接受，有一个好方法，只需要简单地问一句“对吗”。用这个词结束一句话，你是在邀请用户部分接受你的提议。比如，你可能会说“据我了解，你非常重视低功耗，对吗”？

通过一步步地达成一致，你可以与用户建立信任，同时建立起一种节奏。根据经验，我们建议你在向用户展示解决方案之前，要努力从他那里得到 5~7 次认可。换句话说，在你差不多成交之前，不要谈论产品。

我们建议你在向用户展示解决方案之前，要努力从他那里得到 5～7 次认可。

除此之外，在提供解决方案之前，你要提醒用户你的角色是什么。你可以说你只想为用户提供最佳的产品或是类似的话。这相当于再次让用户放心，从而确保用户在你提出解决方案时会更快地做出决策。

当发现 / 验证阶段结束后，交谈便进入新的阶段。作为卖方，这时你必须确定用户的需求。这样做有两个原因：（1）避免在你提出解决方案时造成误会，从而损害销售的结果；（2）确定用户的需求，确保自己的理解正确。我们称之为“需求阶段”。

这个阶段之后，你终于要展示产品了。如何展示显然取决于你卖的东西是什么。但是，我们有四点通用的提示：（1）必须多次排练，直到展示达到完美的程度；（2）展示的内容必须100%可理解；（3）必须将展示与用户的需求紧密联系起来；（4）必须在展示阶段与用户互动。至于第四点，在理想的产品展示中，最终应该是由用户向你展示如何使用产品。

有什么卖什么

关于销售，有一个很好的经验法则。不要幻想产品如何能适应用户的特定需求，除非你知道用户真正想做哪些调整——如果有的话。

举个例子，想象一下，你是一位房地产经纪人，正试图销售一处房产。你现在正带着客户看房子，也许你会告诉他们如何通过拆除墙壁、更换屋顶等来改善这栋房子。然而，一位出色的推销员会告诉你这是一个很大的错误，因为客户也许从一开始就觉得房子很完美，但你现在却把它说得像个餐厅改造项目！

成交

销售过程的下一阶段就是成交。那你如何结束交易呢？一个简单的方法显然是问一句：“您决定买这个产品吗？”如果你已经做好了充分的准备，并且事先已经从用户那里得到了5~7次认可，那么大多数情况下用户都会给予肯定的回答。

你也可以通过假设已经成交来结束交易，这被称为“假设成交”。你可以说“我们周三发给你，好吗”？此时，用户不用做决定，因为你已经替他做了。你也可以假设已经成交，但为用户提供两种选择，比如“买还是租”“红色还是蓝色”。另外一种可能性是告诉用户现在要做什么，例如，“我们现在要做的是把发票发送到您的邮箱，然后……”那样，你也可以完成销售，但又不会过于直接。

售后

当你的工作完成并且成交后，你还应该避免一个经常会犯的严重错误，即在用户同意购买产品后立即结束交谈。假如你在成交后立刻消失，用户往往会有一种奇怪的感觉，而且他可能还有很多问题未得到解答。这并不是说你必须再多介绍一下产品。相反，现在你可以和用户谈谈与销售完全无关的事情，以此来建立信任关系，因为此时你们二人之间不再存在什么商业上的利益了。

此外，用户通常还会把你推荐给其他潜在用户，并愿意在他们刚刚做出购买决定后立即这样做。因此，你应该询问用户认不认识可能对这个产品感兴趣的人。这时可谓有史以来最好的时机了。

结束阶段的异议

如果用户提出异议，一种处理方法是让他列出所有的疑虑和异议，然后再一一作答，这样你就可以避免做没有结果的事。如果你能够解决这些异议，就算完成了交易。

管理复杂的销售

如果你销售的是复杂的解决方案，除了写方案以外，销售大会结束之后还有一个有用的工具，就是制订销售“意向书”（或称“暂定协议”），其中概述了协议的中心内容，但不用复杂的法律语言。在这份文件中，使用字体较大而且简单的文字。你可以写出对方公司目前的业务、你的公司能有什么贡献，以及你们可以如何合作。这会表明你与对方之间潜在的协同效应。该文件可以在两家公司流传，并当作有效的沟通工具。要注意，这种文件不需要签字，在任何情况下都不具有法律约束力。它纯粹为了交流，实质上就是一份销售辅助文件。此外，这份文件日后可以用来告诉律师在具有法律约束力的合同中应该涵盖哪些已经商定的内容。

如果销售变成了谈判怎么办?

销售罗盘的正面结果是成交，反面结果是用户彻底拒绝合作或购买。但是，在某些情况下，销售过程还会有第三种结果：谈判的开始。比如，讨论公司的一轮投资、出售复杂的技术、缔结重要的经销协议，以及租赁办公地点等问题，通常都需要谈判。

一旦进入谈判而不是直接完成销售，你必须立即停止推销产品，这一点很重要。为什么？因为这时你继续向寻求谈判的人推销产品，你会显得软弱，仿佛是在乞求。在谈判过程中，不要进攻而是要防守。只有对方让步时，才能让步。在谈判期间保持沉默的人通常会比试图推销的人有更好的结果。

谈判过程可以提前规划好吗？

前文我们讲述了如何提前规划并安排销售流程，但谈判是难以规划的，因为这样的博弈充满了许许多多不可预测的曲折。如果说有什么可与之相比的话，谈判相当于国际象棋或扑克等智力游戏。虽然你可以为这些游戏不断训练自己，但你无法预知会发生什么。

不过，在开始谈判之前，你还是可以了解一下基本的原则。第一，就像传统的销售过程一样，谈判也需要尽可能了解对方的信息和偏好，这非常重要。举个例子，在商业谈判中，获取的信息通常包括客户的收入、支出和利润率。你还应该了解，在什么条件下，这次交易对客户而言不再有商业意义。这就是他们的极限。

此外，还有更多的信息需要获取。比如，你能找出他们之前与别人达成的协议吗？他们之前为类似的产品支付了多少钱？条件是什么？是否存在关键的时间因素？是否存在和知名度有关的因素？也许还有技术依赖？你找到的信息越多，就越能有效地进行谈判。

同样，假如你不了解谈判对手，你可以在谈判中观察他的行为，这也是很有用的。比如他是像奥巴马，还是像特朗普？

还有一个事前准备的好办法，在谈判之前提交一份议程提案。通过编写议程，你可以影响谈哪些内容和不谈哪些内容，这是一个优势。如果对方修改了议程，你可以由此知道他们的目的。我们建议讨论价钱应该大致安排在议程的中间时段。为什么呢？因为最先讨论价钱，谈判可能会一直停滞。假如最后讨论价钱，其实可以被用作价格谈判的筹码都已经商定了。所以再强调一下：把价钱放在议程的中间讨论。

谈判中要做的另外一件重要的事情是，弄清楚对方有多大的权限。换句话说，谁在做决策？有没有哪位能够拍板的经理不在场？需不需要董事会做最后的决定？

必要时，最好将谈判分成几步，以便客户可以回公司运作，并获得所有决策部门的支持，然后再进入下一步。在这里你必须小心，不要陷入“唱红脸 / 白脸”的游戏。在这种游戏中，虽然你成功地谈妥了一个复杂的协议，但最后还是要和对方的老板重新谈一次。

如果对方没有全部的决策权，但却是你唯一可以接触到的人，那怎么办？你最好的防守方法就是说你也没有全部的决策权。如果他有退路，你也得有一条。

谈判中的重要举措还有“谈判协议的最佳替代方案”，也就是说你已与他人进行过谈判，因此知道你能给出的最佳替代方案。

最后一点，尽量避免时间压力。时间压力最小的谈判者往往最终会达成最佳的交易。尽量确保在谈判期间没有时间压力。

时间压力最小的谈判者往往最终会达成最佳的交易。

谈判的六个准备要点

确定对方的基本情况，了解谈判代表的个性。

每次谈判之前都发一份议程草案。

确保价钱讨论放在议程中间。

弄清楚谈判代表的权限。

准备好谈判协议的最佳替代方案，即找到市场现有的最佳方案。

如果可能，确保自己没有时间压力。

当谈判开始时，要清楚你即将展开的是哪种谈判。谈判有两种基本类型：发展伙伴关系和精明的讨价还价。

谈判有两种基本类型：发展伙伴关系和精明的讨价还价。

发展伙伴关系

发展伙伴关系是说谈判双方从一开始就表明了未来合作的坚定承诺。这样的谈判具有双赢的性质。双方要建立一个强大的互惠联盟，或是提高整体的价值，从而加深合作，比如解决共同的问题或扩大合作范围。举个例子，买方在你的公司安排一个人，以确保持续的质量控制，双方共同承担生产责任。

这种谈判可以以诚实和积极的方式展开，但你的利益往往取决于创造性思考的能力。比如，如果你不断思考各种合作方式，对你就会十分有利。我们将在后文的营销组合中讲到合作方式。典型的合作方式包括联合品牌、联合打包、联合定价、联合推广或共同负责营销活动、营销组织、生产以及产品开发。谈判还会涉及财务，比如创办合资企业，出售产品权利、专利或公司。

这种谈判有没有特殊的提示和技巧？也许最重要的一点是，如果你想向对方推销一个想法，看看能不能在你提出这个想法之前让他们自己发现它。如果对方提到了你的想法，你的目标可能就已经实现了。

小卖行不通，也许可以大卖

有创造性的谈判者如果发现很难实现他最初想要达成的交易，那么他有时会提出一个更为全面的协议，直至这个协议最终被对方接受。举个例子，如果你无法卖出某个产品，那么你是否可以把整个业务卖出去呢？

精明的讨价还价

与发展伙伴关系不同，精明的讨价还价是一种你输我赢的交易。以讨论价格为例，一方获益，另一方将承受同等的损失。

在精明的讨价还价中，会经常用到各种各样的策略和技巧，现在我们仅举几例。首先，先走出第一步往往会占有重要的优势。正如你先发出会议议程往往会在重大谈判中占有优势一样，在每次主要的谈判中先提出报价的人也会占有优势。原因是先出击的人正抛出“心理锚”（行为心理学家称其为“锚定”）。显然，你应该尽可能让自己抛出的锚接近对方的极限，但不要越过这条线。

你可能会很极端，但并非不切实际。举个例子，对于产品的潜在用户而言，保本价格为 95 美元，因此如果你的报价低于这个价格对方就会亏损。你可以一开始报价 100 美元。接下来，对方面临的重要任务就是通过协商把价格往下谈，这就像你拖着锚在厚厚的沙子堆里前行。后面会发生什么呢？每次你移动锚点时，都会要求一些东西作为补偿，最终你的锚所处的位置决定了整体的谈判红利。你的价格降了下来，但在谈判期间你却收获了很多其他想要的东西。

每次你移动锚点时，都会要求一些东西作为补偿。

不过，并非每次讨价还价都像听起来那么容易。如果你的对手和你一样精于算计，他可能尝试使用两种常见方法中的一种来中和你的第一个锚点。

第一种方法，他抛出了自己的锚，并且离你的锚非常远，然后保持沉默。比如，你说的单位价格是 105 美元，他立即说 10 美元，然后就一句话不说了。因此，该轮到你开口了，如果你不小心，你就会发现是你在拖着他的锚走了！想解决这个问题不太容易，但你可以忽略对方的建议，在最开始提出的报价中增加其他要求。

第二种方法是接受报价，但要提出过高的条件。对手可能会说："好的，如果您给我们 100 万美元的营销补贴，我们就接受您 105 美元的报价。"如果你很有主见，可以考虑立即列出全部谈判条款。

为什么要用这些谋略而不是在一开始就给出公平的报价呢？你难道不能说"我觉得 70 美元对我们双方而言都是最合适的"吗？事实上，如果你很了解自己的对手，你知道他可能会同意，那么你可以这么说。但是，如果你不了解对方，那么你这么做就有风险，对方会认为 70 美元其实是你的极端报价，因此如果对方给出的价格是 10 美元，最后你没有降到双方报价的中间值时，他会很恼火。他可能认为你不公平，即使你的意图其实正好相反。

列出要求和最后期限

如果谈判涉及多个方面，每一方最开始都会列出自己的要求清单，然后一条条进行协商。一开始就要确保对方除了列出的这些要求之外再没有其他要求了，这样你就不用无休止地谈判下去。你可以单刀直入，问对方："您确定这就是所有的要求吗？还有没有别的了？如果谈判过程中您又提出了其他的要求，我是不会和你们再协商的。"

问对方："您确定这就是所有的要求吗？还有没有别的了？如果谈判过程中您又提出了其他的要求，我是不会和你们再协商的。"

关于要求清单，你应该知道厉害的、有经验的谈判者有时会在其中加入所谓的幻影要求，这些要求实际上对他们毫无意义，列出来这些要求的目的显然是要将它们用作谈判筹码。

一般而言，谈判的目的是双方逐渐减少或放弃各自的要求。要注意，在没有记录原因的情况下千万不要做出任何特定的让步。比如，你撤回第五项要求，是因为对方撤回了第七项要求。做好记录的目的是防止对方后来又提出原先已经撤回的要求。如果在谈判接近尾声时对方说“我们还要坚持我们的第七项要求”，你可以回答说“我们上次的会议纪要里已经写了，我们撤回第五项要求，是因为你们撤回了第七项要求。因此，如果你们又把它提出来，我们也不撤回我们的第五项要求”。

如果一方撤回了的要求超过三项，谈判就要暂停一会儿，这条原则很重要。这样双方都有时间想一想，然后继续谈。

还有一个常见的谈判策略，那就是要明确最后的期限。但是，你要记住我们前文所说的，最强大的一方往往是时间最充裕的那一方。

举个例子，我们假设某个周一你告诉对方，周五下午 3 点前必须给出是否接受报价的决定。对方会怎么做呢？可能会在下周一才出现，即截止日期之后。除非你真的退出谈判，否则你看上去会像一个虚张声势的扑克玩家。这一幕过后，你在接下来的谈判中的影响力将会被大大削弱。

第 二 部 分

公司的创意和资金

你想要创业，你觉得自己有足够获得成功所需的重要个人特征。你认为自己也很高效，可以应付繁忙的工作，并且在需要时拥有足够的说服力和影响力。

但是，你的产品是什么呢？你如何把各种创意融合在一起让自己的创业项目获得成功？

现在我们将研究这些问题。我们还会介绍创业者将要面临的更实际的问题，比如公司选址，会计准则，公司名称、商标、徽标等。

然后，我们会讲到价值创造和商业模式。你如何确保这些元素起到应有的作用？

最后，还有资金。你如何为公司的成长提供资金？你打算从别人那里筹集资金吗？

5 公司的基本创意

简单来说，创业项目有四个主要的组成部分：商业创意、团队、资本和执行力。本章我们将重点关注第一个要素，即创意。或者更确切地说应该是多个创意，因为成功的创业公司一般会把多个好点子结合起来。我们将告诉你如何找到创意，以及如何对其进行整理和分析。

你的社交网络中可能有一些朋友或熟人，他们有特别多的想法，但做事情却没有什么系统，所以他们无法把自己的想法变成现实。正如得克萨斯州的人常说的，“光说不练假把式”。和这些人一起吃饭往往非常有趣，因为他们不断提到新的想法，他们可能既有趣又能鼓舞人心，但最后买单的可能是你，因为这些超级富有创造力的人往往身无分文。

你认识的人当中可能还有一些人很擅长经营企业，但却没有什么好创意。他们可能不是最有趣的人，但至少可以把一个项目执行得很好。

无论你生来属于哪个类型，作为创业者，你都面临这样一个挑战：兼具创意和执行力，才能取得重大的成功。这往往需要学习。正如你可以学习营销和物流技术一样，你也可以学到很多方法来获取并发展创意。想象一下，如果你和一个水平比较差的人下国际象棋，这个人在走一步之前最多可能会想三四个走法。不过，经验丰富的优秀棋手在走下一步之前脑海里会闪过无数场景，而且都是凭直觉，几乎是下意识的。象棋大师很擅长在下棋过程中获得创意，因为他拥有独特的模式识别能力，这是基于他对各种走法的深入了解。

正如初学者可以变成大师一样，你也可以锻炼自己的创新能力和商业能力。你可以训练自己开发和整理创意的能力。

商业创意的产生

如何获得创意呢？我们可以从什么是好创意开始讲起。粗略地说，创意有两种。

> 尚未解决的问题。世界上有些问题很烦人，解决得不好，或是还没有解决办法。你的创意解决了这个问题。
>
> 改进的商业模式。例如，你可以对现有的产品、服务、速度、促销或分销模型加以改进。你的改进可能很大，但也可能是增添一个小功能或优点，让最终的效果更好或价钱更便宜。

如何创建新的商业模式呢？创业者如何找到伟大的商业创意呢？这些问题已经得到了广泛的研究。正如我们前文所说的，一般的过程实际上是这样的：一个想法随着时间的推移逐渐发展，后来在你开始实践时发生了变化——你通常自己都没有意识到。

研究还表明，创业者经常忘记他们的创意是如何演变的。虽然他们常说创意是一瞬间出现的，但事实往往并非如此，创意是随着时间的推移而断断续续地发展的。举个例子，达尔文曾说，他对进化的理解有如灵光乍现，但是他的日记却向我们展示了另外的一面，实际上他已经思考这个问题很多年了。所以，人们一般会认为他们的想法来得很突然，但实际并非如此。当创业者向媒体讲述他们的创意时，他们可能忘了创意实际上是逐渐优化的。

现在，你可能会问："还有什么好创意未被发现吗？该发明的不都已经被发明了吗？"

我们的回答很简单，当然有。因为新的创意主要是现有创意的重新组合，所以我们会比前人获得更多新的创意。即使有什么因素阻碍你选择创业这条路，那也绝不应该是你认为所有重要和有用的事物都已经被发明完了。没有什么时候能比现在的创意更多了。

大多数商业创意没有成果

脑子里有一个商业创意并不一定意味着脑子里藏了一颗宝石。1997 年的一项大型研究表明，3 000 个创意中只有一个成就了一家公司。[1]

创业者经常忘记他们的创意是如何演变的。虽然他们常说创意是一瞬间出现的，但事实往往并非如此，创意是随着时间的推移而断断续续地发展的。

开发创意的技巧

我们的印象是，基本的创意与其说是创造性的，不如说是发现性的。创意就好比森林里的松露。史蒂夫·乔布斯曾说过一段很恰当的话。[2]

> 创造力就是把不同的事物联系起来。如果你问那些有创意的人是如何做到的，他们会有些愧疚，因为他们实际上并没有做什么，只是看到了一些东西。这些东西在他们看来似乎很明显，那是因为他们能够把曾经的经历联系起来，将其合成新的东西。他们之所以能够做到这一点，是因为有了足够多的经历，或是与他人相比，他们会更认真地思考自己的经历。

那么，如何才能看到那些可以合成既新颖又实用的创意的东西呢？可以通过旅行、在不同地方生活，或者在不同行业的不同职能部门工作、多拜访人、多读书、经常倾听别人诉说，就像在森林里漫步的松露猎人一样。这些人的脑海里装着各类事物的印象，他们也找到了许多新的结合模式。正是因为拥有的经验和信息，他们对变化持开放的态度。

假如你搬到沙漠中的帐篷里去研究你的内心，同时等待创意的到来，那么你可能要失望了。这样不行，必须行动起来！你要去寻找松露，它们不会主动送上门来。当然，我们的经验也是如此。

开发创意的过程就是“干中学”。还有一个获得创意的方法，就是不断地谈论它。有些人担心创意曝光，从某种程度上说他们可能是对的，特别是如果这个创意涉及尚未申请的专利。但是，通常情况下，最好在开始行动之前与更多的人讨论一下你的创意。通过讨论并倾听反馈意见，这个创意将逐渐成熟起来。

开发创意的过程就是“干中学”。

通过阅读创业信息获得灵感

作为创业者，要想为后面的生活做好准备，一个好方法是阅读有关新技术和创业项目的媒体报道，比如《连线》杂志、*The Next Web*、*TechCrunch*、*The Verge*、*Engadget*、*Mashable*、*Gizmodo*、*TechRadar* 或 *VentureBeat*。

还有一种方法是关注领先的风投公司的网站，比如安德森·霍洛维茨、各大众筹平台和创业加速器，比如 Kickstarter、Techstars、Alchemist、LaunchBox、DreamIt Ventures、Y Combinator、Seedcamp、Bootup Labs、AngelPad、Capital Factory、500 Startups、Startupbootcamp、Wayra、Bethnal Green Ventures、Entrepreneur First、The Founder Institute 等。

大多数开始实施创意的创业者可能还会有无数其他的想法。他们选择实施某些创意，只是因为它们是其中最好的。

有一点很有意思，如果你一直在找寻创意，慢慢地你会越来越擅长创新，就像一位经验丰富的松露猎人培养出知道哪里最可能发现松露的直觉。不过，以下 12 种系统的技巧也可能对你有所帮助。

（1）离开平常的工作地点。当你设想伟大的创意时，你可以去另外一个房间，出去散个步，做些运动，等等。这样做你可能会突然想到某些经历，然后把这些经历和你的创意结合起来。

（2）使用众包。在互联网上询问世界各地的人对你的创意有什么想法和建议。

（3）列一份长长的清单。和团队一起制作一份长长的清单，上面列出各种疯狂的建议和可以联想到的东西。这些建议可能听起来很愚蠢，但有些可能是优秀创意的敲门砖。

（4）角色风暴。设想一下，如果你与一位具有超级创造力的著名人士讨论这个问题，你觉得他会告诉你什么？这种心理游戏可能十分有效。

（5）使用八竿子打不着的联想法。从你的问题中挑选几个词，想一想包含这些词的其他问题，想想大自然是如何解决类似问题的，或是看看其他领域是如何解决类似问题的。

（6）“五个为什么”。问问自己为什么会有这个问题，然后接连问五个“为什么”，深入探究当前的糟糕局面，直到找到问题的核心所在。之后，想一个可行的解决方案。

（7）扑克筹码法。房间里的每个人都可以提出建议，同时每个人都有一些扑克筹码。他们可以把筹码分给他们最喜欢的建议，如此重复几次，房间里得到筹码最多的人提出的创意最好。

（8）画一棵带有枝丫的树。当树上的某个树枝看起来特别有生机时，把它作为新芽放在树旁，如此重复，直到你在你的头脑森林里找到那个绝妙的创意。

（9）使用“海明威之桥”。海明威写书时，每完成一章，会立即把下一章的开头写好，然后当天才会休息。这样做有助于第二天尽快进入状态。

（10）把你在生活中想到的所有创意写下来并保存好。也许你现在用不上这些创意，但以后可能会用得上。它可能是一个更大创意的一部分，只是你还没有意识到罢了。它可能是你慢慢完成的拼图的一部分，你甚至不知道整幅拼图最终会是什么样。

（11）把问题想象成金矿。一个已知的问题往往有一个未知的解决方案。如果你发现了这座“金矿”，它可能会很有市场。因此，要把问题视为一个有利的机遇，而不是眼中钉。

（12）看清当前的流行趋势，找到与之相关的问题。比如，“人人都有无人机，这会引出什么问题”？

拉斯：获得创意的几个方法

我觉得每个人都有自己获取创意的方法。对我来说，有一种方法特别有效，那就是早上起床前花 10 分钟想想前一天工作中的某个问题。令人难以置信的是，这样做时，我往往都会找到解决方案。这可能与睡个好觉后特别清醒有关。我的另外一个方法是提笔写一写头脑中的想法。开始写的时候，我只有一些基本的想法，写完时往往会优化很多。我在写的时候，总是使用“海明威之桥”。

马斯：如何选择应该付诸实践的创意

当我研究商业创意时，它必须满足以下条件，我才会在它上面花更多的时间。

这个问题必须能让我兴奋起来，我想要解决它。
它必须具有成为价值 10 亿美元的公司的潜力。
竞争者有限或是不够资格。
我必须能够成为这个市场的佼佼者。

有些最引人注目的商业创意与网络效应有关，个人或企业通过创业公司创建的网络相互联系在一起。这种类型的创意非常重要，我们将在下一章单独讨论。但是，还有很多其他商业模式，如果你能把你的想法与大量可行的商业模式结合起来，那么你在获得出色的商业创意上会做得更好。附录 A 包含了 116 种商业策略，涵盖网络战略、产品、推广、营销、联盟、定价、速度、时机和经销等。下面我们只介绍其中最好的一些模式。

产品创意举例

让我们从产品创意入手。打造一款奢侈品怎么样？或者相反，为穷人量身定制一种产品？还是为注重节省成本的中产阶层设计一种基本款产品，也许可以通过低成本的商业设计来实现？

还有一种思路，你可以把以前从未结合在一起的一些产品或服务融合在一起，就像太阳马戏团那样。该马戏团把餐厅、运动、马戏、舞蹈和摇滚音乐会等概念集合在一起，产生了特别好的效果。这些策略都可以在附录 A 中找到。

你可以采用大片模型，并利用利润乘数助推，借此你可以用多种方式重复利用相同的资产。或者你可以使用旧物改造模型，把旧的东西重新利用起来。

此外，你还可以故意打造一种反趋势产品——如果所有人都向左，那么你偏偏向右。或是使用二级销售模式，产品的某些功能是免费的或价格非常低廉。用这种方式，你可以吸引用户也使用产品的其他功能，然后以此赚钱。

或者你还可以像很多汽车制造商那样推行大规模定制。挺酷的，对不对？你也可以让产品简单化，使你的产品比以往的产品的操作都简单，这是“一步到位”策略。

速度与择时策略

还有很多其他产品策略，但有些方法更注重速度和时机，而不是产品本身，麦当劳就是一个很好的例子。你可以采取先发制人的策略，也可以更为狡猾地采取后发优势。接下来就是发现趋势，预测一个大趋势或在趋势之初发现它，然后占据支配地位。你可以让公司快于竞争对手开发并推出新产品，这就是所谓的涡轮商业模式。或者你也可以像麦当劳一样，比竞争对手更快地将产品交付给用户。

营销策略

那么，营销策略呢？营销策略有这些方法：品牌建设、自助服务/自助下单、直销、特许经营和联盟营销。

有些公司通过分享收益来建设商业生态系统。还有些公司使用“店中店”的概念或超市模式，比如金融超市、利基超市或产品范围比较广泛的网店。

很多人不喜欢购物，但有些卖家会采用所谓的体验销售。在此过程中，购物成了一次伟大的冒险，比如买车时在参观完工厂后直接提车。

还有更多的策略吗？有很多，比如与价值和利润有关的策略。这里仅举几例：把公司打造成收购目标（为收购而建），巩固一个行业（行业整合），或是系统地复制他人的业务，不过可能在不同的地理区域（商业模式复制）。最后这种模式可能既涉及后发优势又涉及先发优势。先行者处于达成关键交易的主要位置，而且可能创造网络效应，不过后动者可以复制先行者的业务，同时避免犯先行者犯过的错误。此外，你还可以瞄准利基市场的主导地位，或是像爱彼迎或优步那样利用闲置资源开展业务。

还有没有更多的策略？交叉销售或众包？或者把公司打造成“聚类问题解决者”，这样的公司极为擅长为大量用户解决相同的问题。

当然，如今最大而且发展最快的商业模式之一是利用社交媒体服务来收集大量的用户数据，用于提供针对性较高的广告平台服务，以及某些需要详细用户信息的服务。脸书和谷歌可谓这种大规模用户数据挖掘模式的大师，不过这里面还有大量的其他参与者和市场机会。

关于创意，要做哪些思考？

在考虑创意模型时，以下是一些可以考量的实际因素。

找到实现规模化的路径。你的创意是否支持规模化，如果项目如期实现规模化，从每位用户身上获得的利润是否会增加？如果你销售的是工作时间，答案可能是不会，但如果你销售的是几乎可以免费复制的软件产品和电子媒体订阅，答案也许是肯定的。此外，要记住，创建和管理可以实现规模化的公司所需的工作量，不一定大于不能实现规模化的公司。

要么主导，要么消亡。成功的创业公司几乎必须在市场上占有某种主导地位，否则竞争者会把它们逼到不赚钱的地步。要想占据主导地位，必须针对特定的受众拥有绝对优势，这可以通过专利、最低的成本、在当地的关键地位来实现。不要忘记，用户和经销商通常觉得与占据主导地位的公司合作是最安全的。在经济衰退时期，弱者往往会被经销商从产品清单中删除。

最佳时机。很多惊人的创业成功案例基本上都可以用一个事实来解释：在市场准备就绪时推出一款好产品。正如维克多·雨果所说的，“没有什么会比一个恰逢其时的想法更强大”。这种准备就绪通常会随着核心技术的发展而来到，比如，宽带的价格下降和功能增强，为Skype及后来的网飞做好了准备。

合作胜于争斗。人们经常会说到“扰乱”市场这件事，我们建议你一定要谨慎，如果能够避免，那么千万不要挑起与大公司的争斗，因为在现实世界中，有时是大卫败给了歌利亚，而非《圣经》里描述的那样。鉴于此，最好与大公司合作，这往往要好于与它们对抗。

十倍法则。根据经验，如果你要在现有市场推出新产品，那么你的产品必须要比现有产品至少好十倍、快十倍或便宜十倍。如果你以十倍的优势在竞争中取胜，那么市场在一段时间内就是你的天下了。如果你的产品只是改进了10%，那么你将陷于和所有人竞争的局面。

简单即好。开发产品所需的时间越短，进入市场的速度就越快。如前文所述，这是统计得出的结果，但原因是产品做得越快，肯定就越简单。越容易传播、解释和使用的产品，就越容易脱颖而出。

在思考产品之前先想想需求。有些发明还在寻找要解决的问题，这很少会奏效。因此，在其他条件相同的情况下，你最好从寻找需要解决的问题开始。你可以想想目标市场和所需的目标价格，就像尼古拉斯·海耶克（Nicolas Hayek）带领斯沃琪集团彻底改变瑞士钟表业时所做的那样。之后，再回过头看看如何实现这一目标。“如果我们能以Y的价格生产出X，就能把它卖给Z，那么我们怎么能以这个价格生产出X呢？”

功能不等于公司。很多创业公司的创意实际上是某些功能，而非完整的解决方案。只有快速把创意卖给拥有整体解决方案的人，公司才能幸存。仅基于某个功能创办公司也许可以，但风险很大。在我们看来，“我开发了一套新的视频压缩算法”听起来并不像一家新贵公司。

寻找进入壁垒。如果你的策略存在“进入壁垒”，即让竞争对手难以进入市场的因素，并且可以持续至少几年，那么你就会更加安全。进入壁垒可以是把他人拒之门外的经销协议、专利或高昂的客户转换成本（即更换供应商很复杂）。这为你提供了不断快速发展业务的空间，从而保持领先地位。

找到较大的市场“空白”。市场空白是指一个有需求但没有解决方案的领域。比如，日常生活中有些事会让你以及别人都很烦恼。在这种情况下，人们对产品几乎没有什么明确要求，因为人们还没有考虑清楚如何解决这个问题。但是，如果你有了解决方案，大家就会使用。正如史蒂夫·乔布斯所说，“不应该让用户告诉我他们想要什么，这应该是我的工作”。最初，市场上几乎没有对 iPad（苹果平板电脑）的需求，但是当它发明以后，人们就开始争相使用。

使用快速发展的核心技术。如果核心技术的性能呈指数级增长，你可以想象大约三四年内它会处于什么位置。举个例子，创业者可以为几年内就会出现的硬件开发软件。

关注资金的走向。如果你想要改变的市场已经存在，你可以尝试将公司的关注点放在订购和支付环节，因为这是最容易赚钱的地方。因此，你应该始终关注资金的流向。如果可以的话，直接进入价值链当中的资金流向环节。

寻找巨大的利润池。找到一个行业，其中的参与者赚了很多钱。然后通过创新分一杯羹。

把赌注压在习惯上。你能否创造一种产品，一旦人们习惯使用，几乎会自动地一次又一次地购买？相互依存的产品和所谓的体验通常能做到这一点。例如，如果父母发现一种尿布很好用，可能就不会换牌子了。

资金的代价很高。如果你的项目需要大量资金，那么你要花大量时间筹资，你的股权也会越来越少。因此，不需要那么多资金的项目会更好。

对一个人有用的东西可能对很多人都有用。如果你刚刚为付费用户解决了一个问题，比如为他开发了一款软件，那么你可能正面临一个商机。把你刚做过的事情规模化，为成千上万的人解决同样的问题，但这一次使用的是可扩展的标准化产品。

品类王往往是最大的赢家。施乐、苹果、谷歌、宜家、网飞、Salesforce.com（客户关系管理提供商）、爱彼迎、亚马逊等很多公司都涉足整个产品类别。这些公司往往会在特定的产品类别中获得绝大部分的利润。

品牌塑造可以成为核心能力

红牛的创始人购买了一种泰国饮料的相关权利，利用自己塑造品牌的伟大天赋，把它打造成了风靡全球的饮品。因此，核心竞争力并不在于产品本身，而在于塑造品牌的能力。

能够赚到钱吗？

我们遇到过很多人，他们的商业计划书都有一个小问题：没有明确的盈利模式。举个典型的例子，某人想要开发一个应用程序或网站，但似乎没有任何获利的可能性。不过，我们也遇到过一些人，他们打造了一家又一家盈利公司，但却坦承他们从未考虑过适当的预算。

创业，你确实需要知道该如何赚钱。但是你不一定要有详细的预算，除非你做的是资本密集型项目。一般来说，详细的预算对创业公司来说只不过是镜中月。但是，你至少要进行粗略的计算。这种计算不能是随便的猜测，必须有一些明确的假设来进行检验。

之后，你需要反思。如果项目基本进展顺利，那么最后你可以获得多少收益？ 10 万英镑？ 1 亿英镑？还是 10 亿英镑？

有些人对数字和计算没有什么天赋。在这种情况下，他们会找个有时间并且百分之百可信的人，让他花几个小时算一下。这个项目有没有意义？是一个大商机还是小商机？是微不足道，还是商机巨大？脑子里要永远想着份额。

脑子里要永远想着价款。

我们并不是说收入的多少决定一切，因为你的动机不一定非得是金钱，或者说金钱至少不是你的主要动机。但是，实施高利润的项目会更容易，因为金钱会给你带来自由和灵活性。此外，利润表明你销售的产品价值高于你购买的材料，这再次说明你创造了价值。相反，亏损的项目则破坏了价值。因此，如果你赚了很多钱，你就可能创造了巨大的价值。

所以收益是好的，它会为产品开发提供资金，也提供了营运资本，如果有一天你面临激烈的竞争，你就可以更加从容地应对。因此，成功的公司经常把可能的收益称为“竞选基金”。

还有一件事，在考虑财务状况时，别忘了下行风险。当理查德·布兰森创立维珍航空时，他从波音公司租了一架飞机，但合同写明了如果他的公司不能正常运转，那么他可以退回飞机。他想到了好的一面，也想到了不好的一面。因此，你要问自己的问题是，如果项目进展不顺利，你可以从多大程度上控制损失？比如，你是否可以通过租用或借用大部分设备而不是购买设备来把损失最小化？

五种软工具

上面介绍了我们对商业创意的一些看法。那么，如何从这些基本的想法入手开始发展业务呢？我们喜欢使用以下五种软工具。

（1）假如往回看，有哪些卓越之处？

（2）SWOT 分析

（3）核心竞争力

（4）还有哪些需要弄清楚的地方？

（5）持久的竞争优势

关于第一个工具，你只需要设想一下你的公司在5~10年会是什么样子。闭上眼睛，想象一番。到那时，你的公司解决了什么问题？公司在市场上处于什么地位？你有什么值得骄傲的地方？公司实现了什么伟大的愿景？想象完这些事情之后，你问问自己喜不喜欢这个梦想？它值不值得你付出努力并甘冒风险？可行性有多大？

第二个工具是SWOT分析。这个简单的方法可以评估公司的市场地位，不管是正常运行的公司，还是仅存在于你想象中的公司。SWOT是优势、劣势、机会和威胁的首字母缩略词。这个方法用起来很简单，你可以在图5-1中列出关于公司在这四个方面的主要结论。

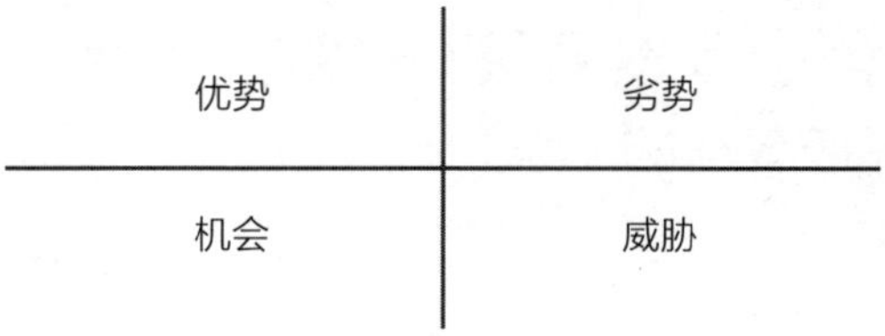

图5-1　SWOT分析

在SWOT分析之后，下一步自然是分析核心竞争力。你的公司及团队希望在哪个领域脱颖而出，战胜其他竞争者，以拥有持续的市场机会？如果再进一步，那么你还必须考虑这些能力是否可能受到威胁。例如，它们是否依赖于某些创始人或员工以及他们的持续参与？核心技术的预期发展会不会很容易威胁到核心竞争力？如果你把自己的综合优势和机会考虑在内，会不会想到一些新的商业创意？

接下来是要在创业前想一想你现在所知道的和你需要弄清楚的之间有多大差距。需要做哪些研究？哪些假设需要被验证？

最后，明确你的持久的竞争优势可能会有所帮助。你的公司如何保持竞争力？比如，它是否应该拥有重要的专利、经销协议等？从当下和长期来看，这些东西可以让其他人在同等条件下难以与你竞争。或者还有什么其他方法有助于保持你的竞争力？

利用品牌

拥有强大品牌的公司通常会进行“品牌延伸”，也就是说会向其他公司出售使用其品牌的权利，同时收取费用。它们还可以尝试其他利用品牌的方法，比如联合创立品牌、品牌合作，或是仅仅把品牌名贴在公司生产的屏幕或硬件上。例如，百年灵宾利手表就是品牌合作的结果，因为宾利希望加强自己的动感形象，而百年灵希望自己看起来更奢华。

为什么大公司往往无法实施颠覆性创新？

著名经济学家约瑟夫·熊彼特曾说过，“建造铁路的不是马车的拥有者”。通常来说，大公司的管理人员深知未来技术会产生巨大的飞跃，最终可能会淘汰他们的产品，但他们往往无能为力。

实际上，颠覆性创新往往来自创业公司。只要想想是谁用新产品彻底改变了各大行业就知道了。

网上购物：沃尔玛还是亚马逊？

智能手机：诺基亚还是苹果？

共享汽车：出租车行业还是优步？

电影流媒体：电影业还是网飞？

大规模共享住宿：酒店业还是爱彼迎？

媒体：报业公司还是互联网创业公司？

出现这种情况的一个典型原因是，老牌公司受到短期利润的驱使，会推迟做出变革的时间。此外，它们陷入了克莱顿·克里斯坦森所说的“创新者的窘境”：是否应该创新，从而直面与自己的产品进行竞争的风险？[3]许多（甚至是绝大多数）大公司都无法适应范式转换，这为创业公司提供了机会。

知识产权

创业公司经常会在专利、商标、合同和外包等知识产权方面犯错误，因为它们忘记了保护知识产权。这一点也适用于保密协议。保密协议用以确保保密信息不被泄露。

如何申请专利?

并非每家创业公司都要申请专利，但如果需要，整个过程还是颇具挑战性的。一项专利的申请费用可能在 2 万欧元至 5 万欧元之间，申请时间可能需要 1~4 年。不过，临时专利会便宜些，它会赋予公司在产品上注明“申请专利中”的权利。

一般来说，专利的有效期是 15~20 年。不过，发明专利必须是“非显而易见的”，即并非不证自明的。此外，你必须“第一个申请”，并且相关概念事先没有宣传过。在美国，你通常要在提交申请 12 个月内应用专利，否则专利申请将会失效。在其他国家，通常没有这种限制。

最后，如果你不想申请专利但又想阻止别人这样做，你可以在一个不起眼的媒体上发布产品或流程说明，希望没有重要人士会读到它。如果竞争对手日后为此申请专利，你可以利用“优先公布”对其提出质疑。

6 创造网络效应的策略

最强大的商业模式通常是在现有实体之间创建高效的网络。但为什么这个方法通常都会那么有效呢？又该如何实现呢？

在互联网泡沫被大肆炒作的20世纪90年代，许多创业公司都遵循这么一句话：你必须先吸引注意力，再去想盈利模式。其中的很多公司在2000年泡沫破裂后消失，彻底关上了再次获得资金的大门。然而，幸存者通常都有一个可以反败为胜的强大特征：具有强大的网络效应。

什么是网络效应？网络效应是指，随着加入的人增加，网络的效用会随之增加。举个例子，成为世界上唯一一个拥有电话的人是没有意义的，但是当越来越多的人都有电话时，有电话的意义就变得重大了。如今，网络效应在社交媒体上尤为突出，使用平台的用户越多，对每个用户来说当然就越好，脸书就是一个明显的例子。一般来说，当公司开始产生网络效应时，它将经历爆炸式增长，而不需要太多的营销手段。为什么呢？因为客户或用户正在互相招募。

病毒效应

网络效应可能引发病毒效应，其中最著名的例子当属 YouTube 上的视频。有的视频非常好，看过的人平均会与不止一个朋友分享，这使得视频像星火燎原一样传播开来。

在这种情况下，营销人员会指出其中的“病毒系数”。举个例子，如果观看某个 YouTube 视频的人平均将其转发给 0.5 个人（下一个人会与一位朋友分享），则病毒系数为 0.5，因此传播将逐渐停止（忽略接收者之间的重叠）：10 000 → 5 000 → 2 500 → 1 250 → 625 → 313 → 156 → 78 → 39 → 19 → 10 → 5 → 2 → 1 → 0。

这些数字的总和是 19 998，所以如果你的公司通过 YouTube 把视频链接发送给 1 万人，而视频的病毒系数为 0.5，根据病毒效应，看到的人将是原来的约两倍。

现在假设还是传递 14 次，但这次病毒系数为 2。传播情况就变成这样了：10 000 → 20 000 → 40 000 → 80 000 → 160 000 → 320 000 → 640 000 → 1 280 000 → 2 560 000 → 5 120 000 → 10 240 000 → 20 480 000 → 40 960 000 → 81 920 000

哇！如果我们还是忽略一个人可能会多次收到视频链接这个问题，那么这段视频会被观看 163 830 000 次，也就是上面数字的总和！事实上，在这种情况下，你不需要把视频在一开始时发送给 10 000 个人，可能发给 100 个人甚至 10 个人就能达到完全相同的结果，只是速度慢一点儿而已。

当然，关键点是病毒系数的微小差异会对你的整体影响力产生巨大影响。

网络效应和病毒效应叠加在一起，就解释了为什么 Instagram 才成立 15 个月就以 10 亿美元的价格成功出售，当时它只有 13 名员工。网络效应和病毒效应证明了 Instagram 的巨大价值。

网络效应和病毒式效应证明了 Instagram 的巨大价值。

这是一个商业模式的例子，或者说是综合商业模式的一部分，关键就是“网络效应”和“病毒效应”。因为这两种效应，你可以快速在网络中占据主导位置，并成为行业标准。

多边平台

当你拥有多边平台时，就会产生网络效应。以外卖网站 Just Eat 为例，该平台将餐馆和消费者这两种不同的实体连接起来。这属于双边网络，相互依赖的客户群之间可以进行互动。因此，网络效应将会升级，但前提是双方都做大做强。如何加强网络效应是一个挑战，因为你面临着一个类似先有鸡还是先有蛋的问题。不过，一旦成功，你可能势不可当。信用卡、网上商城和证券交易也是类似的例子。

网络效应策略还有一个特例，就是对等网络（P2P）。你可以建立一个平台，比如在线数据库或其他通信服务，把各方连接起来。易贝（eBay）、克雷格列表（Craigslist）、爱彼迎、优步和跑腿兔（TaskRabbit）就是这方面的例子。

网络效应策略的第三个特例是使用开放的商业模式或开源软件。在这种情况下，你要主动让外部人士访问你的业务平台或软件平台，这样他人可以加入平台或对平台进行再建。就软件而言，你可以发布软件源代码，可能还有系统开发工具包，这样任何人都知道它的功能并可以进行操作。

最后，我们应该补充一点，很多大公司最终都会形成复杂的多边网络，将应用程序供应商、内容供应商、第三方经销商、广告商和用户连接起来。正如你可以对复杂的公司做详细的财务分析或法律审计一样，你也可以审视这个多边网络的网络效应，找出推动其增长并赋予其稳健性的因素。

先有蛋还是先有鸡的问题

从你开始着手打造网络效应开始，你会发现这样一条经验法则：你需要一两年的时间才能“引爆”增长，也就是实现网络注册用户的自动增长。如果你做不到这一点，之前注册的用户就会开始退出，然后可能很快你就会丧失全部用户。在你推出多边网络时，下面 10 种传统方法会增加“引爆”的可能性。

自我供给。你自己作为内容的供给方。比如，新开的夜店最初可能都会为女孩提供免费的饮品，以此吸引男性。再比如，YouTube 推出的时候，其创始人先发布了第一批视频。

免费 / 付费。你可以为其中一方提供免费服务，要求另一方付费。比如，在商业性的黄页平台上，你向卖家收费但不向买家收费。

两步法。你最初只专注于其中一方，只有这一方比较稳定后才开始考虑另一方。例如，网上订餐平台 OpenTable 最初完全专注于吸引最好的餐厅注册，然后才转向消费者，发布有针对性的广告。

制造稀缺性。通过设置门槛让注册变得具有吸引力。举个例子，“第一年，我们只允许我们认为最好的 10% 的餐厅注册。你想加入这个专属的团体吗”？

特洛伊木马。你为潜在用户提供免费工具、产品或服务，恰好可以把他们引入你所构建的网络中。一旦有了足够的被动参与者，你就可以尝试激活他们。

借用他力。你在另一个已经拥有足够多用户的网络中推出你的网络服务。比如，PayPal（贝宝）因为在 eBay（易贝）内推出而被引爆。

利基方法。选择一个较小的市场利基，让其运转起来，然后再开始扩展。例如，脸书最初只为哈佛大学的学生服务。

鼓励用户分享。如果一个用户成功邀请到了另一个用户，就会得到金钱的鼓励。以肯尼亚的移动支付系统 M-PESA 为例，如果付款人成功邀请收款人使用该系统，就会得到奖励。

早期注册的好处。“现在注册免费，如果以后注册，就要付费了。”

先驱者奖金。探图（Tattoodo）最初向一部分世界一流的文身艺术家承诺，如果注册探图，可以得到优先认股权。

构建复杂的网络效应时，除了以上这些传统策略之外，还出现了一个新的策略，它就是在 2017 年尤其引人注目的区块链。

利用首次代币发行

创业公司还有一种比较新颖的方法来创造网络效应，即利用首次代币发行（ICO）。这种方法可以同时解决几个问题，一般过程如下。

（1）撰写一份白皮书，描述你正筹划的项目（一般是基于网络效应的项目）。在这份白皮书中，你会写明你将用代币为网络的开发和建立提供资金，并描述初始投资人如何以及何时可以购买代币。严格来说，代币是基于区块链发行的，它在很多方面与比特币或以太币等加密货币非常相似。

（2）这份白皮书还将描述项目的目的、运作方式以及预期的资金需求和收入。

（3）你开始发售代币，人们购买代币。如果你未能按计划筹集到所需的最低资金，那么所有的投资将返还给投资者。

（4）因为代币以区块链为基础，所以可以立即在全球范围内全天候交易。这就相当于让你的公司从第一天开始就面向公众进行交易，不过是在全球范围内分散交易，并且没有监管。如果你在加利福尼亚州发行代币，住在韩国的人可以立即进行交易。这是因为加密货币以及代币完全是个人对个人的（P2P），独立于银行和交易所，也没有国界限制。

历史上第一次代币销售出现在2013年7月，由万事达币（Mastercoin）发行。2014年，以太坊（Ethereum）项目用比特币筹集了1 800万美元资金，价格为0.40美元/以太。该项目2015年正式上线，2018年以太币价值突破了700美元，初始投资人的收益超过了170倍。对于发行人而言，代币具有许多优点。

> 买家没有投票权。
>
> 不用与风险投资人或天使投资人签订巨额合约。
>
> 立即打开全球市场。

因为对买家保护较少，所以以上优势显然会被部分抵消，而且早期的首次代币发行很大一部分似乎都是基于非常糟糕的想法——如果不是欺诈的话。话虽如此，首次代币发行确实为投资人提供了直接投资创业公司并立即获得市场的优势。你可以将其视为以下二者的结合：众筹，比如通过众筹平台 Kickstarter 筹款；直接进行代币交易的全球市场。正因如此，代币更易于销售，价格上涨的可能性也更大。

代币的网络效应

现在我们来谈谈代币的网络效应。区块链基于一个匿名参与者自动管理每次交易的“分布式账本”系统（他们就像集体公证人一样）。但他们这样做能得到什么？答案是他们通过让自己的计算机解决数学问题来获取“挖掘”新币的相关权利。举个例子，Filecoin 在首次代币发行时表示：“70% 为矿工奖励。”这意味着 70% 的代币都给了建立和运营区块链的人。

这个整体结构被称为“共享激励网络”。实际上，你可以把与首次代币发行相关的代币或加密货币看成压在该组织上的赌注，看看它是否能创造有效的网络效应。以太坊项目就是一个例子。不过，区块链真正聪明的地方是，你只有对网络效应有所贡献，才能成为矿工。贡献如何实现呢？通过运行一部部分布式账本。

如果项目成功，虽然最初的网络效应不佳，但你向初始的支持者和矿工发行了很多代币，随着网络效应的出现，代币的价值不断上升，发给矿工的代币数量将会下降。

7 公司的创建和起步

你已经决定要开一家公司，但应该开在哪儿呢？在你当前居住的地方，还是其他地方？应该选择什么样的合法公司结构？选择哪种会计系统？如何快速而省钱地制作徽标和网站？有这么多实际的问题需要考虑！本章会为你解答这些问题。

如果你对自己的创意、愿景、战略准备等都很满意，下一步就是开始实施了。第一个实际问题可能是公司应该开在哪里。

公司应该开在哪里？

出于实际考量，大多数人可能会把公司开在自己所在的城市，这从家庭、语言、住房、同事等方面来说都是最容易的。这样决定，公司即使出现问题，生活也不会天翻地覆。

但是，把公司开在其他地方往往也有充分的理由。我们认为以下是 10

个最常见的理由。

- 外部融资
- 能胜任的专家
- 日常工作所需的廉价劳动力（如果需要的话）
- 劳动法的灵活性
- 能否招募到曾在创业公司工作的人
- 市场吸引力
- 对员工及其伴侣的吸引力
- 当地的生活成本
- 税收环境
- 交通情况

外部融资是说把创业公司开在风投公司比较集中的地区。2012 年全球风险投资最多的城市和地区是加利福尼亚州，美国东海岸的波士顿—纽约—华盛顿走廊，欧洲西北部。此外，得克萨斯州、印度西部和中国部分地区都是大型风投公司聚集的地方。表 7–1 列出了 20 个主要城市，它们的风险投资总额占全球的近三分之二（63.6%）。[1]

表 7–1　全球风险投资前 20 大城市

旧金山	15.4%	芝加哥	1.6%
圣何塞	9.9%	多伦多	1.5%
波士顿	7.5%	奥斯汀	1.5%
纽约	5.0%	上海	1.2%
洛杉矶	3.4%	孟买	1.2%
圣迭戈	3.3%	巴黎	1.1%
伦敦	2.0%	班加罗尔	1.0%

（续表）

华盛顿	2.0%	费城	1.0%
北京	1.8%	凤凰城	0.8%
西雅图	1.7%	莫斯科	0.8%
		总计	63.6%

我们可以发现，旧金山和圣何塞在地理位置上很接近，两者经常被说成硅谷的一部分。它们约占全球风险投资的四分之一。

为什么要靠近风投公司呢？因为在现实中风险投资人显然更倾向于就近投资，因为他们通常希望加入投资组合公司的董事会，以便盯紧它们并正确地指导它们。他们这样做是为了监督，为了给出建议和帮助。换句话说，要想获得资金，离强大的风险投资区域近是一个巨大的优势（除非你打算通过首次代币发行进行融资）。

要想获得资金，离投资公司近将是一个巨大的优势。

投资人不想总出差

美国的一项研究表明，如果公司位于投资人办公室 8 公里范围内，那么风险投资人加入董事会的概率为 47%。[2] 相反，如果距离超过 800 公里，概率则会降至 22%。董事选举有它实际的一面，这就解释了为什么离风投公司越近，筹集资金越容易。

其他选址标准

你肯定希望公司所在地有很多相关领域的专业人士，这一点自不必说，主要是便于招聘。不过，这也增加了员工被挖走或商业机密被泄露给竞争对手的风险，但所有的经验表明，这样做的利益远超过风险。

对于创业公司的某些职位而言，有时其他高增长创业公司的前高管会是合适的人选。一般来说，比起雅典，这一点更适用于加利福尼亚。

对于某些公司而言，低成本劳动力是一个重要参数——不管是墨西哥的工人、罗马尼亚的软件开发商，还是其他职业。这些公司必须考虑劳动法，特别是解雇员工容不容易。对创业公司而言，劳动法的灵活性非常关键。首先，创业公司需要相当大的财务灵活性，以便在需要时能够以更低的成本立即裁员。其次，因为创业公司的工作要求极高，往往需要及时解雇那些不能胜任的人。

此外，你还应该考虑市场吸引力。对公司来说，如果离庞大的美国市场很近是否有益？如果是，你应该把公司开在美国，而不是立陶宛，这里只是举个例子。

接下来，要考虑文化和自然环境是否可以吸引到最优秀的人。当然，如果你的公司会成功，那么主力团队可能对住在世界上最糟糕的垃圾场都毫无怨言，但他们的配偶和孩子呢？你要聘请的有创造力的人才呢？理查德·佛罗里达是一位美国城市研究理论家，也是多伦多大学马丁繁荣研究所的负责人。他和同事一起做了大量的统计研究，想看看什么能吸引有创造力的员工。[3] 影响因素包括共事者是有创造力的聪明人、不错的夜生活、自然环境和体育设施、对性少数群体的容忍度等。

佛罗里达表示，有证据表明，区域权力中心的许多重大发展都发生在以人才为本的地方，而不是为了吸引人才而建立了智能建筑的地方。

还有两个因素可能也很重要，即当地的生活成本以及税收水平。税收较低的地方，往往会聚集更多的人才，但这有时也与更高的购房/租赁成本有关。但是，随着公司逐渐成熟，应该考虑这两个因素可能产生多大的影响。开始创业时，税收可能往往是次要因素，毕竟，大多数创业公司开始的时候都在亏钱。但是，从长远来看，税收会变成重要因素。

税收主要考虑企业所得税（利润）、股息红利税（股息红利）、股票期权所得税（特别是员工所持股票的未实现收益）和资本利得税（所有流动收益）。要注意，很多国家的资本利得税都是40%或更高，而有些国家根本不征收资本利得税。经济合作与发展组织会定期撰写相关报告。[4]

同样，如果你在不同国家或地区设有子公司，则可能会遇到转让定价这个复杂问题。当你的公司及其子公司相互交易时，就会有转让定价的问题，发生外部交易时也会出现转让定价问题。

最后，我们需要提到的一个因素是交通设施。你的办公室附近有很多直达机场的交通方式吗？公路和铁路的效率高不高？

创业环境的整体质量

有没有可能对创业环境的质量进行有意义的比较和排名？创业公司基因组项目根据创业环境为创业公司提供融资和人才情况、市场的直接覆盖范围、该地区人员的创业经验的优质程度，对比了不同城市的创业环境。表7–2是2015年的排名。不过，因为缺少必要的数据，表中不包括中国、日本和韩国的城市。[5]

表 7-2 全球创业环境排名

1. 硅谷	11. 巴黎
2. 纽约	12. 圣保罗
3. 洛杉矶	13. 莫斯科
4. 波士顿	14. 奥斯汀
5. 特拉维夫	15. 班加罗尔
6. 伦敦	16. 悉尼
7. 芝加哥	17. 多伦多
8. 西雅图	18. 温哥华
9. 柏林	19. 阿姆斯特丹
10. 新加坡	20. 蒙特利尔

我们发现这次硅谷还是位列第一。硅谷在退出价值方面的成绩非常显著，退出价值是指创业公司最后出售的价格。就退出价值而言，2013 年和 2014 年硅谷在前 20 大创业城市中占 47%，而位于硅谷南部有“硅滩”之称的洛杉矶占 6.6%。

如果研究一下不同地方的风险投资回报，你会很容易看出为什么这些资金会集中在硅谷。原因是虽然它仅占投资总额的四分之一左右，但退出价值却大约占了一半。这表明硅谷的风投公司的资本利用率几乎平均是其他地方的两倍。[6] 同时，你会发现欧洲的退出价值似乎增长最快。[7]

如表 7-2 所示，有 4 个上榜的创业城市位于欧洲，它们是伦敦、柏林、巴黎和阿姆斯特丹。说到独角兽公司（以超过 10 亿美元价格卖出的创业公司）的退出，从 2005 年至 2009 年，北欧占全球退出价值的 9%，这个百分比很不错了。[8]

不同地域风险投资的成功程度

生活中一般会有这样一个趋势：由成功生出成功。因此看看不同地域风险投资的成功程度会很有趣。

正如我们所知，风险投资从很大程度上说是美国的创新，美国风险投资市场十分发达，而且非常成功。举个例子，有一项研究涵盖了1.7万轮融资，共涉及8 000家风险投资公司，研究发现它们的年均回报率为57%。[9] 在这里应该补充一点，这项研究所涉的时间段为1987年到2001年，其中包括了风投行业快速增长的年份。不过，2017年还有一项研究，涵盖了从1996年到2016年20年间风投行业的表现，其中包括1 718家美国风投基金，年均回报率为18.3%，仍远高于股票和债券的回报率。[10]

还有一项研究对比了风投基金与股票市场，发现从1980年到2010年风险投资的年回报率平均是股票市场的1.45倍。[11] 这种衡量方法在业内被称为“公开市场等价”（PME）。

这说明美国的风险投资市场很大。2015年，美国共有4 380笔风投交易，总额达591亿美元，其中约一半归功于加利福尼亚州。[12] 相比之下，欧洲完成了3 006笔交易，但总额仅为44亿美元。尽管欧洲的国内生产总值（GDP）与美国相当，但风投金额还不到美国的十分之一！只有以色列的风险投资占国内生产总值的比重可与美国媲美，而欧洲的风险投资强度较低。我们可以这样看，美国每年的风险投资平均占GDP的0.211%，是欧盟的7倍以上。[13] 欧洲最接近美国风险投资强度的是一些较小的北欧国家以及英国，因为它们的国内生产总值很高，整体风投交易约占欧洲的四分之一。[14] 见表7-3。

表 7-3 欧洲国家风投占 GDP 的百分比

排名	投资占 GDP 的百分比（按风投公司所在地排序）	投资占 GDP 的百分比（按投资组合公司所在地排序）
1	丹麦	芬兰
2	卢森堡	瑞士
3	芬兰	瑞典
4	瑞士	爱尔兰
5	爱尔兰	英国
6	葡萄牙	奥地利
7	法国	葡萄牙
8	瑞典	法国
9	荷兰	丹麦
10	英国	德国

欧洲的风投市场

亚洲的主要风投市场发展时间尚短，所以很难找到可靠的长期统计数据。我们对欧洲的情况比较了解。2007 年至 2015 年，欧洲大约一半的风险投资资金分配给了具有专属用途的早期基金，约 20% 给了后期基金，其余 30% 用于平衡型基金。[15] 与美国不同的是，欧洲平衡型基金和后期基金的表现最佳（见表 7-4）。内部收益率用来衡量投入的所有资金在某一特定时间的年均回报率。更多的解释可以参考本书最后的术语表。

表 7-4 欧洲不同类型基金的表现

基金类型	前 25% 的基金的数量	前 25% 的基金的总体内部收益率[16]（%）
平衡型	30	17.89

（续表）

种子 / 早期阶段	112	12.36
晚期阶段	26	17.77
所有的风投基金[17]	107	18.51

有一项研究涵盖了 1980 年至 2013 年 752 只欧洲风投基金，前 25% 的风投基金在生命周期内的内部收益率为 18.51%。[18] 换句话说，这些基金的投资人平均每年收益率超过 18%，收益非常高。

把范围再扩大一点儿，前 50% 的风投基金的内部收益率降至 11.28%，这个数字仍不低。但是，如果把欧洲所有的风投基金包括在内，也就是把表现较差的基金也算在内，总体的内部收益率平均来说下降至 1.68%。换句话说，投资回报是呈两极化的，好的那半表现得非常好，不好的那半则表现得非常差。

为什么欧洲风险投资人的收益率低于美国？

有一项分析欧洲和美国风险投资赢利能力的大型研究证实，美国的高平均回报率与欧洲的低平均回报率之间存在巨大的差距。这项研究进而从四个方面做了解释。[19]

（1）美国的风投公司更倾向于为新出现的成功创业者提供更多的资金。实际上，它们可能会为一家前景尤其好的创业公司提供高达数十亿美元的资金。相比之下，欧洲的风投公司更倾向于在对投资组合公司感到失望时为创业者投钱，而不是一直支持成功的创业者，结果越想补偿损失反而损失更大。

（2）美国的风投公司更适应彼此合作的辛迪加模式，这使它们能够一路为优胜者提供资金。

（3）美国的风投公司更有可能提供或有资金，也就是分阶段的融资框架。如果投资组合公司达到了特定的目标，则按预先商定的阶段融资框架提供资金。

（4）美国的风险投资公司包括更专业的基金以及科技公司设立的基金。

欧洲的创业界有一个有趣的现象。正如前文提到的，根据欧洲的标准，北欧国家的风险投资强度还是比较高的。此外，在分析独角兽公司的退出时，北欧国家可谓大放异彩。[20] 事实上，在比较 2000 年至 2015 年的数据时，北欧占全球独角兽退出数量的比例为 7%，而其国内生产总值仅占全球的 2%。据此计算，北欧的独角兽退出比例与美国持平，北欧和美国的独角兽退出与国内生产总值之比要高出世界平均水平的 3.3 倍。

进一步来说，虽然北欧国家仅占欧洲人口的 5%，占欧洲国内生产总值的 7%，但在 2000 年至 2015 年，北欧国家的独角兽公司数量占了欧洲的一半。这意味着北欧国家在人均生产独角兽公司方面比其他欧洲国家高出约 20 倍。如果按国内生产总值计算，那么北欧国家比其他欧洲国家高出约 15 倍。

北欧国家在人均生产独角兽公司方面比其他欧洲国家高出约 20 倍。如果按国内生产总值计算，那么北欧国家比其他欧洲国家高出约15倍。

以上这些因素在你选择公司地点时都很重要。

如何关注风投市场的动向？

关于全球科技领域的投资动向，最佳的新闻来源包括 CB Insights 和 PitchBook，它们都提供优质的免费电子邮件新闻服务。此外，我们还建议你在智能手机上下载 Flipbook 或类似的应用程序，至少关注其中的创业和技术板块。许多领先的风投公司都会制作特别好的播客，比如，你可以试试安德森 · 霍洛维茨公司的。

应该使用哪种会计系统？

公司的会计核算主要包括两方面：财务会计和税务会计。税务会计的方法由当地法律决定，但对于财务会计，你可以从几种备选方案中选择。例如，欧洲或亚洲公司可以选择跳过当地标准，根据国际财务报告准则（IFRS）或美国通用会计准则做会计报告。如果不是美国公司，为什么还要这样做呢？因为公司将来可能被卖给一家美国公司或者搬到美国，或者可能在广泛使用美国通用会计准则的国际交易所上市。在这些情况下，都会有国际投资人，如果他们看到会计报告是根据他们了解的系统做的，则会更有把握。

如何达成股东协议？

股东协议至关重要。如果没有股东协议，没有哪位认真的投资人会给你的创业公司投钱。你很容易就可以从网上下载到优质的模板，你会发现其中有一些规则建议，比如如何在创始人之间分配股票，对创始人的期望是什么，在哪些条件下继续留任的创始人可以从即将离任的创始人那里购买股票，等等。此外，可能还有一些规则，比如将 20% 的创始人股份作为优先股，这样在公司未取得盈利性增长阶段把股票卖给投资人时，创始人可以留一些筹码。还可能有这样的条款：给创始人保留一两个董事会席位，即使他们已不在管理层。

如何选择公司名称和域名？

一般来说，名称的选择取决于你是否能找到合适的域名。例如，苹果公司的域名（www.apple.com）让人一看便知。在选择公司或产品的名称之前，你可以使用 The Name App 或类似的应用程序检验一下有没有人用过你想到的名称或雷同的名称。

如果你找到了一个很贴切的名称，这可能说明你的想法还没有被别人想到。这听起来似乎不错，但实际上你更有可能遇到的情况是所有听起来合适的名称都被用过了，至少是以“.com”结尾的域名。还有一种情况是最合适的域名掌握在域名投机者手里，他们的要价往往很高。你通常可以通过域名搜索应用程序找到域名所有者的联系信息，然后开始协商。

如果你需要从域名投机者手里购买域名，又担心域名权是否能顺利交易，那么你转钱时可以使用 escrow.com（与 PayPal 合作）等服务。这样做相当于你先把钱转到了第三方的平台，只有在你得到域名权后，平台才会把钱转给指定的收款人。

关于最佳名称，你或许不应该过多地考虑该名称是否符合公司的业务，而应该考虑：

你是否能够注册或购买相关的域名；

公司名称在相关语言中是否很好读（拗口的名字记不住！）；

公司名称是否很容易记住；

公司名称是否很容易拼写；

公司名称在其他语言中有没有不好的意思；

公司名称在脸书和领英上是否已被使用。

公司名称越简单越好。举个例子，苹果和亚马逊不仅符合上述标准，而且也没有说明公司的业务——这根本不重要。重要的是它们朗朗上口，并且很容易拼写和记住。

还有一个好办法是给公司和产品起相同的名字，就像亚马逊和苹果那样。举个例子，迈克尔·布隆伯格（Michael Bloomberg）的公司和产品都命名为“彭博”（Bloomberg）。恩佐·法拉利（Enzo Ferrari）创立了法拉利公司，生产的汽车也叫法拉利。简言之，说到品牌时，少即是多，所以最好起个简短、清晰和精练的名字。

说到品牌时，少即是多，所以最好

起个简短、清晰和精练的名字。

创建徽标和网站时如何做到快速省钱？

每家公司，无论大小，都会有一个视觉/图形外观，最好要保持公司和视觉外观的一致性和有效性。创业者通常会先确定自己的“风格指南”，以此来指导公司如何在网站、宣传册、PPT、展台上直观地呈现自己，然后才会具体实施，比如创建网站、制作 PPT 等。

大公司在推出产品线或子公司时可以在这方面投入大量的时间和金钱，但创业公司很少能这样做。所以，我们有如下建议。

通过众包设计徽标以及风格指南（可能既适用于公司，也适用于产品线）。对于这些工作，你可以使用诸如 themeforest.net、99designs、Template Stash、Tongal、DesignCrowd 之类的网站，它们既便宜又快捷。

通过众包创建一个口号（当然，你也可以在制作徽标之前先设计好口号）。你可以试一下 Sloganslingers.com。

你还可以通过众包来设计产品的名称，你可以试一下 squadhelp.com。

在设计第一个网站时，你可以在 WordPress 或 Squarespace 平台上选择标准的模板，既省时又省钱。这些平台还提供网站和博客托管服务。如果你不熟悉这些工具，你可以请网页设计师或要价比较低的小网络代理商，这样做也不错，比较省钱，但设计的最终决定权要在你手里。

对许多创业公司来说，最好从第一天开始就定期为利益相关者发布通讯。比如，如果通过 MailChimp 发布通讯，你就可以看到谁打开了通讯，以及他们阅读了多长时间。

纸质名片现在有点儿过时了，如果你想要印制少量的名片，我们建议你使用 Vista Cards、Biz Card Creator、Business Card Land 等网站。其中有些网站还提供可供个人打印名片的模板，但需要你自己剪裁。这样一来，打印名片就变得很便宜了。

需要建网店怎么办？

许多创业公司都需要建网店，比如用来销售产品，甚至是电子书。其实你不必自己创建网店，你可以从 WooCommerce、Magento、Shopify、PrestaShop 等公司获得此项服务，价钱也很便宜。

小团队的好处

亚马逊的创始人杰夫·贝佐斯曾经说过："如果你买两个比萨都不够一个团队的人吃，那这个团队就太大了。"维珍的创始人理查德·布兰森并不认为拥有数千名员工的庞大企业是前进的方向。如果一家公司发展到 30 多名员工时，布兰森通常会把公司拆分成两个不同的公司来维持创新文化。

创业者开始时容易在法律上犯的十大错误

在成立公司并把项目转移到这家公司之前开始商业化运作。

未达成股东协议。

重要决策只达成口头协议。

在没有规定联合创始人在公司工作一段时间并达到预期成果的情况下，给予他们股权。

聘请没有与创业公司相关的法律经验的律师。

没有采取措施保护商标、版权、专利等知识产权。

在提交专利申请之前透露相关信息。

在核查是否违反竞争条款之前聘用了某位员工。

忘记提交法律规范要求的信息。

外包时没有确保自己获得产品的所有版权。

如果创业初期请不起律师怎么办？

在你刚成立公司又没有什么存款时，你可能没有钱聘请律师帮你打理法律事务，比如申请行业许可，考虑公司结构，准备创始人之间的股东协议，保护商标和版权，起草劳动合同、股票期权协议、供应商合同等。这时，你可以从孵化器和加速器（后面会详细讲到）等创新环境中受益，它们通常会提供免费的律师服务以及法律支持。你还可以使用从网上免费下载的合同模板和其他文档。我们推荐以下网站。

bplans.com：这个网站提供各种 Word 版的模板，比如营销计划和法律文件。

creativecommons.org：你可以从这个网站下载标准的合同。

entrepreneur.com：这个网站提供各种 Word 版的模板，比如营销计划和法律文件。

liveplan.com：这个网站提供各种 Word 版的模板，比如营销计划和法律文件。

nvca.org：这个网站上有一系列标准合法的风投融资合同模板。

seriesseed.com：该网站有种子轮融资合同的标准模板，最初由硅谷律师泰德（Ted Wang）开发，并由风险投资公司安德森·霍洛维茨推广，后来通过众包进行了改进和简化。

wsgr.com：美国威尔逊律师事务所（Wilson Sonsini Goodrich & Rosati）提供在线的条款清单生成器。你只需要回答几个问题，就可以获得完整的条款清单。此外，如果你在谷歌上搜索“如何查商标”，会显示很多网站，你可以免费查看很多国家和地区的现有商标。

8 资金来源

对大多数创业公司而言，资金是一个大问题。实际上，这个问题通常是创业公司从未启动或是后来失败的原因。作为创业者，即使从一开始你就拥有一个伟大的商业理念及合适的团队，但如果你不了解相关金融市场的结构，你也几乎不可能得到必要的资金。你要了解创业公司的情况，尤其是投资人的不同动机和局限。本章我们将讨论以上这些问题。

随着创业公司的成长，它们会迅速改变结构，因此必须在不同的发展阶段不断地改变发展方式。我们所说的是哪些阶段呢？在我们看来，最实用的一种划分是以马克斯·马默[1]（Max Marmer）命名的“马默六阶段”。其中一到四阶段与创业问题尤其相关，请见下面的介绍，其中的参考数值是指美国的成本水平。

第一阶段：发现。在这个阶段，你首先要有个基本的想法，然后需要通过寻找商业上可行的产品/市场匹配（PMF）进一步优化你的想法。产品/市场匹配是指产品具有市场。如果这一步失败了，你应该停止项目，及时止损。要知道，如果一开始你把自己的业务规模控制得非常小，那么你失败的代价也会非常小。根据马克斯·马默的创业公司基因组项目的研究，发现阶段平均需要 7 个月左右，比大多数创始人的预期要长得多。这一阶段平均需要约 15 万美元的资助，通常来自朋友和家人。一般来说，这个阶段的创业公司没有员工，创始人甚至可能都没有报酬。换句话说，他们可能没有工资可拿。然而，这一阶段会开发最小可行性产品，并在用户中进行测试。这一阶段最大的挑战有两个，一是让人们花钱购买产品，二是创始人通常没有收入。为了让这一过程顺利进行，你可以寻求一位导师以及前文提到的加速器或孵化器的支持。

第二阶段：验证。在这一阶段，产品 / 市场匹配方案必须被纳入更广泛的商业模型，你可以使用“商业画布”建立模型，这一点稍后会详细介绍。与此同时，你要开始使用选定的商业指标来跟踪公司的进展，你也许会进行基本的战略变革，即“关键转折”。这个阶段通常持续 3~5 个月，但可能会持续更长的时间，这一阶段大约需要 450 万美元的资金。要筹集这么多资金，通常需要很长时间，因为资金可能来自要求苛刻的专业投资人。在这一阶段，公司可能会有几名员工，大概三五个。此时，你需要证明你可以有效地增加用户数量。

第三阶段：效率。现在你要花费大量时间建立一个强大的团队，员工人数可能会进一步增加，达到 15~20 个。他们的主要工作是简化产品及其对用户的价值，更好地了解市场及其子类别，同时促进销售和营销。在这个阶段，创业者的精力应该主要放在产品权利、销售和支付系统上。此外，你还需要筹集额外的资本，这和上一个阶段一样，也非常耗时。

第四阶段：规模化。公司现在已经证明其产品、市场和组织都行得通，所以现在该换挡加速了。在 A 轮融资中，公司可能会筹集数百万美元，员工人数可能会增加到 25 名或更多。

但是，就以上四个阶段而言，我们应该补充一点，生物技术和硬件等领域的创业公司往往需要更多的资本。上述的时间和资金都是平均值，根据领域不同可能会有巨大的差异。

不管怎么样，在这四个阶段之后，公司就进入了**第五阶段：维持**。这一点在传统的管理文献中已被广泛提及，与本书的关系不大。

最后，就是**第六阶段：出售或更新**，我们将在第15章讨论。第六阶段对本书至关重要，因为如果没有退出机制，显然不会有外部投资人愿意把钱投给创业公司。事实上，创业公司甚至可能在第五阶段之前就会提供退出的机会。

死亡之谷

很多创业公司之所以没有存活下来，只是因为它们无法在得到第一笔资金之后筹集到额外的资金，以支撑到赚得第一笔商业收入。第一笔资金基于一个梦想，但下一笔资金也许只有在可能实现商业化的前提下才能获得——第一笔资金太少，很难让你维持到获得第二笔资金。

通过免费工作自力更生

通常情况下，公司在初创阶段的大部分资金不是来自现金存款，而是间接地来自联合创始人、主要员工和你自己，因为你们都领着较低的工资，甚至不领工资。这样做换取的是公司的股权。创始人可以选择这样做，或是必须这样做，但他们必须让别人也愿意这么做。这就解释了为什么即使公司有一个原则上很容易在网上卖出去的产品，创始人也必须拥有一定的销售技巧，才能说服员工以低于市场价的价格为其工作。

即使公司有一个原则上很容易在网上卖出去的产品，创始人也必须拥有一定的销售技巧，才能说服员工以低于市场价的价格为其工作。

不同成长阶段的资金类型

有些公司设法做到了自力更生，比如几乎从一开始就盈利，也许是因为创始人的免费付出或是其他原因。但是，如上文所述，具有高增长潜力的公司往往需要大量的启动资金。美国的一项调查研究显示，各轮投资的平均规模如下。[2]

天使投资人：100 万美元

A 轮风险投资：约 700 万美元

B 轮风险投资：约 1 200 万美元

C 轮风险投资：约 2 100 万美元

D 轮风险投资：约 3 100 万美元

总共加起来为 7 200 万美元。然而，很多公司并没有采取这么多轮融资，有些公司甚至一轮都没有，因为它们要么做到了完全自力更生，要么就是无法筹集到资金。

这就让我们想到“烧钱”这个词。它是指一家创业公司每月或每年损失的金额。每月的现金流失就是每月烧的钱，而直到赚钱之前累积所烧的钱称为“最大回撤”。

如果真的有一个很好的成长型项目，那么你可以轻松地在第一个盈利月份到来之前烧掉 3 000 万美元，甚至可能更多。实际上，烧钱金额和最大回撤的金额可能非常高。有些成功的创业公司，比如亚马逊，在扭转趋势之前的最大回撤达到了数十亿美元。然而，它却是好得出奇的投资项目。

可以选择哪种资金来源？

美国的一项调查显示，美国创业公司的资金来源分布（见图 8-1）如下（按募集金额排序）。[3]

创始人本人：60%

朋友和家人：20%

风险投资：7%

天使投资人：7%

银行：5%

众筹：1%

不过，这是在 2017 年首次代币发行这一新型融资概念爆炸式发展之前的数据。截至 2017 年年底，首次代币发行募集的资金超过了天使投资人和风险投资的总和。

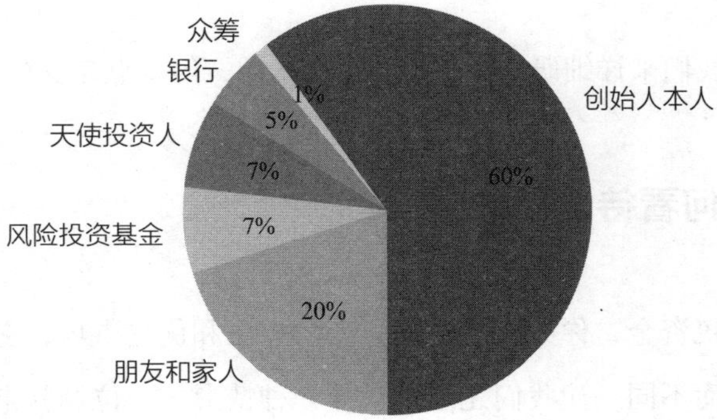

图 8-1　美国创业公司的资金来源

无论如何，到目前为止，如果大部分资金都来自创始人本人及其朋友和家人，可能的原因是绝大多数创业公司的成长潜力无法引起其他投资人的兴趣。资金可能分属不同类型。

股票/股权资本。投资人购买你公司的股权，期望股价上涨或是获得股息，抑或二者兼得。

贷款/债务/债券资本。根据商定的计划需要偿还的贷款。

代币。基于区块链的电子参与证书。

可转换票据。贷方可以选择转换为股票或购买股票的贷款。

首次代币发行。基于区块链发行代币，原则上可以立即交易。

拨款。免费的资金，通常会对资金的用途有明确预期。

除此之外，还有另外两种获取资金的方式。

营运资本优化。也就是说，你可以更为有效地营运资金，以此避免筹集资金。

销售知识产权。你可以出售部分知识产权以获得更多的营运资金。

现在，我们来详细研究一下这些资金来源，但重点是发行和出售股票。

投资人如何看待公司的回报？

要想筹集资金，你先要了解投资人的想法和优先事项，它们会因公司类型的不同而不同。让我们先假设这样一种情形，一位经验丰富的投资人考虑购买你公司新发行的股票。这样的投资人会充分意识到创业公司存在巨大的不确定性，尤其是在初创阶段。投资人知道，这样的公司更有可能遇到产品问题、创始人之间的冲突、其他管理问题、战术营销错误、新的竞争对手、合同错误或被忽视的专利。因此，如果没有出现任何问题的话，早期投资人会对回报有极高的期望——这主要是因为种子轮的投资人认为创业公司很有可能会出现问题。

种子轮的投资人认为创业公司很有可能会出现问题。

要知道，几乎没有哪个创业公司通过一轮融资就筹到了全部资金，通常它们只能筹集到足以维持到下一阶段的资金。如果你没有走到那个阶段，那可能就意味着游戏结束了。但是，如果你确实做到了，那么你有可能用更高的股价融到更多的钱。

表 8-1 介绍了随着业务的增长，不同投资阶段的名称，以及如果一切顺利，投资人期望的回报。（这里终于讲到了！）预期收益以倍数表示，比如“30×”表示期望的回报额是投资额的 30 倍。这种预期不包括运营风投基金的成本，这就是为什么基金投资人的预期净回报小于基金所产生的毛利。要注意，表 8-1 中的“首次公开募股”是指在证券交易所上市。

表 8-1 不同发展阶段对应的投资阶段

发展阶段	融资阶段	当轮融资的一般正式名称	一般的预期回报（是投资的多少倍）
发现阶段	种子阶段前期	种子轮前期 种子轮 首次代币发行	50× 30×
验证阶段	种子阶段后期 / 初创阶段	种子轮 / 天使轮	20×
效率阶段	成长早期	A 轮	10×
规模化阶段	成长期	B 轮	8×
	成长后期的扩张期	C 轮	5×
	过桥融资阶段 / 夹层融资阶段 / 首次公开募股前期	D 轮、夹层融资、过桥融资	2×
	成长资本募集阶段	成长资本	1.5×
	首次公开募股阶段	首次公开募股	1.5×
维持阶段	首次公开募股阶段		1.5×

当公司证明自己实现了产品 / 市场匹配，公司将会获得第一轮重大风险投资，即 A 轮融资，接下来的几轮融资会按字母顺序排列，即 B 轮、C 轮、D 轮等。表 8-1 最右侧一栏所写的倍数当然只是粗略的估计，这取决

于投资人对每次投资的不确定性的具体评估。不过，我们可以设想一下，除非预计会有 30 倍的回报——如果一切进展顺利的话，否则早期的种子轮投资人可能不想投资你的项目。

再过一阵，到了成长期前期，不确定性会有所下降，但投资人在投资前可能仍要求在通常情况下获得 10 倍的回报。如果你的计划显示，实际可以实现 5 倍的回报，你可能觉得这已经很好了，但对投资人来说可能还不够好。

这些都是主要的障碍，但还不是全部，因为投资人往往期望获得丰厚的回报，而且还要非常快。举个例子，风投基金一般的持续时间为 10~12 年。在此期间，合同规定风投基金有义务将所有资本加上或减去回报返还给投资人。在某只基金最初的三四年内，往往会进行投资。在接下来的几年里，可能会有附加投资以及股票售出（退出）。在最后 4 年左右的时间里，就只是退出了，可能还要给失败的投资收拾残局。这意味着风投基金在特定投资组合公司的平均持股时间通常只有 4~6 年。对于创业者，结果可能是这样的：风投基金在 A 轮融资时进入，期望你在 4~6 年内实现 10 倍的回报！

资金从哪儿来？

专业人士有时会把投资人分为三种。

业余投资人（没有专业知识）

只投钱的投资人（有专业知识，但不提供）

专业投资人（拥有专业知识，并在当轮投资中提供专业知识）

“业余投资人”通常是指朋友、家人或其他没有全面分析方法或经验的投资人。虽然“业余投资人”（dumb money）按字面理解是“傻瓜资金”，但这当然不是说他们真的是傻瓜。

只投钱的投资人可以是具有业务分析能力的专业基金或个人，但并不会投入时间。这通常是因为他们相信共同投资人已经代表他们分析了项目。

领投者和辛迪加

如果几个风投基金都参与同一轮投资，就形成了辛迪加，即联合投资。一项涵盖超过 2 000 项风险投资的研究表明，生物技术领域超过 60% 的交易属于辛迪加模式，而在 IT 投资领域这个数值只有 37%。[4] 如果出现辛迪加投资，投资人往往会选择一位专业投资人代表他们作为领投者。领投者会进行广泛的分析，通常会成为董事会成员。其他基金则是共同投资人，因此属于只投钱的投资人。在某些情况下，富有的家族也会成为只投钱的投资人。这些家族通常都由家族办公室来管理他们的资产（一般来说，资产额会超过 3 亿美元）。

专业投资人会分析创业公司的业务，然后对其密切关注，目的一般是想为创业公司提供帮助，比如他们可以通过加入董事会来帮助创业公司。如果你的公司拥有熟练的专业投资人，比如领先的风投基金，那么你以后可能会更容易筹集到更多的资金。

哪种投资人会退出?

表 8-2 列出了创业公司在不同发展阶段的典型投资人。

在一定程度上，这也许构成了一个周期，其中有些最早的投资人往往不是十分专业，上市后的许多控股股东也不专业。然而，中间的外部投资人主要是专业投资人以及只投钱的投资人。不过，这不适用于首次代币发行，它通过即刻向所有人出售代币绕过了整个过程。

表 8-2 创业公司在不同发展阶段的典型投资人

发展阶段	处于哪轮投资	典型的投资人
发现阶段 / 验证阶段	种子轮前期 / 种子轮 种子轮 / 天使轮 众筹 首次代币发行（ICO）	创始人 家人和朋友 天使投资人 众筹社区 孵化器 加速器 ICO 投资人 种子轮前期以及种子轮风投基金
效率阶段 / 规模化阶段	成长期早期（A 轮） 成长期（B 轮等） 成长期后期 / 扩张期（C 轮、D 轮、E 轮等）	风投基金 成长型基金
维持阶段	过桥融资 / 夹层融资 / 首次公开募股前期 成长型资金 首次公开募股	风投基金 成长型基金 私募基金和私人战略投资人 风险债公司
出售或更新	首次公开募股	私募基金 个人投资者

创始人的投资

现在我们仔细研究一下每类投资人，先从创始人开始。研究表明，平均来说，创始人会带来大约2.5万美元的投资，一般情况都会远低于这个数值（41%的创始人完全没有投资，33%投资达2.5万美元，只有27%会投更多的钱）。[5]然而，对创始人而言，更大的投资往往来自他所提供的免费工作。

朋友和家人的投资

很多时候，创始人会得到熟人的帮助，就是我们所说的业余投资人。在表8-2中以及行业内，他们被称为“家人和朋友”，但这个类别也可以涵盖那些不把投资创业公司作为职业的专业人士（有时为了好玩会称其为“FFF”，即家人、朋友和傻瓜）。这些人往往在早期进行投资，金额从几千美元到几十万美元不等。像上文所说的，他们可不傻。

一般来说，朋友和家人投资的不是项目，而是你这个人。他们这样做是因为他们想帮助你，或是对你的能力有信心。不过，他们通常不知道这种投资的风险有多大，因此你一定要弄清楚：他们是否有能力承担失去投资款的风险；他们是否知道失去投资款毫无疑问是可能发生的。因此，你应该问问他们如果投资失败，对他们意味着什么。你还必须告诉他们，即使项目进展顺利，也可能需要5~15年才可能卖掉股票并获得利润——但是利润也许会很高。

同样，你应该仔细考虑他们投资时公司的估值。如果下一轮融资的估值低于你父母和叔叔投资时的估值，你会有什么感受？

天使投资人的资金

天使投资人一词源于百老汇。百老汇的制片人和导演经常从富人那里寻求资金，后来他们开始称其为“天使投资人”。天使投资人属于个人投资者，他们会投资创业公司，而不仅仅限于家人和朋友的项目。2001—2009年，美国共有4.9万项天使投资，远远多于风险投资。[6]有一项研究覆盖了北美539名天使投资人，他们经历了1 137次项目退出以及大量的项目注销。研究显示，三年半的总回报率为2.6倍，即27%的内部收益率。[7]其他研究也得出了类似的结论，回报当然远远高于股票市场。最近有一项开始于2016年的研究，结果显示美国天使投资的年均回报率为22%。[8]

然而，虽然有些人获得了很高的回报，但也有人输得一干二净。实际上，有些天使投资人很不专业，而有些则是“超级天使投资人”。他们的运作方式像风投基金一样，只是在早期进行投资。超级天使投资人很可能只投资他们熟悉的行业，也许是因为他们恰恰是通过在这个领域的创业或经营赚到了钱。

此外，还有“天使投资团队”，指的是很多天使投资人组成的团队。举个例子，一项天使投资通常可能涉及5位天使投资人，他们彼此合作，相互了解。其中一般会有一位天使投资人最为活跃，因此也会成为领投人，那么这轮投资就属于辛迪加模式。天使投资人经常一起工作，一是为了看到更多的机会，二是为了有更多的人评估项目，有足够的现金共同完成一轮可能对单个投资人来说金额过高的投资。比起一项大型投资，很多天使投资人更倾向于由5~10个小项目组成的投资组合，而辛迪加投资则可以为此提供便利。

在一轮投资中如果有天使投资人的参与，就会有以下优点：他们通常是通过创业赚到的钱，因此很清楚你所面临的困难；他们愿意冒险；他们做决定的速度很快。美国的一项研究显示，美国一轮天使投资的平均金额为 45 万美元。[9]

天使投资人的投资可能会完全出于金钱的考虑，但他们一般都想要与项目以及创业者合作。为什么呢？有些天使投资人因为亲身经历过，所以知道急需资本的绝望创业者是什么感觉。因此，他们希望帮助这样的人。还有的天使投资人认为你公司的产品或服务很有吸引力，很有趣或是对社会有益，因此希望给予支持，并贡献他们的特殊学识、经验和人脉。所以，不要单单用投资回报说服天使投资人。

哦，关于天使投资人还有最后一点说明：正如不乏自称创业者但实际不是的人，也有不少“天使投资人”根本不投资。为了避免浪费时间在光看不买的人身上，我们建议你问问他们做天使投资人有多长时间了，更重要的是，他们在什么时候做了哪些投资。

AngelList 网站

AngelList 这个网站十分有用，创业公司可以在网站上免费发布招聘信息，并从天使投资人那里寻求资金。

种子轮投资是如何运作的？

天使投资人通常会在种子阶段开始投资。这时公司尚未启动或是有了产品的早期原型，但营业额很少或没有。现在，还有种子阶段前期。在这个阶段，投资人进入的时候只有创始人和他的 PPT 而已。种子资本的目的是支持公司，直到它实现了产品 / 市场匹配，这表明这个商业项目确实会有发展。种子轮投资的一般规模如表 8-3 所示。

表 8-3 世界排名前 20 的创业中心

种子轮投资的平均金额（单位：美元）[10]

硅谷	90 万 ~ 95 万	巴黎	65 万 ~ 70 万
纽约市	85 万 ~ 90 万	圣保罗	45 万 ~ 50 万
洛杉矶	75 万 ~ 80 万	莫斯科	55 万 ~ 60 万
波士顿	75 万 ~ 80 万	奥斯汀	90 万 ~ 95 万
特拉维夫	70 万 ~ 75 万	班加罗尔	30 万 ~ 35 万
伦敦	70 万 ~ 75 万	悉尼	75 万 ~ 80 万
芝加哥	65 万 ~ 70 万	多伦多	70 万 ~ 75 万
西雅图	80 万 ~ 85 万	温哥华	55 万 ~ 60 万
柏林	55 万	阿姆斯特丹	45 万 ~ 50 万
新加坡	45 万 ~ 50 万	蒙特利尔	60 万 ~ 65 万

与风险投资人相比，天使投资人涉足的行业更广，因为风险投资人基本上只投生命科学和 IT 领域，有时也会投清洁技术领域，但很少。[11]

由于种子轮投资前公司的估值一般为 200 万 ~250 万美元，而天使轮通常在 680 万美元左右，所以天使投资人往往会获得公司约 25% 的股份。

通过可转换票据融资

天使投资人的首选工具是可转换票据，这在风投基金中也很常见。可转换票据通常按以下方式操作。

投资人给创业公司提供一定的资金，比如 10 万美元。

这笔投资具有一定的利息，可能是3%~10%，利息会自然累积，因此不需要每年偿还。

鉴于这轮投资的规模是预先确定的，那么初始金额加上应计利息可以在下一轮融资时以预先确定的折扣转换为股份。最常见的折扣是20%，但30%甚至35%的折扣也不少见。

可转换票据有到期日。如果这一天到了，但票据尚未转换，创业公司则必须连本带利偿还。到期日通常在18~24个月之后，如果届时公司未能成功增资从而触发转换，那么就需要偿还本息。在这种情况下，创业公司通常会面临破产的风险，票据的持有者将实际控制公司。

这种融资结构的主要目的是：如果公司失败，作为债权人的天使投资人有权要求拥有公司的任何资产。另一个目的是在转股之前不让公众知道投资的事情。

那么，我们假设你拥有20%的折扣，这意味着什么呢？举个例子，如果下一轮融资时公司的估值为500万美元，那么你可以以400万美元的较低估值将投资转成股份，也就是说你一美元获得的股份会比后续投资人多20%。

不过，现在我们必须教条一点儿，因为有两个问题需要解释一下。首先，20%的折扣是对高风险的一种较低补偿。其次，这种结构会促使天使投资人在下一轮融资时寻求较低估值，这样他们可以以较低的价格将票据转换为股份，但创始人和创业公司可能要从较高的估值中受益。要解决这个问题，我们可以对天使投资人转股时的市场估值设置一个“上限”。事实上，80%~85%的情况都会设定这样一个上限。对于种子轮的天使投资而言，估值通常设定为350万~750万美元，其中500万美元比较常见。这就是说，如果下一轮融资超过了估值上限，天使投资人将以更低的那个价格转换股权，可能是使用折扣价或估值上限。比如，天使投资人的折扣为20%，估值上限为500万美元。如果下一轮融资时公司的估值为600万美元，那么按20%的折扣计算就是480万美元。480万美元将是天使投资人转股的标准。但是，如果那时的估值是700万美元，那么20%的折扣就是560万美元，超过了估值上限500万美元，那么将以500万美元为准。

通过首次代币发行融资

正如前文提到的，近年来有一种新的融资概念流行起来，即首次代币发行（ICO），有时亦称“代币销售”。它是指公开发行一种新的代币或加密货币，投资人通常使用加密货币进行支付，但并非总是如此。大多数首次代币发行使用的都是ERC20的以太坊代币。到目前为止，首次代币发行有以下4种基本形式。

（1）纯代币，如比特币或以太坊。

（2）实用型代币/用户代币，为买家提供对一种服务的访问权。

（3）资产型代币，为买方提供某种资产的股票，比如商品或公司。这可能与股息分配有关。

（4）债券型代币，提供回报。

你可以将代币视为下面4种东西基于区块链的可编程版。

（1）金钱

（2）礼品券

（3）股票或交易所交易基金（ETF）

（4）债券

但由于代币是可编程的，因此可以有无数种方法改进它们。例如，公司可以发行相当于礼品卡、奖励积分、会员证的代币，其中包括代币具有什么权限以及有效期等规则。

2013 年 7 月，万事达币（Mastercoin）的发布标志着世界上第一次代币销售。然而，迄今为止最著名的首次代币发行可能属于以太坊。2013 年，以太坊的创始人维塔利克·布特林（Vitalik Buterin）首次在白皮书中介绍了以太坊。[12] 此前，布特林表示，比特币需要一种脚本语言来进行应用程序开发。由于无法在社区就如何做到这一点达成一致，因此他决定组建一个核心团队来独立完成这一目标。

2014 年年初，以太坊瑞士公司开始开发以太坊程序，随后，瑞士的一家非营利基金会“以太坊基金会”成立。此次开发由 2014 年 7 月至 8 月的一次首次代币发行资助，参与者使用比特币购买以太坊代币（以太币）。此次代币发行在前 12 个小时内筹集了 3 700 个比特币，当时约相当于 230 万美元。之后，首次代币发行的数量不断攀升，到 2017 年夏天，全球的创业基金利用首次代币发行共筹集了 18 亿美元，超过了所有传统风险投资和天使投资的总和。首次代币发行的发展十分惊人。

一些成熟的风险投资人已经开始投资于首次代币发行。以 Filecoin 这个开源的公共加密货币和数字支付系统为例。它的资金来自首次代币发行，初始资金达 5 200 万美元，共来自 150 个投资方，包括红杉资本、安德森·霍洛维茨、联合广场风险投资公司、温克莱沃斯资本以及硅谷一些经验丰富的投资人。此外，这次首次代币发行的结构采用了典型的运行方式：

> 所分配的代币10%给予顾问和投资人，15%给予协议实验室（创建Filecoin的那家公司），5%用于新的基金会，70%作为矿工奖励。此次首次代币发行的上限是Filecoin以2亿美元的价格出售，但Filecoin的最终出售价格将取决于筹集的总金额，这是没有上限的。

换句话说，一部分代币被分配给顾问，一部分用于公司的运营，但大部分给予未来运行网络的矿工。

许多首次代币发行都基础不牢，这几乎是毫无疑问的。布特林表示，大约90%的早期首次代币发行会失败，有些是因为它们纯属欺诈，有些则是因为大多数创业公司一般都会失败。这里引用一段话：[13]

> 这基本上属于代币1.0。有些好的想法，但也有很多非常糟糕的想法，还有很多特别糟糕的想法以及相当多的骗局。我希望代币2.0以及2018年和2019年的代币发行普遍具有更高的质量。

从投资人的角度来看，首次代币发行的吸引力在于，即使不在种子轮前期进行投资，也可以在种子轮进行投资，之后便拥有了可以公开交易的代币。这将为你提供与早期投资人，比如朋友和家人，具有同等潜力的巨额利润。原则上说，这是事实。不过显而易见的是，首次代币发行的投资人也面临早期投资人所承担的风险，但他们也许并不像早期投资人那么擅长此道。

使用众筹

近年来，众筹越做越大，现在已经有超过2 000个众筹平台，有些平台非常专业，有些则更具包容性。与首次代币发行一样，通过众筹，个人可以在公司或项目还只是个创意而别无其他时进行投资。众筹平台在线发布有关公司的数据，用户可以在一定时期内投资。你通常可以通过以下4种方式在众筹平台上筹集资金。

（1）别人给你的项目捐款。

（2）预售产品但不给予股权（例如 Kickstarter 和 Indiegogo）。

（3）像对其他投资人一样给予股权。

（4）别人借钱给你。

有些公司在使用上面这些方法上很有创造力。例如，Peecho 公司利用全球云打印网络把网站和打印机连接起来，通过众包寻找为其工作的自由职业者，同时给予他们公司的股权。这些自由职业者中有很多人招募了分包商来完成一部分工作，因此也将部分股权分配给这些分包商。

众筹可能会很令人兴奋，特别是上述的第二个方法，即预售产品。首先，在众筹平台上进行预售是测试产品是否有市场的一个直接方法。其次，它为你提供了最初的用户。再次，它为你提供了免费的曝光和营销机会。第一个和第三个方法可能也很有意思，但是第三个方法你需要分配股权，要记住过早拥有大量股东可能不切实际。毕竟，他们有知情权，还会参与后续的首次公开募股或出售。有一种方法也许可以解决这个问题，让那些散户通过支线基金进行投资，这样他们就合为一体成为一个股东了。

如果公司的发展势头不错但仍需要资金，同时银行这条路行不通时，可以用第四个方法。

总的来说，第一个方法对创业公司来说几乎不可能，但其他三种方法是可行的，第二种方法适合产品发布前的预售阶段，第三种方法适合产品已经开发完毕的股权融资阶段，第四种适合企业具有良好的发展势头以及违约风险较低的阶段。

首先，在众筹平台上进行预售是测试产品是否有市场的一个直接方法。其次，它为你提供了最初的用户。再次，它为你提供了免费的曝光和营销机会。

来自孵化器的资金和支持

孵化器（有时称为“种子加速器”）做的是小额投资，这种投资通常发生在发现阶段或公司即将进入验证阶段的时候。Idealab 就是一个例子。作为投资回报，孵化器会获得公司较少的股份。由孵化器扶持的创业公司，其员工往往在开放的办公环境中工作，他们会互相激励、互相帮助。

很多孵化器都完全或部分由风投基金运营，或是从风投基金、公共慈善基金或私立大学获得资金。有些孵化器遵循这样一条规则：只投资某些可信赖的合作伙伴推荐的公司和创意。

来自加速器的资金

加速器和孵化器有点儿像，但与孵化器相比，加速器的投资时点要靠后一些，采用的方法也不同。加速器相当于一座创业公司的工厂，投资人通常希望你的公司至少处于验证阶段，甚至进入了效率阶段。加速器和专注于早期投资并会直接提供支持的风投基金类似，这样类比可能有助你理解加速器。

加速器会提供导师资源，时长一般为 3~6 个月，投资金额大约 1 万 ~ 2.5 万美元，而精英计划通常投资 10 万 ~25 万美元，同时换取 6%~10% 的股权或可转换票据。加速器拥有一个人数很少的核心组织，可能只有几个人，但同时拥有一个可能由 30 人、50 人甚至更多导师组成的庞大网络。这些导师都是连续创业者，或是通过其他方式拥有十分丰富的创业经验。

几乎所有的加速器都会主持所投的创业公司，尽管最著名的加速器 Y Combinator 并非如此。加速器会组织研讨会，为其投资的公司提供建议。作为设施、导师和投资的回报，加速器通常会获得 3%~8% 的股权。

要想加入加速器计划，你应当有一个绝妙的创意、一个做好准备可以百分之百投入的团队，应当有足够的钱坚持到 A 轮风险投资，你还要表明你的创意具有明显的市场潜力，以及你对这个市场很了解。

如果只有创意而没有团队，你几乎就没有机会了。如果你已经准备好了吸引风险投资，那么你的公司可能已经很成熟，不需要加入加速器计划了。

一般来说，加速器会从所有申请人中选择 1%~2%。成功的加速器可能会在每个项目中采用以下遴选过程。

申请人：500~1 000 人

第一次 Skype 会议：选取 100~150 人

后续会议：选取大约 50 人

有合作伙伴和导师参与的 2~3 天的密集选拔过程：选取 15~30 人

选定胜出者：10 人

换句话说，入选率为 0.5%~1%。当然，这表明被选入加速器计划的公司都具有很高的水准，2015 年的一项研究就做出了证明。该研究表明，完成 A 轮融资的美国公司中超过 1/3 此前都入选过加速器计划。[14]

他们知道的比你多，甚至连做的可能也比你多

一个经验丰富的加速器团队可能会在其生命周期内收到数千份申请，因此他们可能对市场十分了解，也许对你的目标市场也很了解。所以，当你告诉他们你是市场上唯一做这件事的人时，或许他们已经看过好几家这样的公司了——尽管你可能不熟悉这些公司。如果发生这种情况，他们就不会认真对待你。因此，你应该先研究一下市场，同时不要试图用不完全正确的信息去打动加速器团队。

加速器计划会定期启动，会有很多公司加入，就像商学院的第一年似的。与孵化器不同的是，加速器为不同的公司同步提供加速计划，并且会在较短的时间内以更为集中的方式提供支持。

在每个项目结束时，加速器都会安排“演示日”，创业公司将在不同的风投基金、天使投资人和其他潜在投资人面前展示它们的项目。许多加速器也成立了自己的风投基金，因此可能会参与后续的投资。演示日可能会大受欢迎，因为凡是能够加入入选率极低的加速器计划的项目一般都能

有所作为。

对于创业公司来说，加速器提供的资金并不是一个重要因素。重要的是它们在此期间学到的东西。此外，获选加入加速器计划以后，它们更有可能被其他潜在投资人注意到。演示日为它们提供了可以接触真正的投资人的机会——这些投资人，它们自己可能很难联系上。有些创业者还利用参与加速器计划的机会将总部迁到硅谷等主要的风险投资中心。

话虽这么说，但你应该注意并非所有的加速器都能力相当，所以在申请加入它们的计划之前，你必须研究一下它们之前支持的公司的情况。此外，你还应该知道有些加速器是专门针对某个特定行业的。

世界上最著名同时也非常成功的加速器当属 Y Combinator。它位于硅谷，每年大约帮助 200 家创业公司。美国还有两个非常大的加速器：500 Startups 和 Techstars，每年大约各扶持 150 家创业公司。你可以在 seed-DB.com 网站上查询全球最佳的加速器的表现，上次我们浏览这个网站时，上面共列出了 170 多个加速器。仅美国就有大约 1 000 个加速器，欧洲的数量大致相同。亚洲的加速器数量正在迅速增长，但目前很难计算。

来自风险投资人的资金

如果一家成功的创业公司没有加入某个一流的加速器计划，那么风投基金通常是它所遇到的第一个顶级的专业 / 机构资金来源。风投基金的资金来源主要是养老基金（特别是美国）、国家基金（主要是欧洲）、大学基金（主要是美国）、银行、富豪家族以及其他投资人。每位投资人的最低投资额通常为 100 万 ~ 500 万美元，在某些情况下甚至更高。不过，对于那些可以为他们增添战略价值的人来说，他们还会提供“创业者基金”。这些个人投资者可能是天使投资人、原来创过业的人、非常成功的商业人士等，他们通过这些基金有时可以投资少到几千美元。此外，风投基金的领导者一般会在每项基金中投入至少 1% 的资本，而且通常会更多。

虽然许多创业公司因为自筹资金可以跳过种子轮投资，而且至少在一段时间内不需要融资，但最成功的成长型公司中有很多都接受了风投资金。通常情况下，风投基金通过增资在每一轮投资中获得 20%~30% 的公司股权，这一过程通常会有几轮。以风投基金每轮获得 25% 的股权为例，这意味着之前的投资人的股权会有所下降，第一轮从 100% 降到 75%，第二轮降到 56%，第三轮降到 42%，依此类推。

但是，要想获得风险投资，创业公司通常必须提供高额且快速的回报。风险投资是一场苦战，投资人希望在做下一笔投资前，当前的基金投资可以获得良好的收益。此外，还有门槛回报率，通常是 8%~10%，除非超过这个数值，否则风投公司的合伙人通常无法获得 20% 的剩余收益，即所占被动投资人的利润的份额。在经济上激励他们的并不是固定薪水，而是有可能更高的剩余收益。因此，他们通常的目标是投入的总资本在 10 年内增加 3~4 倍。正如我们所见，美国的风险投资公司在创造良好回报方面远远优于欧洲基金。

对创始人友好的风投公司

有些风投公司对创始人非常友好，并提供与加速器相同的服务，例如：

提供股票期权计划、雇用合同等文书的标准法律模板，以节省其投资组合公司的时间和法律成本；

帮助招聘关键的管理人员。

对创始人最友好的一家风险投资公司可能要属安德森·霍洛维茨了。这家公司拥有 100 多名团队成员，专门为投资组合公司提供各种各样的帮助，比如法律问题的处理、高管招聘，以及创业公司面临的众多其他问题。事实上，这家公司的模式相当于把创新艺人经纪公司（CAA）以及艾伦公司（Allen & Company）和摩根大通集团这两家金融公司结合起来。创新艺人经纪公司非常善于吸引最优秀的人才，优秀风险投资公司也必须做到这一点。一旦某位艺人在创新艺人经纪公司稳定下来，公司就会为他提供全方位的服务。艾伦公司一个世纪以来一直忠于自己强大的价值观，举办各种活动吸引顶尖人士，这也是优秀的风险投资公司喜欢做的事。摩根大通集团，特别是摩根本人，十分擅长为公司取得巨大成功而做精心的安排。

为投资组合公司提供广泛服务的风险投资公司有时会被称为“平台公司”或“风投平台”。

作为一名创业者，你可以在 thefunded.com 网站上查看不同风投公司对创业公司创始人的友好程度。这个网站拥有 2 万多名会员，其中约 95% 是创业公司的首席执行官。他们一共评估了大约 7 000 只风投基金及其合伙人。这个网站还有一个有关募集资金的讨论区。

最讨人喜欢的孩子

风险投资公司很清楚，每只基金的总回报绝大部分是由其中少数几项投资创造的，所以它们通常会将关注点放在那少数几项幸运的投资上。正如柏尚风险投资公司的戴维·科万（David Cowan）所说：“只关注最好的那 5 个，剩下的那些只会让人分心。”[15]

风投基金的回报

当人们投资风投基金时，通常先做出承诺，但开始的时候不用拿钱出来。不过，每次风投基金进行投资时，都会让投资人拿出必要的资金，当项目退出时，会在投资人中分配净收益。投资人的回报是用倍数（例如 1.8 倍）或内部收益率（实际投资资金的年均回报）来衡量和比较的。投资回报会有很大的差异，有的可能打了水漂，有的可能创造巨大回报。比如，克莱纳 · 帕金斯公司 1994 年启动的 Kleiner Perkins VII，回报为 32.5 倍；1995 年创立的 Benchmark Fund I 产生了 92 倍的回报；2007 年启动的 Lowercase Ventures Fund I 投资了优步、Instagram（照片墙）和推特，据说在写本书的时候，它的回报率已经超过了 200 倍。

让我们做些更简单的计算。假设一只计划筹集 1 亿美元的风投基金，它的年回报率为 15%，相当于 10 年收益为 3.5 倍。门槛回报率为 8%，因此该基金的合伙人每年会从 7%（15% 减去 8%）的利润中获得 20% 的份额，即每年获得 1.4% 的收益。10 年的时间，利润会增长到 1 400 万美元。我们可以进一步假设风投公司每 5 年创立一只新的基金，因此平均来说会有两个并行的活跃基金。现在，10 年内合伙人就可以分享 2 800 万美元的利润了，即每年 280 万美元。这可是真金白银啊。如果一家风投公司取得了成功，它的全部资金可能不只是 1 亿美元，而是高达数十亿美元。基金合伙人就是这样买上了大型游艇的。

那么这对公司的潜在投资意味着什么呢？正如我们前文所说，风险投资人的期望回报通常是 10 年内达到承诺资本的 3~4 倍，但对于每笔投资，他们的预期回报可能是 10 倍，因为还要考虑很多投资都可能会出现问题的风险。

此外，他们不希望把太多的个人时间花在小项目上，因此，除非专注于早期阶段，否则他们可能还会采纳一条重要的规则：就一项投资而言，必须在退出时给予基金一定的收益，即原始资本的一半。换句话说，如果他们为某只基金筹集了 1 亿美元来投资你的公司，他们可能期望退出时至少获利 5 000 万美元。如果他们通过投资获得了公司 25% 的股份，那么退出时公司的估值应该在 2 亿美元左右，这样他们才会感兴趣。你能做到这一点吗？

有关风险投资的两条经验法则

下面这些规则并非所有情况都适用——这当然是不可能的。但是，如果你想获得风险投资，记住这些规则是有好处的。

在 A 轮投资中，基金可能期望你的公司在不超过 5 年的时间内实现大约 1 000%（10 倍）的回报。

基金可能还期望退出时可以得到基金总额一半左右的资本，即投资人承诺投资金额的一半。

让我们再讨论一下这个例子，但这次以另外一种方式。（这里做了简化，因为我们忽略了优先清算权，有时候还有参与分配权。）

> 风投公司给你的公司投资了 1 000 万美元。
>
> 风投公司同时获得 25% 的股权，也就是说如果你的公司在投资前的估值为 3 000 万美元，那么投资后的估值为 4 000 万美元。
>
> 在 4~6 年内，对现有股东而言，退出时你的公司的估值可能达到 4 亿美元，这意味着风投公司持有的 25% 的股权现在价值 1 亿美元，回报率达到了 10 倍。

实现这一回报是你的责任。如果你不能说服风险投资公司相信你可以达到这个目标，那么你将很难让其投资。

哦，顺便说一句，这些经验法则也有例外的时候。由于风投基金的收益主要以内部收益率来衡量，所以如果能够很快实现收益，那么它们实际上也不介意数额较低。举个例子，如果风投基金投资你的公司，可以在一年后以 100% 的回报率（2 倍）退出，那么这笔投资的内部收益率为 100%，这有助于获得良好的整体内部收益率。

大多数风投基金都会专注于特定的阶段，比如 A 轮、B 轮、C 轮等等，但也有些风投基金比较平衡，会投资于多个阶段。专注于 A 轮和 B 轮的资金通常关注的是让产品和营销完全到位，并确保在开始规模化之前概念是 100% 可行的。此外，它们还要确保经济结构得到精简，公司可以从用户那里赚到钱（但并不意味着公司总体上可以实现盈利），专注 B 轮投资的基金尤为如此。

与早期融资相比，A 轮和 B 轮融资的金额通常要大得多。正是在这几轮融资中你会发现“独角兽猎人”，也就是那些投资给他们认为退出时估值会超过 10 亿美元的公司的投资人。

根据数据，A 轮融资的平均金额如表 8-4 所示。

表 8-4　世界排名前 20 的孵化器所在地：A 轮投资的平均金额（单位：美元）[16]

硅谷：650 万~700 万	奥斯汀：600 万~650 万	西雅图：550 万~600 万
巴黎：400 万~450 万	特拉维夫：450 万~500 万	温哥华：450 万~500 万
纽约市：750 万~800 万	班加罗尔：400 万~450 万	柏林：550 万~600 万
圣保罗：600 万~650 万	伦敦：700 万~750 万	阿姆斯特丹：550 万~600 万
洛杉矶：600 万~650 万	悉尼：280 万~300 万	新加坡：400 万~450 万
莫斯科：350 万~400 万	芝加哥：550 万~600 万	蒙特利尔：800 万~850 万
波士顿：1 000 万~1 050 万	多伦多：600 万~650 万	

C 轮、D 轮以及之后的融资通常接近我们所说的成长资本。意思是说，投资发生在公司的成长阶段，如果此时公司更看重利润而非成长，那么在没有更多资本的情况下公司也能生存下去。对于许多公司而言，C 轮就是最后一轮融资了，之后公司可以实现良性的现金流转。

创投圈是一个大家互相帮助的生态系统

许多风投机构之间都有很好的合作。研究表明，大约 10% 的天使投资人与风投公司具有良好的关系，并且会把创业公司介绍给风投公司。此外，31% 的早期风险投资人会设法帮助创业公司与后期的风险投资人建立联系。5% 的天使投资人与投资机构有合作，14% 的风险投资人也与投资机构有合作。[17]

来自成长型基金和私募股权基金的资金

成长型基金是一类较新的基金，投资于那些已经证明其商业价值并且一般来说是盈利的公司，或者说，投资于那些如果放缓脚步，可能会实现盈利，但现在要寻求进一步扩大资本规模的公司。有些成长型基金仅投资于盈利的公司，还有些成长型基金也投资于拥有成熟业务平台但尚未实现盈利的公司。成长型基金通常会给每家创业公司投资 500 万 ~3 000 万美元。

私募股权基金投资给那些还没有公开上市的公司。它的投资可能是要促进管理层更迭，或是替换那些希望退出的投资人。此外，私募股权基金的投资也可能是为了挽救和扭转陷入困境的公司，达到整合或是其他目的，也可能是为了帮助预计将在几年内出售或上市的成长型公司，并从中获利。

与风投基金不同，私募股权基金的主要目的是获得大部分股权，从而完全控制被投公司。然而，有些私募股权基金已经开始投资非控制性成长和少数股权投资了。一般来说，私募股权基金在公司的估值达到大约 1 500 万美元甚至高达数十亿美元时进行投资。

顺便说一点儿有趣的事，在私募股权领域工作的人通常会穿西装打领带，而在风险投资领域，人们往往选择牛仔裤和很酷的衣服。为什么呢？因为从事私募股权工作的人会拜访老牌公司的管理层或老板。相反，风险投资人会从年轻人那里收到大量的计划书。正所谓不同的任务，不同的文化。

上市前融资

我们前文讲过，首次公开募股（IPO）是指在证券交易所上市，而上市前融资是公司在证券交易所上市之前的最后一次注资。虽然没有专注于上市前融资的基金，但有些规模很大的资产管理公司经常参与上市前投资，或是给已经上市的公司投资。最近，它们当中有些公司已经开始在早期进行投资，风险投资与私募股权基金之间的界限因此变得越来越模糊了。

公司通常把上市前融资作为B计划，以防发生意外，比如无法通过首次公开募股筹集资金，无法收购产品的零售商等其他公司。上市前融资可以为更好地首次公开募股做好准备。然而，公司也可以通过此法摆脱它们认为因形象原因不适合首次公开募股的股东，或是出于个人原因想要部分或全部退出的股东。

一般来说，上市前融资会在预期上市价格上给投资人一定的折扣。上市前的这轮融资通常可以筹集数千万美元到数十亿美元。

来自公司、战略投资人和企业风投基金的资金

信息技术和制药公司等大型商业企业也开始在投资领域扮演重要的角色，尤其是近些年来。它们之所以投资，往往是因为自己拥有大量的流动资金，而且希望寻求创新。一家公司的投资通常有三个来源：首席财务官（CFO）、兼并和收购（M & A）或战略团队；业务线；内部创新或公司的风投基金。

其中，企业内部的风投基金变得越来越普遍，因为它好比企业的眼睛和耳朵，有助于防止企业被创业公司的创新性突破碾轧。一般来说，企业

投资只投资与其战略相关的商业模式，原因可能是它们所投资的创业公司可能会成为其竞争对手（“如果打不赢他们，就加入他们”），或是此举能帮助企业提高利润。这些企业还可能在向创业公司提供大额订单之前对创业公司进行投资。这样一来，它们不仅帮助了创业公司，自己也获得了收益。来自商业企业的投资从几十万美元到几亿美元都有可能。

拉斯：如何向企业和风投基金募集资金

我既从风投基金也从战略投资人那里筹集过资金。根据我从英特尔、德国电信、英国电信、朗讯、路透社、劳拉空间通信公司、基尔希集团和新加坡报业控股募集资金的经验来看，从战略投资人那里募集资金要好得多。有些风投基金的问题在于，它们有时似乎就要点头了，但还持观望态度，甚至会等待你变得绝望。一旦你表现出绝望，它们可能会设法提出不合理的条件。相反，战略投资人认为你的公司的成功会带来超越投资回报的利益。因此，根据我的经验，他们在谈判中可能更合理，更有耐心，后期也会提供更多的帮助。

通过创投债务融资 / 投资

近年来，出现了创投债务这一新兴事物。创投债务是贷款和期权（赋予投资者在一定的时期内，以事先确定的价格买卖资产、货币或者期货合约等的权利的一种交易合约）的混合物。硅谷银行是这方面的先行者，它向全球企业收入可达 1 000 万美元及以上的公司提供创投债务。除贷款和利率之外，创投债务的提供者通常会要求获得公司 1%~2% 的股权，这样它们既享受了利息，又实现了资本增值。

贷款这种资本形式有时可能比把股权卖给风投公司更划算，因为银行获得资本的成本比风投基金要低得多，并且如果发生破产，贷款人会比股东先拿到钱。如果贷款人无法把钱收回来，他们会接管公司的股份，从而接管整个项目。

通过首次公开募股融资

不管在哪个阶段，都可以进行首次公开募股，比如公司的发展初期或是引入私募股权投资之后。但是，首次公开募股通常发生在公司已经证明其业务模式的可行性，而且用户在不断增长的时候。

原则上，首次公开募股可能只在公开市场上进行股票交易，但实际上在公司发行新股以达到增资的目的的时候，公司通常都会实施首次公开募股。这是因为公司不仅可以使用这笔资金，还可以立即在市场上出售一些股票，从而实现合理的资金流动性。

有一项研究涵盖了 69 家获得风险投资的公司，它们都在 2000—2015 年上市。有趣的是，公司的年龄与其在首次公开募股后的表现有着特殊的相关性。在成立第六年到第十年时上市的公司在首次公开募股后一般会实现丰厚的回报，而那些成立时间更长或更短的公司表现要差很多，尤其是成立时间更短的公司（见图 8-2）。[18]

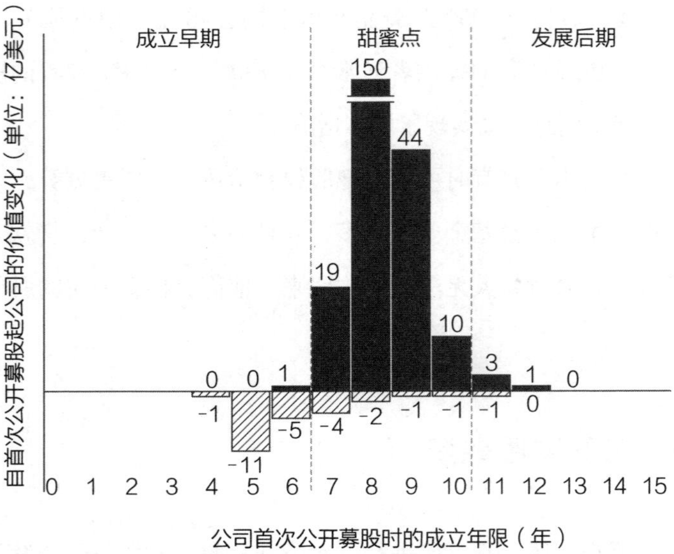

图 8-2 首次公开募股之后公司的业绩变化

外部融资的利弊

外部融资的主要优势和劣势有哪些？最明显的优势当然是钱。另一个优势可能是你要一遍又一遍地与足智多谋的重要投资人讨论你的公司，这样的锻炼可以大大加强你的业务分析能力。第三个优势是新的投资人可能会在许多具体的方面帮助你——这可能尤其适用于孵化器、加速器、风投基金和战略投资人。

但是，外部融资也可能存在缺点。其中一个当然是你的影响力和所有权会被稀释，如表 8-5 所示。流动性事件过后，创始人团队通常最终只剩 10%~15% 的股权。“流动性事件”是指公司出售或首次公开募股，即股票卖出或可以出售。

表 8-5 世界排名前 20 的孵化器所在地：A 轮融资的平均股权稀释比例[19]

1. 硅谷：19%	8. 奥斯汀：30%	15. 西雅图：22%
2. 巴黎：34%	9. 特拉维夫：21%	16. 温哥华：17%
3. 纽约市：16%	10. 班加罗尔：18%	17. 柏林：10%
4. 圣保罗：25%	11. 伦敦：19%	18. 阿姆斯特丹：38%
5. 洛杉矶：18%	12. 悉尼：13%	19. 新加坡：22%
6. 莫斯科：16%	13. 芝加哥：24%	20. 蒙特利尔：19%
7. 波士顿：15%	14. 多伦多：19%	

这里有一点需要考虑。一般来说，资本越多越安全，但许多风投基金经理都在找机会提高公司的市值，即使达不到 10 亿美元，也要达到数亿美元。这意味着当你有机会退出时，比如 1 亿美元，成功退出后创始团队一辈子都有财务保障了，但风投公司可能会继续推行积极的成长战略，让公司实现更加雄心勃勃的目标。这个目标可能会实现，但也会大大提高你的风险等级。对你而言，公司可能就是一切，但对风投基金而言，它可能只占其投资组合的 5%。风投基金想冒险赌一赌看能否实现 20 倍的回报，即使这会增加公司破产的风险。

不过，你可以尝试在股东协议（股东之间的合同）中保护自己的权利，规定由你来决定何时做出积极成长的决策。比如，你可以通过个人股东协议或划分不同的股份类别来实现。或者，你还可以尝试期间卖出一部分股票，以平息紧张的情绪，获得一定的财务保障。当然，你是否能够实现这一点，就另当别论了。

此外，外部融资的缺点还有股权稀释和失去控制权。研究表明，在 A 轮融资之后，创始人平均拥有 41% 的股份，而在 E 轮之后他们平均拥有 18% 的股份。同样，他们在董事会也失去了影响力。A 轮融资之后，他们平均只占董事会 34% 的席位。此外，A 轮之后，19% 的公司换了首席执行官，D 轮时 38% 的公司换掉了第一任首席执行官，23% 的公司甚至换了三任（或更多）首席执行官。[20]

研究表明，在 A 轮融资之后，创始人平均拥有 41% 的股份，而在 E 轮之后他们平均拥有 18% 的股份。

如上所述，外部投资人可能是份礼物，也可能是个诅咒。我们就听说过，有的人如果没有外部投资可能会有更好的结果。不过，其中许多问题其实都可以避免，如果公司拥有良好的股东协议，能确保新投资人与创始人拥有共同的战略愿景，像调查新员工一样对投资人进行背景调查，尤其是要问问他们曾经投过的公司或是在 thefunded.com 查一查他们。

在考虑引入投资人时，我们认为你应该思考以下这几个问题。

投资人是否百分之百认同你的策略，如果不是，你是否愿意改变策略？

投资人是否和你拥有一样的目标，比如增长和整体战略等？

投资人的预期退出是否符合你自己的计划？

你希望投资人是主动型的，还是被动型的？

如果你希望投资人积极主动并提供帮助，你需要哪方面的帮助？营销、信息技术、销售等方面的功能性帮助，还是行业知识、指导公司的成长阶段、地理知识、社交网络等？

马斯：耗时的资金募集

如果你有一家成立不久的公司，适销产品和资本已经就位。作为创始人兼首席执行官，你可能会把一半的时间和金钱用于销售和营销，30% 用于产品，20% 用于管理。但是，如果你必须筹集资金，那么时间的分配可能要变一下，改为大约 40% 用于筹集资金，20% 用于管理，20% 用于产品，20% 用于销售和营销。每次要募集新一轮的资金时，创业者在 4~6 个月内会花 50%~90% 的时间用于募集资金，这是很常见的，因此受到影响的往往是销售和营销。

我从各个渠道获得过投资，包括家人和朋友，还有数十亿美元的基金。在这个过程中，我用了大约 30% 的时间与新投资人交谈、会面、建立关系以及谈判。虽然我筹集到了 1.5 亿多美元，但实际上每次募集资金我都遭受了 50~100 次拒绝。我的诀窍是，不要为遭到那么多次拒绝而感到沮丧，而是要从中学习。

在风投行业，年份很重要

风险投资的回报随时间波动很大，就像葡萄酒一样，有的年份的酒属于佳酿，有的则不是。一项泛欧研究显示，1990—1994 年创立的风投基金表现十分出色，整体的净内部收益率（投资资金的年回报率）达到了12.87%。这没有什么奇怪的，因为它们在随后的互联网浪潮中顺利退出，没有赶上2000年的互联网泡沫破裂[21]。然而，其他的时间段创立的风投基金却出现了负回报，见表8-6。

表8-6　1980—2013年风投基金表现

	1980—1984	1985—1989	1990—1994	1995—1999	2000—2004	2005—2009	2010—2013
合并内部收益率（Pooled IRR）	6.21%	6.97%	12.87%	0.52%	−2.21%	2.75%	−8.53%

简单来说，1980—1994年启动的基金享受了一段黄金期，原因显然是这些基金做投资时市场虽然不至于低迷，但价格已经十分合理了，而且它们都在经济繁荣期顺利退出了。

9 筹资过程

在上一章，我们讨论了创业资金的不同来源。不过，了解资金来源是一回事，知道如何获得资金则是另外一回事。在本章，我们将讲到在寻求资金的过程中要怎么做。你应该准备什么支持材料？如何找投资人并安排会议？在会上要如何表现？如果投资人感兴趣，后面会发生什么？

除非你进行众筹或首次代币发行，否则你通常需要开很多次投资人会议来筹集资金。事实上，DocSend（沟通平台，能帮助用户获知已发送文件的接收情况，并获得分析反馈）做过一项研究，结果显示在一轮融资（种子轮或A轮）过程中，一家创业公司平均要联系58位不同的投资人，召开41次投资人会议，平均需要约3个月时间来募集130万美元。[1]

**在一轮融资（种子轮或A轮）过程中，一家创业公司平均要联系58位不同的投资人，召开41次投资人会议。

所以，募集资金并不是特别容易。让我们直接进入筹资流程，看看下面这20步筹资指南。首先，你要知道在融资真正开始之前就需要做好相关准备。

（1）可见度。在计划寻求资金之前，你必须让潜在的投资人看见你。如果可能的话，和他们见面，报名参加许多公司都会出席的创业大会。这样一来，你既可以看到别人如何展示，从中学习，与此同时还可以见到投资人。要记住，投资人会关注你一段时间，看看你的创意和公司有何发展。正如风投公司 Upfront Ventures 的马克·苏斯特（Mark Suster）所说："我投资的不是点，而是线。"换句话说，他的投资不是基于一次的经验和印象，而是对创业公司一段时间的追踪。长期追踪一家公司的过程在业内被称为"现场尽职调查"（尽职调查是对公司的彻底分析和检查）。苏斯特曾是创业者，后来成为风险投资人。

现在，让我们假设你已经很清楚需要从投资人那里获取资金。那么，你接下来要做什么呢？

（2）设定目标。你要确定想要筹集多少资金以及钱会花在哪儿。

（3）时间。这一轮融资需要资助你多长时间？如果这轮融资出现问题，你应该怎么做？

（4）投资人/贷方的选择。你应该弄清楚这个阶段的公司、所处的地理位置以及主要业务会引起哪些投资人的兴趣。你要关注那些地理位置合适且熟悉你公司所在领域的投资人。

（5）“大扫除”。现在，你需要准备好商业演示，在此之前，你要进行全方位清理。做好销售报告、会计、现金管理、财务程序、税收结构、法律审计相关的工作。换句话说，就是要做好内部的尽职调查。

现在，你已经做好融资的准备了。

（6）查一查谁有钱投资。你应该把每个潜在的投资人都查一遍，看看他们当前是否有钱投资。你通常可以在 Pitchbook.com 或 Crunchbase.com 上找到这些信息，或者你也可以在投资人的网站上查询。

（7）弄清楚投资人的单笔投资规模。你应该查清楚他们一般单笔投资会投多少钱。如果你想募集的金额远远超出他们的标准，那就不用找他们了。

（8）找对合伙人。如果你感兴趣的基金有多个合伙人，你应该设法找出哪位合伙人与你的业务最相关。风投公司的层级结构一般如下：

A. 普通合伙人或董事总经理

B. 副总裁或合伙人

C. 投资总监或副投资总监

D. 高级投资经理

E. 投资经理或分析师

有时你还会遇到其他头衔，比如“驻场企业家”（EIR），他们曾是创业者，现在准备再次带领风投机构所投资的创业公司。这些人通常很聪明，而且经验丰富。顺便说一下，你应该知道投资经理有两种。第一种是风投机构聘用的投资经理，另一种可能之前是明星投资人或创业者，他们与风投机构的关系不那么紧密，主要负责挖掘投资机会。第二种投资经理的地位可能远高于第一种，但他们并非全职。

现在，你已经初步有了一张潜在投资人的清单，因此可以开始改进演示材料了。

（9）做好执行摘要 / 数据表 / PPT，在 Excel 中列出财务计划。这通常包括一两页的业务概括、8~15 页的 PPT（本章后面我们会讲到具体包含的内容）以及简单的财务模型。

（10）完善你要通过电子邮件所做的介绍。如果你需要写封介绍性的电子邮件，要做到简洁、直接而且能够引起对方的兴趣。邮件开头必须说清楚你的目的是什么，以及你为什么是一个拥有优秀团队的合格人选。在发送之前，要把邮件打印出来反复阅读。必须做到完美无瑕！

（11）自问自答。列出投资人可能会提出的问题，想好答案，不断演练，直到完美。要记住，许多风投基金都会指定一支“红队”来拷问那些建议给你的公司投资的合伙人。红队成员会列出不应该投资的所有理由。因此，在准备问答清单时，你必须试着把自己想象成风投基金的红队成员。如果你在红队，会问哪些问题？

有了这些文件和演示文稿，你就可以与投资人见面了。但是，该如何安排会议呢？

（12）找人引荐。如果你能找人引荐一下，那么你和投资人见面的可能性将是最大的。如果你认识某人，他私下里正好认识投资人，那么你可以请他引荐。你还可以通过投资组合公司（一般可以通过 Pitchbook.com 或 Crunchbase.com 找到相关信息）的管理层引荐。你还可以在领英上查找投资人认识的人，从而确定你们的共同好友。此外，要记住一条关键规则：与你相比，引荐人应该和投资人更为熟悉。

（13）如果没人引荐，可以设法找到投资人的联系方式，准备“冷接触”，即没有引荐人的接触。这种方法是你的备用方案，难度更大。如果你想用这种方法，可以在网上，或是利用电子邮件猎取软件或类似的网站和应用程序来查找他们的联系方式，试着在领英上添加他们，然后发信息给他们。你也可以试着猜猜他们的电子邮件（提示：看看他们公司其他人的邮箱，并使用邮箱精准查询工具 Rapportive）。

（14）发邮件。如果你无法通过引荐人与投资人会面，你可以给投资人发电子邮件。如果他们不回复，就接着发。如果他们还是不回复，就打电话给他们。要记住，你发邮件和打电话的目的就是获得第一次联系，由此说不定可以见上一面。所以，不要说不必要的话。如果他们接了你的电话，你也要让他们说话，否则他们很可能会边回邮件边听你说话，实际上并没有真的在倾听。因此，你可以问一些以“为什么”开头的问题。说话要清晰，不要太快，也不要太慢。

（15）进行第一次互动。你们的第一次联系很可能是通过视频会议（比如 Skype 电话）。从投资人的角度来看，这属于预筛选。在这个阶段，你应该尽量避免与投资基金的初级人员接触，因为这个级别的人除了能把你剔除之外很少会有什么其他的决策权。所以，和这个级别的人联系，你相当于又给了投资人一个还没有见过你就拒绝你的机会。

最后，让我们假设你通过了第一次面试，现在有投资人愿意亲自和你以及你的团队面谈了。那么，你要做什么呢？

（16）个人演示。如果通过第一次互动，你们有了后续会议，你应该在这次会议上向投资人口头介绍你的业务，并解释你以后希望如何发展，同时用演示文稿引导交谈。一定要带一份或多份演示文稿去开会，并把它们留在那里。这样，没在会上见过你的人可能会看到它们。有些人不敢谈论他们的商业模式，但通常不用担心这一点。因此，保密协议这会儿也用不着，只有后面共享内部机密文件时才会用到。

现在，你已经找到了感兴趣的人。太好了！但后面会发生什么呢？

（17）投资条款清单。如果投资人感兴趣，他们发给你的第一个东西通常就是条款清单。这意味着，条款清单往往在尽职调查完成之前，甚至是还没有开始时就会给到你。这并不意味着他们会投资，只是说明你已经到了投资漏斗的倒数第二关。条款清单只是股东协议的缩略版，你可以基于这个容易操控的简短文件而不是50页的合同进行谈判。但要注意的是，虽然有些风投公司会发出两三页的条款清单，但有些风投公司可能会提供15~30页甚至更多页的条款清单。

（18）尽职调查。你和投资人签完条款清单后，投资人就会启动前文提到的尽职调查。通过尽职调查，他们想要了解关键人物、公司、竞争对手甚至行业的情况，以确保要投资的公司一切都是正确、合法、清晰的，是有商业前景的。在尽职调查期间，通常需要一个所谓的资料室，其实可能就是一个有密码保护的专业版谷歌文件或Dropbox（多宝箱），你可以用来存储公司的所有关键文档。在这个阶段，你可以要求投资人签署保密协议。要注意，网上有很多做得很好的创业公司尽职调查清单，只需要输入这几个字，相关的信息就会弹出。

（19）股东协议、认购表和股权结构表。在尽职调查期间，你有时要起草修订后的股东协议和认购文件，这些文件最终都要签字。同时还要有股权结构表，其中包括预期增资前后的具体股权结构，还包括投资人转移资金之前的股权分配。这些都是基于之前的条款清单做的，但不要指望聪明的投资人不会再做协商。也许他们不会，但也许会。要注意，协议里必须包括免责条款，如果在约定的日期资金没有到位，你不负任何责任。顺便提一下，你还应该注意有些风投公司，特别是美国的风投公司，很喜欢或有融资计划，也就是说你的资金会分段拨付，只有你达到了预定的目标，才能拿到下一笔钱，否则……

（20）签字。这一流程的最后一步就是你、其他股东和投资人签字，之后你的公司就拿到钱了。

除了众筹和首次代币发行以外，上面的 20 步流程就是创业公司的大概融资过程。但是，这也说明你有 20 次可能出错的机会。一般来说，寻找投资人仿佛是用机枪进行精准射击，每一枪必须是完美的，并且正中单个的投资人。不过，你可能需要射很多枪才能得到资金。因为典型的风投机构每次投资时可能每拒绝 200 份申请才接受 1 份，所以你应该面带微笑看待拒绝，并从每次经历中学习。每次都要问自己为什么投资人会拒绝，而不是接受。

不过，还有一点要说明，有时候情况可能恰恰相反，即风投基金排着队要投资你的公司。这种情况可能会演变成“条款大战”，有些创业公司可能会进行招标，就像选美比赛一样，每个风投基金都可以在某个特定的日期拿出投资建议书。这时，你拿到的会是简单而吸引人的条款清单。

法律审计很重要

在法律审计中，律师会检查你的公司与雇员、供应商、客户和金融合作伙伴签订的合同是否适当，执行情况如何。在这个过程中，他们寻找的是毒丸条款等危险信号，比如，公司的所有权结构发生根本变化是否会导致合作终止。

从一开始就需要的工具

现在，我们想就上面的20步融资计划中的第九点详加说明。第九点讲的是融资过程会用到的工具，以下这几项是我们认为非常必要的。

两段演练好的电梯游说，时长分别为20秒和2分钟。把它们写下来，然后牢记于心。

关于投资项目的半页概括。

用于给投资人发邮件介绍项目的超棒模板。

有关财务状况的Excel表格。

YouTube或Vimeo上的演示视频，如果可能，现场进行演示。

融资演讲稿。不同长度的PPT演示，包括10分钟、20分钟和30分钟的演示。

投资人进度控制表（比如销售规划工具）。

融资推介和总结

电梯游说的目的是要简单地解释公司想要实现的目标。这种方式用时很短，是要在电梯里说给某人听，比如从1楼到10楼的时间，长短取决于电梯的速度。这样的电梯游说应该持续 20~60 秒。这段游说通常要介绍公司想要占主导地位的细分市场，以及下面这些内容。

- 能满足哪些需求
- 用户细分
- 产品细分
- 地理位置
- 人口细分
- 价格段
- 服务水平
- 形象
- 特殊的使用者效益或特性
- 质量水平

举个例子，在电梯游说中，你可以说：

> 我通过做 Q，以满足 Z 领域 Y 的需求，从而成为 X 产品的最佳供应商。

这段游说应该可以在 20 秒内或两三次见面中说完。这段话不应该太复杂。专业的风险投资人会把想法太多的公司称为"瑞士刀具"，这并不是赞美。如果你真的在某个方面做得很好，你可以立即流利地说出来，即使有人半夜把你叫醒，不断打你耳光或给你浇冷水，你也能说出来。

有时，你会看到有人把公司的使命描述为应该赚多少钱，或者目标市场份额有多大。这属于运营层面，可能和部门或销售人员以及投资人有关，但它并没有传达出战略信息，因为这种描述根本没有提及如何实现这一颇具吸引力的目标。上面那句话却以很简单的方式做到了，因为它说了通过做某些特定的事情，你将成为特定领域内特定产品的最佳供应商。不过，正如我们所说，你要解释为什么要做这件事，所以下面这个通用模板更好一些。

> 你可能知道问题A，对吧？在20××年，我和几个朋友想过这个问题，并决定解决它，因为这的确是一个很大的问题，也可能是一个非常有趣的项目。所以我们提出了一个很棒的解决方案。我们通过B做到了，也就是说我们实现了C。现在，我们的目标是通过做Q，以满足Z领域Y的需求，从而成为X产品的最佳供应商。

这就可以作为你的60秒介绍，但不要过于拘泥于这个模板，只要说清楚几个问题就行：是什么激励了你？你解决了哪个问题？你是如何做到的？

你会经常发现公司的使命过于强调产品，不过你最好想一想你要在某个细分市场解决用户的什么需求。要知道，公司所在的细分市场未来可能会以全新的方式提供服务。出租车公司或许以为它们的任务是驾驶出租车，但优步提醒了它们，它们的任务其实是为人们提供交通服务，这可以通过完全不同的方式实现，即私家车（顺便提一下，很快就会有第三种方式——无人驾驶汽车）。

书面概括

下一个工具是书面概括，这可以从你的推介演变而来，并且应该有与PPT相匹配的标题。一般来说，它至少应该包括以下内容：公司业务的简要概括、已经接受投资多长时间了、参与管理的人员或投资人，以及退出前需要多少额外投资（最大回撤是多少）。

哦，还有市场。经验丰富的投资人非常关注市场机会有多大。旧金山的一家投资公司铁石集团（Ironstone）用定量分析来预测哪些创业公司最有可能取得成功，其历史发现表明 80% 的成功驱动力来自正确的市场，而只有 12% 来自合适的团队，8% 来自其他内部因素。[2] 所以你的市场机会很大吗？扪心自问一下。

邮件推介

正如上文所说，最好的情况是用不着发送任何介绍性的电子邮件，因为你的朋友已经知道你的项目有多好，并会告诉身居高位的人，比如风投公司的合伙人。

不过，这种情况不会经常出现，所以让我们来讨论一下电子邮件。先说说禁忌。以这样的口吻用 Gmail 写一封邮件：

> 嗨，迈克尔，我有一些非常有趣的创业想法，我想知道能不能和你见个面，边喝啤酒边讨论。

不，这可不行，风投公司的高管正忙着看精心准备的融资演讲稿呢。

还有一个错误就是给同一家风投公司的好几位合伙人发邮件。没错，他们会互相交谈，但如果你给多位合伙人发邮件就不好了。相反，只发送一封电子邮件，告知收件人你公司的市场规模、迄今为止筹集的资金、收入、业务所处的阶段、管理层和之前投资人中有哪些颇具声望的关键人物。

马斯：如何写邮件推介自己的项目

下面这封邮件我曾发给过对我的项目已经有所了解的投资人（敏感数据已被删除）。但是，如果给新的投资人发邮件，我们建议长度要是这封邮件的两到三倍。

迈克尔，您好！

如您所知，过去两年我们已将 CompareAsiaGroup 打造成了亚洲领先的理财服务比较平台，覆盖 7 个市场，用户规模达 5 亿人口。

自从去年我们融资 4 000 万美元以来（由高盛公司领投，还包括怡和集团、马克·平卡斯、ACE 公司、DST 公司等），我们的业务已经增长了 12 倍，为 2 000 万用户提供了金融产品的比较和选择服务。在这个过程中，我们推广了很多金融产品（比如 35 亿美元的个人贷款），并在第一个市场上实现了盈利。众所周知，Credit Karma 已在美国获得成功，还有德国的 Check24 和英国的 MoneySuperMarket（仅限于英国，拥有 30 亿美元的市值）。事实上，理财服务比较是最大的互联网模式之一，CompareAsiaGroup 则是亚洲该领域的领导者。

我们拥有一流的管理团队，由萨姆·艾伦担任领导（他曾在 KKR 集团担任亚洲负责人长达 10 年，之前还在麦肯锡和高盛工作过）。我们的团队成员还包括 MoneySuperMarket 的前总经理、全球最古老的个人理财比较集团 Comparis 的首席营销官、Visa 公司的商业产品负责人等，都是非常厉害的人物。

我们即将启动一轮 5 000 万 ~1 亿美元的融资，目的是扩大我们的产品范围和地理覆盖范围，并为我们的品牌投入更多的资金。虽然这轮融资将主要由现有的投资人承担，但鉴于我们的最终目标，现在可能有机会邀请新的投资人一起加入（最低 500 万美元单笔投资规模）。有了本轮融资，我们将在 3 年内实现 30 亿 ~50 亿美元的首次公开募股（在亚洲可能花费 530 亿美元）。

下周三至周五（5 月 11 日至 13 日）我会在硅谷，希望届时与您的团队进一步讨论。我们的首席执行官萨姆和首席内容官普拉尚特也会和我一起出席。我应该和您那边的哪位同事联系？我有可能 6 月中旬会去波士顿，也很想到时拜访您，但我想越早越好。不知道您是否同意我的建议？

祝好！

马斯

邮箱：×××

手机：×××

有关财务状况的 Excel 表格

你需要在 Excel 表格里列出公司的财务状况。当然，没有哪家风投公司会因为 Excel 表格与你会面，但在第一次见面时准备一个条理清晰的 Excel 表格是明智之举，这样做是为了以防万一。第一次见面，你可能用不着它，但如果对方问起，你要能拿得出来。如果之后还有会面的机会，你会用到它的。

表格里应该包含什么？首先，简单概述一下公司历史，预测损益和周转状况，周转状况应该包括最大回撤，以便投资人可以看到需要填补多少资金漏洞才能让现金流回正。此外，表格里应该有很多解释性的脚注。如果你从客户那里获得了经常性收益，那么标明 CAC（用户获取成本）和 CLV（用户生命周期价值）会很有用。CAC 表示产生新用户的边际成本，CLV 表示每位用户可能为公司带来的收益总和。这样一来，投资人就会了解为扩大销售和营销活动投资有什么意义了。例如，投资人可能想知道如果将销售人员的数量增加到计划的 3 倍，回报和回收期会有什么变化。

因为你现在是在向风投公司融资，所以还应该计算退出价值，从而得出本轮融资的内部收益率和回报倍数。退出价值通常应该根据收入和潜在利润的倍数以及退出时的增长率进行计算。

还有一点非常重要，风投公司可能不相信你的预测以及你关于退出时回报的假设，所以希望能够知道如果项目出了小问题或严重问题、项目发展很好、公司结构发生变化时，分别会有什么结果。因此，你应该给所有的变量标上不同的颜色，以便风险投资人能够清楚地看到可以在何处更改假设。此外，你应该将投资与正在进行的业务分开。要知道，如果风投公司的分析师或合伙人开始在 Excel 表格中查看你的模型，他们可能已经动心了。所以，一旦你通过了第一次会议，你可以让他们调整你的模型，看看他们会提出什么建议。

演示视频或现场演示

在很短的时间内，没有什么能比看到真正的产品对投资人产生的影响更大了。如果你可以做一个简短的演示视频或在线演示（最长 30 秒），这会有所帮助。最好把视频时长控制在1分钟之内，如果你的演示超时了，就再做一个不到1分钟的。当然，如果你的产品有实物，把它带到会上。如果你的产品是一个核反应堆，那就带个模型。

融资路演讲稿

过去，投资人会收到两种格式的材料，Word和PPT。如今，PPT胜出了，投资人已经习惯了这种格式。如果你发送的是Word，大多数人甚至都不想读。

如今，PPT胜出了，投资人已经习惯了这种格式。如果你发送的是Word，大多数人甚至都不想读。

在创建PPT时，你还是应该密切关注专业投资人的心态。

首先，风投公司不是社会机构。如果你想拯救世界，那没问题，但风投公司需要为它们的投资人带来回报，否则它们很快就会破产。投资人之后如何使用他们获得的利润，比如用来拯救世界，那就是另外一回事了。

其次，你应该这样想，投资人可能知道本书所讲的所有内容，而且知道的可能更多。比如，他们知道市场机会必须足够大，团队很关键，多位创始人比一个要好，网络效应是惊人的。但他们也知道大多数风险基金的回报只来自少数几项投资。丹麦成长基金查看了1998—2013年的445项丹麦投资，它们来自15名经理管理的32只风险基金。随后，丹麦成长基金写道：

> 通常是某项投资确保了基金获得丰厚的回报且回报倍数高于1。当我们查看丹麦最有前途的4只基金时，情况尤其如此，其中某项单笔投资带来的回报占基金（预期）收益的45%~86%。没有这笔投资，基金的回报倍数将会低于1。因此，基金应该设法打出“本垒打”，这是至关重要的。[3]

由于这一点，专业的投资人，尤其是经验丰富的风险投资人，会竞相追逐出色的创业项目。如果他们在投资组合公司中发现这样一个潜在的巨大商机，他们往往会急切地在这家创业公司之后的每一轮融资中投入大量资金。而另一面，他们会拒绝进一步给那些进展不顺利的创业公司投资。他们的行为可以用两条规则来描述：成功会孕育成功；风投基金不是福利组织。

这里面有一点很重要，在互联网泡沫破灭以及2000年之前，有些（尽管不是全部）风投基金会不加区分地在它们认为热门的领域进行投资。举个例子，20世纪90年代在搜索引擎领域，资金大量涌入OpenText、Magellan、Infoseek、FAST、Teoma、Inktomi、Lycos和AltaVista等公司。大部分投资人认为，如果整体的蛋糕做得足够大，那么每个分一杯羹的人都会变得很富有。但是，正如我们现在所知道的，虽然这个领域确实像预期一样增长，但这些公司几乎都不复存在了，只有谷歌占据了主导地位。现在，我们似乎能更好地理解这种现象了，科技市场中的每个类别最后都会有一位王者出现，它通常会占总利润的70%~80%，甚至更多，而大多数早期参与者将以破产告终。

融资路演讲稿应该是什么样子的？

讨论销售大会时，我们指出不要事先发送 PPT，如果必须发，就发个简略版的。因为如果他们已经拿到了 PPT，那么你做演示的时候，他们可能会在坐在那里读 PPT，这就会破坏关注点。下面是融资路演讲稿应包括的有代表性的内容，顺序也已经排好了。

（1）第一页上最好是你的联系方式。

（2）你的团队介绍以及团队成员的经验介绍，如果有相关性，也可以介绍一下他们之前的合作。

（3）你解决的主要问题。

（4）你是如何解决这个问题的。

（5）你可能拥有哪种竞争优势，让其他人很难与你竞争。

（6）关于产品 / 解决方案更深入的信息。

（7）为什么选择眼下这个时机？

（8）为什么说市场很大或是将会变得很大，你可以占据多少市场份额，以及你是否准备好成为品类王。

（9）市场进入策略以及如何赚钱。

（10）如何获得用户，以及你在技术和商业上达到了什么程度（所谓的牵引力）。

（11）可预测的目标，分别什么时候能达到？

（12）比较现实的财务预测，最好按照每轮融资列出，也许还可以写出好、中、差三种情况。跟踪这些数字背后的假设，并记住投资人会对以下三点特别感兴趣：公司可能的退出价值；何时可以退出；退出之前还要投入多少额外资本（最大回撤）。

（13）你现在准备筹集多少资金，用来做什么。当然还有这些钱可以支撑你走多远？能达到收支平衡，还是只是达到某些业绩目标，然后还需要新一轮融资？不过，这里你不应以书面形式给出估值，而是应该口头解释一下。

（14）简要总结一下你刚才所说的内容。

一项涵盖200份融资PPT的研究表明，平均来说，PPT一般为19页。[4]但是，我们认为最好的融资PPT应该少于15页，一般8~12页。如果页数略多，那应该是因为每页PPT上的内容比较少。比如，你做了25页PPT，其中一些PPT上应该只有很少的内容。另外，你必须准备不同时长的PPT，分别是10分钟、20分钟和30分钟的。

为什么第一次融资路演一定要短呢？毕竟，这对你来说可是件大事。其中一个原因是你可能只有15~20分钟的演示时间。不过，还有另一个原因。即使你在演示结束后（注意是"结束后"）会留下打印好的PPT，但如果投资人感兴趣，那么他们通常会在会后让你把PPT用邮件发给他们。（如果他们没有这样做，可能是不感兴趣。）你发送给他们的PPT或PDF可能会转给风投公司的合伙人、分析师、投资委员会成员以及咨询委员会的成员。这些人通常都非常忙碌，他们只有极少的时间和耐心。因此，你的PPT必须完全做到不言自明。永远不要忘记在PPT的第一页和最后一页写上联系信息，包括姓名、电子邮箱、领英账号、网站和电话。这一点一定要记住！

我们再强调一下，融资PPT要做到简短、一针见血、不言自明。如果你还有疑问，那么可以继续往下读。DocSend公司提供了一种软件，发件人可以看到收件人何时打开了文档，并在每一页上停留了多长时间。在上述涵盖200份融资PPT的研究中，DocSend公司和哈佛大学的一位教授分析了创业公司把 PPT 发给投资人后发生了什么。平均而言，投资人在每份转发过来的 PPT 上只花了 3 分 44 秒，也就是每页 12 秒，如果他们确实读了。

平均而言，投资人在每份转发过来的 PPT 上只花了 3 分 44 秒，这些 PPT 平均为 19 页，也就是说每页用了 12 秒，如果他们确实读了。

拉斯：投资人会对融资 PPT 中所列的商业伙伴的价值表示怀疑

由其他公司负责产品销售的创业公司面临着一个典型问题，创业公司认为强大的销售合作伙伴可以帮它们把产品卖给企业客户。我自己曾多次尝试过这一策略，让别的公司负责把我的软件卖给其他公司。我自己领悟的深刻教训是，如果产品不是这些大公司内部开发的，那么产品就得不到内部人员的支持，大公司在推出创新产品方面往往做得非常差。一般来说，你要在合作伙伴提供合适的帮助之前把产品推向市场。

但是，如果你是把产品卖给消费者，那么情况可能会有所不同。举个例子，如果在超市中有一处货架卖的是你的产品，那么你的公司可能很有前途。我还是学生的时候，曾进口盒装蛋糕并把超市作为销售渠道，所以这一点我有亲身经历。不过，一般来说，如果你的产品是卖给公司的，那么你不应该指望规模大的销售合作伙伴自动帮助你提升。有经验的投资人都知道这一点，所以他们不一定会被 PPT 上列出的合作伙伴名单打动。

路演时投资人都在想什么?

在会上介绍项目时，你无法知道投资人在想什么。我们在附录 B 中列出了我们认为最有经验的投资人会考虑的 46 项投资标准。其中有一些是显而易见的，比如可以实现规模化的商业模式、可能存在网络效应或衍生有影响力的知识产权。但是，专业的投资人可能还会关注你过去的融资情况。如果你的介绍包括下面这些内容，他们会觉得你的公司很有希望。

你的公司加入了著名的孵化器/加速器计划。

公司已经从有声望的投资人那里获得了资金，比如某些最成功的风投公司——最好是在公司发展的早期阶段。

早期投资人参与了后续的融资（如果它们是绩效突出的风投公司，则尤为重要）。

融资间隔很短，每轮之间最多不超过 9 个月（这也表明如果公司不再处于种子轮阶段，它们会融很多轮资）。

换句话说，投资人喜欢看到已经有非常聪明的人选择投资你的公司，并且在你需要的时候毫不犹豫地一次又一次地投钱给你。

发展势头很重要

投资人可能还会考虑一个因素：你是否有加速发展的势头。这不仅体现在公司的收入上，还有公众的心态。例如，下面两种情况会削减投资人的信心：你的公司成立时有很多媒体报道，但之后却越来越少了；公司早期雇了很多人，后面就不再招聘了。

一家聪明的风投公司可能会用谷歌趋势（Google Trends）查你的公司和产品的搜索量，看看公司发展势头有什么变化。它还会在领英上查看你招聘新员工的趋势以及员工的素质。然而，有趣的是，有些风投公司已经开始使用人工智能筛选程序来寻找最佳的投资项目，并借助人工智能筛选程序进行尽职调查。2009 年，美国《商业周刊》请人工智能公司 Quid 的首席执行官鲍勃·古德森（Bob Goodson）用软件挑选 50 家前景最好的公司。[5] 他接受了请求。后来的结果证明如果风投基金创建一个投资组合，只投这 50 家公司，那么它的成绩将是有史以来所有风投基金中的亚军。

没错，是有史以来。2017 年，他重复了这项挑战，这次他从一个涵盖 5 万家非上市创业公司的数据库中挑选，随后他通过以下筛选标准将范围缩小到 5 000 家。[6]

成立不久、估值较低的创业公司，但从多家最好的风投公司那迅速筹集到资金。

已经显示出商业吸引力的估值较高的公司。

来自最有前途的领域的公司。古德森通过研究最成功的风投公司最近给哪个领域投资最多来确定这一点。

随后，古德森通过以下筛选标准将上述清单浓缩至200家公司。

每轮融资的间隔时间（时间越短越好，最好少于9个月）。
已经融资的轮数（越多越好）。
融资金额。

古德森又通过以下因素将候选公司缩至50家。

创始人团队成员之前是否合作过（合作过为加分项）。
创始人的毕业院校（顶尖大学为加分项）。

古德森没有透露他所用的具体公式，但从采访来看，他的人工智能系统似乎并不看重那些早期有过大量媒体报道的公司，但它确实喜欢媒体报道随着公司的发展越来越多的趋势。它还关注招聘的趋势以及公司可以吸引到的管理层的素质（领英显然是数据来源）。此外，它还会关注早期投资的著名风投公司是否参与了后续投资。一流投资人的后续投资显然属于加分项。

在风投资金领域，硅谷的风投公司SignalFire和Correlation Ventures都使用大数据分析来监控数百万的数据来源，并利用预测模型发现潜在的投资机会。[7]这些公司表示，虽然很多工作需要人来完成，但人工智能分析有助于处理数据，并关注那些过去取得成功的人。还有一家名为Growth Science的公司已经确定，预测未来业绩时高达80%的因素来自外部（如市场条件），其软件会分析这些因素以及内部增长预测因素，从而生成公司成功可能性的报告。

投资人会怎么看路演中负责演示的人？

当你向天使投资人或风险投资人介绍项目时，哪些注意事项会起到积极作用呢？什么会给他们留下印象呢？最有资格回答这些问题的专家也许要属拉克希米·巴拉钱德拉（Lakshmi Balachandra）了。拉克希米曾在两家风投基金工作，她注意到分析师和合伙人往往会对某个创业项目非常感兴趣——但这是在与创业者会面之前。面对面交谈之后，他们通常会兴趣殆尽。[8]

显然是演示过程出了问题，因此拉克希米用了很多年的时间研究了风投公司和天使投资人参加的数百次融资会议的视频，希望可以找到问题的症结。为什么有些演示丝毫没有引起投资人的兴趣，而有些演示则让创始人进入了融资过程的下一步？

她的发现也许很出人意料。有两种表现产生了有适得其反的结果：一是风风火火地到来，做一个精力过于充沛、男性荷尔蒙爆棚的演示，一派"我们站在这里，我们有动力，有激情，有信心"的样子；二是表现出了传统的女性特征，比如温情、敏感、表情丰富或情绪化。

那什么样的表现效果好呢？

笑就是其中一个。在演示中会笑的创业者，表现要高于平均水平。谈论共同的朋友或熟人也会有所帮助。"哦，你知道某某公司的约翰吗？我跟他一起做过研究，相处得很开心。"不过，以下三点通常在多数情况下更适用。

冷静和周到胜过兴奋和激情；

展现品格和可信度比展现专业能力更重要；

愿意接受反馈，这一点很重要。最成功的筹款人不会对关键问题做出防御性的反应，而是仔细聆听并给出深思熟虑的答案。

还有一些研究也很有趣。麻省理工学院的两位研究人员桑迪·彭特兰（Sandy Pentland）和丹尼尔·奥尔京（Daniel Olguín）在一场高管聚会上安装了设备，用来记录高管们的社交信号数据，包括语调、手势、与他人的接近程度。[9] 正如研究所说："五天后这些高管参加了一次比赛，在评委面前展示自己的商业计划书。彭特兰在没有阅读计划书或聆听展示的情况下，只通过聚会上收集的数据就正确预测了获胜者。"事实上，在没有阅读计划书或观看演示的情况下，彭特兰预测胜出者的正确率达到了87%。他是怎么做到的？通过观察这些人在鸡尾酒会上的行为，他在寻找那些谈得更多、听得更多、精力更充沛的人。事实证明，这些人的演示最为成功。

不要误解我们的意思，我们并不是说你应该在路演时上演一场好的表演，而不做你自己。关键是要表现出精力充沛的一面，但不要过火。一般要考虑周到，赢得别人的信任，努力倾听并学习。表现出这些，然后你就带着你自己来参加融资路演吧。

在融资路演上如何表现？

现在，我们具体来看一下融资路演的过程。

你和合伙人正前往天使投资人、孵化器、加速器或风投公司的办公室。第一个问题是，如何着装？我们推荐正式着装但不要太过华丽。不要穿成你现在这个样子，而是穿成你想成为的那个人的样子。设想一下，作为你将打造的大中型企业的领导人，你会穿成什么样子？其次，先在一些投资人或其他在商业上对你不重要的人面前演示，之后再去找那些真正重要的人——把第一批观众看作测试用的投资人。

下一个注意事项是，不要迟到，而要早点儿到。在合适的时间出席会议，别忘了带上打印好的 PPT。你无法知道有几位投资人出席，因此打印数量要足够多，以防万一。但是，如果只有两位投资人出席会议，不要拿出 5 份 PPT，这会让你看起来像一个失望的失败者。打开公文包，取出适当数量的 PPT。两位投资人，就取出两份，5 位投资人，就取出 5 份。

如果想用 PPT，你应该提前问好前台，会议室是否有高射投影仪，以便你进行设置。如果你有 20 分钟的演示时间，你显然不希望自己把前 5 分钟花在安装设备上。

在会上与投资人交谈时，你不应该想着要达成协议，因为在这次会议或未来的多次会议上都不会达成任何协议，根本不会！你的第一次会面不是为了赢得投资，而是为了能够有第二次会面。所以，要营造亲密的氛围，进行交谈，倾听对方说话，正如他们听你说话一样。要记住，他们可能认为自己比你更聪明，能够把你的公司塑造得更好。因此，你要表现出愿意倾听和学习的姿态。要自信，不要显得思想保守、过于自信和固执。

专业的开场白

如何开场呢？首先，问一问他们安排了多长时间与你会面，他们可能会说 20~30 分钟，但却不会透露如果他们喜欢你的创意，他们可能就会花更多的时间。然后，用几分钟的时间问问他们的资金状况，特别是他们现在是否有钱投资，如果之前你没有查清楚这一点的话。除非是顶级基金，否则你可能会很奇怪他们竟然把上一只基金全部用于投资了，但尚未筹集到足够的钱创立下一只基金。在这种情况下，投资人实际上可以不投资，他们只是想为以后建立关系。没错，你应该在见面之前搜索这些信息，但有时会在会议开始时才知道全部真相——所以如果你询问他们的资金状况，你就会显得很专业。如果他们现在没有钱，那么你可以稍微改变一下你的策略。告诉他们以后还会有多轮融资，你想与他们建立联系，以便他们可以关注你。

你还要问问他们现在对哪种投资感兴趣。这相当于一次销售会议，所以别忘了销售罗盘——即使你只有很短的时间，也要提问，看看他们是不是合格的投资人，这要与他们是否有钱投资这个问题区分开来。如果他们说你有 20 分钟的时间，而他们花了前 10 分钟介绍自己，不用担心，他们肯定安排了不止 20 分钟。所以，尽管让他们介绍，并表现得很感兴趣，这样他们才更有可能对你表现出兴趣。

之后轮到你演示了，但是在会议结束之前不要分发你打印好的材料，否则他们可能只看材料而不听你讲了。别忘了我们在说到演讲时强调的，绝对不要转移观众的注意力，一定要让他们听你说话。

现在，你应该在演示中透露一切可以说服投资人花更多时间在你公司上的信息。你还必须假设你的竞争对手可能会看到你的演示材料。这不应该发生，但可能会发生。

会议结束时最好再问问他们是否可以推荐一下可能对你感兴趣的其他风投基金，因为你可以假设很多基金都会相互讨论你和你的公司，它们可能会共同投资。出于同样的原因，在同一个圈子中被太多投资人拒绝可能是危险的，因为你将被看成“没有人愿意投资的人”。因此，在理想情况下，你应该先在其他圈子练习一下，然后再找你想要引起兴趣的投资公司。

第一次会议上是否要介绍一下条款？不，我们对此的建议是要模糊对待，至少要等到从一位投资人那里拿到达成谈判协议的最佳选择方案，形式上可能是某一轮融资的条款清单。最好的行动方案往往是等风投公司先提出来，或是中立的中间人发起讨论。当然，前文我们讨论了在价格谈判中先行者的优势，但这是不同的。第一次、第二次或者第三次和第四次会议都不是谈判，而是你在兜售自己的创意。

最后，路演会有什么样的结果？一种结果是断然拒绝，这显然是个坏消息，但至少很清楚。另一种结果是要求你提供更多的信息或进行后续会议，这固然很好，但也许是持久的现场尽职调查的开始。然而，许多融资路演都是以“很有意思，让我们保持联系”结束。这听起来很棒，但可能意味着拒绝，或者至少是暂时拒绝。在后面这种情况下，如果你的公司进展顺利，可以过一阵子再回来。事实上，这也可能是现场尽职调查的开始，投资人会在一段时间内关注你，了解你的公司的发展情况。如果你认为风投公司可能会对你进行尽职调查，那么一定要热情对待：不断地通知它们你的进展，也许是直接通知，或者更聪明一点儿，通过你们都认识的人。这就是我们认为从项目第一天开始就应该推出月度通讯或在社交媒体上更新数据的原因之一。

我们认为从项目第一天开始就应该推出月度通讯或在社交媒体上更新数据。

投资人如何确定公司的估值?

要想给公司估值，有无数的方法。具体用哪种方法，很大程度上取决于你卖给投资人的是什么。就股权转让而言，有以下 5 种情况。

（1）投资人只是想让你的团队出一部分人完成一项临时任务。

（2）投资人想要整个团队。

（3）投资人想要在自己的组织内部使用你的技术或知识产权。

（4）投资人想要你的公司，他们能对公司更好地加以利用。

（5）投资人想要你的公司，一来提升他们自己的业务，二来避免竞争对手得到你的公司，否则他们自己会出现问题。

显然，前两种情况的估值会很低。第三种情况好一些，因为买方可以在自己的组织内利用你的产品和专利等。第四种情况是因为你已经创造了价值，所以估值会更高。最后是第五种情况，有时如果你不了解背景就会觉得估值近乎疯狂，比如脸书花 10 亿美元买下了只有 13 名员工而没产生任何收入的 Instagram。

下面我们将重点放在与第四种情况相关的估值方法上，买方因为未来预期的现金流买下你的公司，这也是投资人在众筹、首次代币发行和首次公开募股中所期待的。

有两种估值的基本方法尤为常见。你可以通过某个特定日期之前的所有预期收益，再乘以“贴现率”（比如 10%）来评估公司当前的价值。这就是现金流量贴现法。举个例子，你预计第二年的利润为 100 美元，还原为当前现值就是 90 美元，第三年 100 美元的利润还原为当前现值就是 80 美元。你还可以通过其他行业上市公司的收入的倍数来评估公司的价值，即所谓的类比法。你可以在 CBInsights、CrunchBase、《财富》杂志的条款清单、Strictly VC 等媒体和公司的新闻流和数据库中找到这些信息。但是，在估值时要注意，在公司早期阶段，估值可能会受到创始人经验的影响。一家处于发展早期阶段的公司可能仅仅因为拥有经验丰富和魅力十足的明星创始人，就比另一家类似公司的估值高出很多。

有很多关于这两种核心方法的书籍。不过，它们并非仅有的两种方法，还有很多其他方法，包括上一年或下一年预计收入的倍数、现金流、利润等。不管用哪种方法，专业的投资人都会充分考虑以下四个要素。

（1）一切都出错的风险有多大？

（2）你期望公司的退出价值是多少？

（3）退出时的最大回撤——在达到收支平衡之前还要投入多少资金以及公司届时的估值是多少？

（4）退出的时间——还有多久才会实现退出？

现在，让我们添加一些细节和技术名词。首先是风险投资法，它来自哈佛大学威廉·萨尔曼教授（William Sahlman）的研究。根据这种方法，你可以估计公司退出时的价值，然后用投资回报（例如 30 倍或 10 倍）进行折现。什么意思呢？举个例子，如果你认为公司可以在适当的时候退出，届时估值为 1 亿美元，如果你的投资门槛是 10 倍的回报，那么投资前的估值为 1 亿美元 / 10 = 1 000 万美元。当然，在做这项计算时，你需要考虑后期增资可能导致的股权稀释。

还有一个种子轮的估值方法，即三分之一法则。具体来说，当公司获得第一笔资金时，三分之一的股权归投资人，三分之一归创始人，三分之一留给未来的管理层。当然，这不是一种计算方法，而是一种筛选方法。

如果创始人不接受，又没有充分的拒绝理由，有些投资人就会犹豫不决。

还一个核心模型是博克斯法，以天使投资人 / 风险投资人戴夫·博克斯（Dave Berkus）的名字命名。这种方法是这样的，创业公司种子期的估值可以分为以下五个元素。

（1）合理的商业理念/巨大的市场机会：50 万美元

（2）现有原型：50 万美元

（3）拥有良好的管理团队：50 万美元

（4）拥有战略业务伙伴：50 万美元

（5）产品已经推出并且市场反响似乎不错：50 万美元

当然，很多投资人都有一份更详细的清单，上面列着各种促进成功的因素，比如我们在附录 B 中列出的那 46 条。这种方法通常被称为计分法。显然，清单列得越详细，每一项分得的金额就越低，因此如果上文所列的所有条件你都满足，你会融到大约 250 万美元。一种比较著名的详细计分法由卡宴咨询公司（Cayenne Consulting）开发，你可以很容易在网上找到。

当然，除了这些经验法则之外，明智的投资人还会加上自己的直觉，因此他可能会从他的标准估值模型中增加或减少很多内容。但重要的是要知道，天使投资人和专注种子轮的风投公司在投资前，公司的估值平均为 150 万 ~ 200 万美元，具体数值因年份不同而不同。[10]

我们要说的最后一种方法是风险因子求和法。下面列出了 12 个风险因子。

（1）管理层

（2）公司所处的阶段

（3）立法 / 政治风险

（4）制造风险

（5）销售和营销风险

（6）资金 / 筹资风险

（7）竞争风险

（8）技术风险

（9）诉讼风险

（10）国际风险

（11）声誉风险

（12）可能带来丰厚回报的退出

你要给以上这些因子评级，分别为 -2、-1、0、1 或 2。评完后，将所有数值加在一起，然后乘以 25 万美元。如果每个风险因子的评级都为 2，那么估值为 600 万美元，如果全部为 -2，估值则为 -600 万美元。显然，没有人会给估值为负的公司投资。

需要了解的估值计算机制

投资人因投资所获得的股份数量取决于投资前公司和股票的估值以及投资的金额。虽然投资前公司的估值取决于谈判，但投资后的估值就等于投资前的估值加上投资的金额。

这很简单，但让我们讲得再深入一点儿。假设你的公司投资前的估值为 900 万美元，投资人投了 300 万美元，那么投资后公司的估值为 1 200 万美元（900 万 + 300 万）。因此，新的投资人将拥有公司 25%（300 万 /

1 200 万）的股份。你一定要知道投资前的估值、投资后的估值以及投资人获得的股份。如果这三点你有任何不清楚，你都可能付出昂贵的代价。因此，你应该确保尽早创建我们前文提到的股权结构表。

还有一个障碍，那就是在确定投资前的估值时，你应该注意未稀释和稀释的股权或估值等概念。未稀释的估值是现有股东所持有的价值。如果估值为 1 200 万美元，那么每股价值为 1 200 万美元除以股票数量，这是显而易见的。但是，像风投公司这样的专业投资人还会考虑发行新股，作为员工认股权或是用作他途，这会稀释投资人的股权。风投公司会将其考虑在内，从而根据预期的稀释情况降低目前已发行的每股股票的估值。在某些情况下，风投公司只会根据已发行股票的数量来计算，但可能还会考虑未来几年内发行的额外股票期权，这是可以理解的。这会让稀释的估值进一步降低。

如果投资人通过你的公司赚了大钱，这是否意味着你计算错了？

你有时会听到有人面对赚得太多的投资人时会有疑虑。在我们看来，你不应该这样想，因为如果投资人因为你的公司赚了钱，那么你可能也赚到了钱。此外，通过投资你的公司赚了钱的投资人也倾向于投资你的下一个创业项目，对你下一个项目的估值通常会更高。

在与投资人打交道时，应该在股东协议方面注意什么？

在介绍股东协议最重要的要素之前，我们首先建议你找位律师查看一下文件，并在条款清单阶段就请律师为你的谈判提出建议。但是，有一点很重要，这位律师必须有相关经验。同样，你可以通过阅读条款清单模板自己做好准备。你可以在美国国家风险投资协会或英国私募股权和风险投资协会的网站上找到相关的模板。

为什么股东协议很重要呢？凡事预则立。虽然估值是交易中最重要的一环，但作为创业者，你还是可以轻松获得世界上最好的估值。如果合同条款中存在不利内容，这场交易会非常糟糕。因此，准备好一杯咖啡，因为现在我们要深入研究这些条款可能包含的内容。它们虽然非常无聊，但却十分重要。

条款清单

大多数风投公司都有标准的条款清单，它们在每次谈判中都会以此为基准。现在，我们逐一看一下条款清单和股东协议的重要内容，以便你知道签署的是什么。

联合投资时一家风投公司领投

排他性条款。在多个风险投资人联合投资的情况下，如果其中一位要当领投人，他一般都会要求享有专有权。你得单独与他谈判，而不是同时与所有投资人谈判。这一要求是正常的，一般都应该被接受。

风投公司要确保你遵守承诺

股份兑现条款和锁定条款。投资人往往担心他们刚刚投资不久你就离开公司，这样他们可能要面对一艘没有船长的船。因此，他们会试图避免出现这种情况，要求你“归还股权”，也就是说虽然之前你拥有股权，但现在要全部归还公司，但一定期限后（通常为4年）可以兑现股权。这么做是为了确保你在公司至少待上那么长的时间。还有一种方法是锁定你的股权，几年内不可出售。这是防止你离开公司的两种典型方法，但还有许多其他方式。此外，如果投资人认为股票分割不当，他们可能会坚持重新分配现有股份。你要怎么做取决于你对管理层的看法。我们的建议是，你可以同意股份兑现条款，但前提是你必须保留自己的股份，以防他们解雇你。这样不仅可以防止他们解雇你并获取你的股份，而且在某种意义上对自己也是一种经济上的激励。

你和风投公司都要确保影响力

创始董事条款。如果创始人既是首席执行官又是董事会成员，那么他可以要求成为“创始董事”而非“首席执行官董事”。这样做是为了保住自己在董事会的位置，即便公司又雇用了另外一位首席执行官。如果创始人未来会发挥重要作用，这一要求可能是合理的，但投资人可能不愿意有这样一位永远不可罢免的董事。你要做好准备迎接强烈的回击。

优先投票权条款。风投公司可能会要求享有优先投票权，也就是说它们的投票权重更大（在合法范围内）。或者它们可能会要求预算、销售、招聘等方面的否决权。这是否合理，要具体情况具体分析。

董事会会议的次数。很多条款清单都要求每月召开董事会会议，这可能比你希望的要多，但如果公司已经走上了正轨，投资人可能也会觉得多。我们建议你先接受这一条款，以后再协商合理的会议次数。

风投公司如何保护自己，以防创业公司发展不力

反稀释条款。风投公司的合同通常都会包含一条保护条款，以防止后期因增资而估值降低。平均而言，大约 7% 属于流血融资，即估值低于前一轮的新一轮融资。这不仅取决于公司，还取决于年份。在 2002 年和 2009 年这两个遭遇危机的年份，美国创业公司的估值分别为下降了 13% 和 12%。

如果出现流血融资，投资人会希望补偿自己之前估值过高时的投资。补偿的形式通常是免费的股份，同时除风投基金以外的其他股东将会遭受损失。这种反稀释条款很难避免，但要注意这个条款有三个版本。一是完全棘轮条款，即投资人的所有股份都会下调到新一轮融资的价格。二是狭义的加权平均价格条款，即根据特定的公式将投资人的部分股权调整到新一轮融资的价格。三是广义的加权平均价格条款，此时的调整更小一些。我们的建议是，不要同意完全棘轮条款，但狭义的加权平均价格条款和广义的加权平均价格条款可能都是合理的，实际上大约 90% 的条款清单都会包含这两个条款中的一个。[11]

优先清算权条款。风投公司通常会坚持要享有优先清算权，这意味着退出时它们将最先获得回报。1 倍的优先清算权是指在风投公司拿回自己的钱之前其他人什么都拿不到。大约 90% 的条款清单都会有这一条，所以你不应该对此大惊小怪。

要注意，后来的投资人肯定也会这样做，因此他们的优先权将高于之前的投资人。如果公司出售的价格与他们投资时的估值一样或者更高，那不会有什么样影响。但是，如果出售的价格低于上次增资时的估值，那么其他股东就会受到这一条款的影响。如果估值非常低，其他股东可能什么都拿不到。

这些条款很常见，统称为“非参与优先股”。有时风投公司想要 2 倍

或 3 倍的优先清算权，这时应该与其他条件进行比较，包括投资前的估值。有些投资人更加强硬，想要“参与优先股”，即投资人不仅可以拿回自己的钱，还可以参与超额盈余的分配，但这并不常见。我们通常会建议你不要同意 1 倍以上的非参与优先股。如果给投资人 2 倍或更高的优先股，可能还会产生潜在的利益冲突。

应计股息条款。风投公司可能会要求享有应计股息，也就是说它们必须先获得 x% 的股息，别人才能继续分配股息。这只是价格谈判的一部分，估值越高，风投公司就越有可能用这一条款作为弥补。通常，它们会要求每年第一个分配股息。如果不能支付股息，它们的权利将随着利润的增加而累积。

股权回购条款。投资人往往会要求公司必须以投资时的价格回购他们的股权，如果公司没有达到某些要求，比如未能在某个特定日期退出，公司还要支付尚未支付的股息。因为你很可能支付不起，所以必须寻找另一位买主购买他们的股权。这一点你要小心，不要让这种条款出现，即实际的变更或延迟会自动引发破产。

或有投资条款。或有投资是指具体的投资取决于公司未来的表现，并会分批拨款。每次（可能）达成一定目标，才能拨款一次。多年来，这种情况一直很常见，尤其是在美国。许多风投公司只选择分批投资。这种模式对投资人有很大的好处。首先，它可以控制投资人的风险；其次，它可以实现更高的内部收益率。举个例子，一项回报为 3 倍的 1 000 万美元的投资，如果在 4 年内每年投入 250 万美元，会比第一年一次性投入 1 000 万美元的内部收益率更高。原则上，这一条款表明公司的估值较高，并且双方都觉得合理。然而，还有一种情况是所有投资都预先付清，但随后根据买方的价格进行调整，因此股票的数量取决于目标是否达成或是达成的具体情况。

在出售股份或整个公司时确保灵活性和股东权益

强制出售权。强制出售权是什么意思呢？举个例子，如果有人出 1 亿美元买下你的公司，而你只拥有 50% 的股份，那么你可以强制其他股东和你一起退出。强制出售权通常是一种实用且必要的方式，防止少数股东阻碍一笔好交易，或是要挟其他股东必须以更高的价格兑现他们的股权才接受交易。强制出售权一般会有一个最低价格，这个价格高于条款制定时股票的价值。通常会有一定比例的股权需要使用强制出售权，我们建议的最低比例是 50% 左右，尽管 75% 也很常见。

跟随权。跟随权的意思是，如果你出售自己的股权，另一位股东也可以出售股权。股东拥有的股权越少，跟随权就越重要，否则他们可能会担心你出售股权后，他们将面对新的公司所有者，但他并不是他们信任的人。

优先购买权。风投公司通常会要求享受未来增资的否决权，以及以与其他人同样的条件购买新股的权利。这一要求是正常的，应该接受。

上面这些是我们认为最重要的条款，但可能还有更多的条款。不过，单单通过这些条款你就应该明白在谈判期间为什么需要一位经验丰富的律师了。

除此之外，你还应该清楚融资后公司的控制权在谁手中。公司一般是这样运作的，由股东选出董事会，董事会指定首席执行官，通常再由首席执行官去选择其他员工。董事会一般通过投票选出首席执行官，而董事通常由股东协议确定。然而，很多投资人都会试图加一些条款，以便他们可以自行做出某些决定，比如你作为董事的薪水，这样你就不能在他们投资后给自己一份天价的薪水。这种情况并不少见，但你仍需要掌握他们手握多大的权力，以确保不会影响你的灵活性。

要知道，在增资、股权转让或类似的谈判中通常都会有顾问，一定要问他们一个简单的问题：“您看这些条款有什么不对的地方吗？”

51% 的股份并不等于完全控制

很多新手创业者认为，如果他们手持 51% 的股份，就可以控制公司。然而，在风投基金投资的情况下，各种条款都会在很大程度上限制原始投资人的权力，即使原始投资人拥有大部分的股份。

马斯：优先表决权

我在一家公司的股份不足 50%，但董事会的 7 个成员中有 4 个是我任命的，因此我可以决定谁当公司的首席执行官。换句话说，即使你拥有不到 50% 的股份，也可以掌控首席执行官的人选。你的投资人可能还想决定首席财务官，但我们建议你拒绝，因为你可以通过控制首席财务官来间接地控制公司。你应该同意由你选择但经投资者认可的首席财务官。

如何看待投资人提供的条款清单？

投资人可能会给你一份标准的条款清单，它可能对创始人友好，亦可能对投资人有益。所以，当你看到他们给你的条款清单时，可以判断一下是哪一种。

让我们先从标准的条款清单开始。这样一份清单可能包含 1 倍的参与优先股（投资人比之前的投资人和创始人先拿回他们的资金）、加权平均反稀释条款（在流血融资的情况下只对股价进行部分调整）、标准的治理权和同意权（关于董事会成员的任命以及投资人可以否决的内容）。这可能表明投资人对你很感兴趣，不希望有人来争夺这笔交易。如果他们的要求更高，比如 2 倍的参与优先股，他们可能认为你已经无路可退了。如果他们的要求更低，可能是因为害怕失去这笔交易。

股份认购如何操作?

股份认购通常分为几步。首先，律师要准备好股份证书和认购合同。其次，投资人将钱转到律师的客户银行账户，此时资金处于“托管”状态，等签字后进行支付。这也相当于“资金证明”，表明投资人实际上是有钱的。待文件签署后，律师会将钱汇给你的公司。

如何借贷融资?

我们已经介绍了通过发行（出售）股票融资，但正如上文所述，还有其他的融资形式。对创业公司来说，几乎不可能拿到普通的银行贷款，除非你用房产或其他资产作为抵押。不过，银行还是会为处于发展后期的公司提供贷款的。这既适用于拥有良好现金流的盈利公司，也适用于能够提供抵押物的盈利较低或尚未盈利的公司。

有些银行和信贷公司都会提供保理服务。保理是什么意思呢？举个例子，如果一位客户在60天内将付你一笔钱，那么保理公司可以把应收账款接管过来，同时立即把钱付给你。这种解决方案可能听起来很划算，比如30天2%的利息。不过，实际上这相当于26.7%的年化复利。这笔巨大的成本可能意味着，你的公司将不再盈利，奇怪的是，这会让你继续依赖保理才能存活。所以，一定要注意各种贷款及其成本。

能否通过优化营运资金避免筹资？

许多考虑融资的公司都可以通过优化营运资金来避免这种情况。例如，如果你的公司（1）需要100万美元的成长资金；（2）公司年收入为1 200万美元；（3）客户在两个月后会付款。如果客户能在一个月而不是两个月后付款，这可能会对公司有所帮助，因为公司将有额外的100万美元作为成长资金。

还有很多其他方法可以优化公司的营运资金，优化营运资金有以下四种最常见的形式。

降低成本

晚些向供应商付款

租赁而非购买硬件、软件和设备

让客户早些付款

关于最后一种方法，应该注意应收账款与好酒恰恰相反，它们的价值会随着时间的推移而降低。你等待付款的时间越长，客户向你付款的可能性就越低。因此，你的公司应该建立明确的收账和付账体系，而且必须严格遵守。此外，你还应该要求财务人员每周向你汇报哪些客户尚未付款以及你们采取了什么措施，之后你的公司必须立即不间断地跟进。草率地对待未付票据可能会扼杀创业公司的发展。

如何获得拨款？

除了出售股权、借款和优化业务之外，还有另一种获得资金的方式，那就是拨款。大多数拨款都会附有关于如何使用资金的要求，但不会要求还款，因此拨款可能和优化业务一样都属于最划算的资本形式。

拨款一般能有多少钱？就我们所知，有人通过申请拨款拿到了超过 1 000 万美元。

大多数拨款都有明确的目的，也就是说你的策略必须符合它们的目的，所以你必须相应更改策略或者是做一个符合要求的项目。改变策略是否合适取决于具体情况。但是，要注意获得拨款的机会比较少，而且可能非常耗时。

过于乐观？

大多数创业者本质上都非常乐观，很多研究都证实了这一点。经验丰富的风投公司了解这一点，所以会考虑到创业者的预测过于乐观的情况。知名风险投资人盖伊·川崎（Guy Kawasaki）表示，他会把创业者的预期收入除以 10，并把产品推出的时间加上一年。[12]

投资人及董事席位

外部投资人，至少是天使投资人、战略投资人和风险投资人，会要求设立正式的董事会，他们通常要占有一定的席位。不过，风投公司进入的时候，天使投资人往往会离开。一般来说，随着公司不断进行融资，董事会将会从大约 3 人增加到 6 人。如果你从有实力的风投公司获得投资，你应该注意它提名的董事会成员是高级合伙人还是初级合伙人。经验丰富的高级合伙人通常在 8~12 个董事会任职，而一位经验极为丰富的高级合伙人在整个职业生涯中可能进入过四五十个董事会。他们具有很强的商业模式识别能力，这对你的公司非常有价值。

典型的投资不善

调查显示，很多投资人会给尚未达到产品 / 市场匹配的创业公司投超出正常金额两三倍的钱。他们还给缺乏技术的单个创始人和创始团队投资，尽管指标显示这些公司取得成功的可能性要低得多。[13]

给投资人做路演时应注意的 11 个问题

在与投资人召开第一次重要会议之前要好好练习，最好先在那些不那么重要的投资人面前演示一下。

在重要的投资人会议上，不要穿成你现在这个样子（也许是个穷学生），而是穿成你想成为的那个人的样子（比如成长型公司的首席执行官）。

提前到达会场，请求在会议开始前进入会议室，以便做好演示准备。

带上打印好的 PPT，但会议结束后再发给与会人员，注意不要多留任何文稿。

会议一开始就问投资人会议可以持续多长时间，要知道如果他们有兴趣的话，时间可能会延长。

你的表现既不应该显得精力过于充沛、男性荷尔蒙爆棚，也不要过于敏感和柔弱。投资人更喜欢头脑冷静和考虑周到的创业者。

表现出个性和可信度比专业能力更重要。

积极应对投资人的反馈，并给出深思熟虑的答案。

会议结束时询问投资人觉得你的演示怎么样，以及下一步该干什么。

还要问问投资人是否可以把你推荐给其他投资人，还可以问问他们是否可以直接引荐。

不管做什么，都不要浪费专业投资人的时间。

第三部分

核心团队和公司文化

到目前为止，我们已经介绍了创业者的个人角色及其所面临的挑战，还阐释了公司的核心创意、结构、商业模式以及融资情况。

现在，我们要讲的内容与如何把公司建立起来有关，也就是创业项目所需要的人才。这个过程充满了最大的乐趣，也会带来最大的挑战。我们将讨论和你一起研究各项事宜的核心团队，以及包括自由职业者在内的全体员工。如何选择团队成员？如何聘用和解雇员工？什么时候需要自由职业者？如何有效地管理员工？我们将在这一部分讲述这些问题以及其他组织问题。

随后，我们会研究建立成功企业的一个既有趣又烦琐的元素：文化。

10 核心团队

你可能拥有世界上最好的创业想法，但如果团队不好，项目肯定会失败——除非成功更换管理层。因此，本章我们将全面讲述有关核心团队的问题，包括如何组建有力的创始团队、如何管理彼此的关系（比如股权分配），以及如何与董事会成员、创业导师和顾问打交道。

未曾创过业的人可能认为创业首要的目标是要有一个好创意，努力则处于次要地位。从某种程度上说，他们有一定的道理，因为前文我们提到了一项研究，80% 的成功驱动力来自正确的市场——这当然是创意的一部分，而只有 12% 来自合适的团队，8% 来自其他内部因素。[1]

但是，等一下，发明天才和连续创业者托马斯·爱迪生曾经指出，事实上，他多次提到天才是 1% 的灵感加 99% 的汗水，即 1% 是好的创意，99% 是努力工作。

我们是这样看的：

拥有一般创意的伟大团队知道如何改变，直到创意变得伟大；

顶尖的投资人如果喜欢某个创意，可能会把团队换掉；

不管是以上哪种情况，爱迪生都是对的，创业主要离不开的是汗水。

现实如何呢？我们大多数人一辈子会有很多想法，但很少有人会把这些想法付诸实践。大多数人都没有一定要成功的心态。正如大家经常听到的，“点子本身并不值钱，但把它们变成现实的人却是无价的”。许多人都有梦想，但很少有人把它们视为个人目标，进而把它们变为商业现实。

天才是1%的灵感加99%的汗水。

执行离不开运行良好的团队。研究人员曾调查了49家风投公司的96项失败投资，试图弄清楚其中出了什么问题。是没有需求吗？还是创新技术挡了路？不，这些基本上都不是问题所在。实际上，答案是65%的公司因为内部问题而失败，也就是团队内部的问题。[2] 因此，我们将研究如何寻找并聘用人才，以组建一支能够提高创业成功率的超级团队。

创业团队由什么组成呢？我们可以将其分为两大类：一是我们所说的核心团队，由联合创始人、董事会以及潜在的导师、教练或咨询委员会组成；二是员工和自由职业者。我们本章只讨论核心团队，下一章再讨论员工和自由职业者。现在让我们先看看联合创始人吧。

要不要找联合创始人？

你有一个创业想法。你应该自己创业，还是与他人合作？寻找联合创始人的一般动机包括：

如果你能说服别人支持你的想法，那么它的可行性也许比你认为的更高；

你们可以分担风险，还可以共同投入更多的资金；

你们的性格可以互补，不同知识和能力可能会带来更好的结果；

你们可以分享胜利的果实；

你们可以有难同当；

如果其中一个人生病了，不影响管理团队运行；

至少有两个人作为公司老板一起思考和奋斗；

人脉会更广；

灵感更多，可以从新的角度看待事物；

有更多的人一起做重要的路演或进行关键谈判。

而不找联合创始人的原因包括：

联合创始人的贡献不一定相等，这可能会引发懊恼之情；

你不是自己说了算，这会导致决策效率变低，你们可能会产生战略分歧；

你们要共享利润。

一般来说，我们认为两三位创始人最好，只要他们配合默契。美国的一项研究表明，39% 的信息科技项目有两位联合创始人，35% 的生命科学项目有两位创始人。[3] 第二常见的是三位创始人。只有 8%~10% 的创业项目有四位以上的创始人。

几位创始人的效果最好呢？平均而言，只有一位创始人的公司要达到高速成长所需的时间更长，是拥有多位创始人的公司的3.6倍。[4] 这样做不会再有与他人共享利润的担忧，但是如果有多位创始人，公司的成长速度将是原来的3.6倍，那么公司创造的价值可能很容易变为原来的5~10倍。

平均而言，只有一位创始人的公司要达到高速成长所需的时间更长，是拥有多位创始人的公司的3.6倍。

大多数有经验的投资人碰到只有一位创始人的公司，都好似看到了一个巨大的警示信号。顶尖的加速器也不大会接受只有一位创始人的公司。为什么呢？其中一个原因是，创始人可能会生病或不想继续做这个项目了。美国陆军流传着这样一句话，“两个相当于一个，一个相当于零”，这句话说明重要的事物必须都有替补——必须保证没有“单点故障”。对投资人而言，单个创始人可能是一个重要的单点故障，因此也是一个危险的信号。他们可能会想：如果创始人病了怎么办？如果我们投入资金后他用辞职威胁我们怎么办？此外，他们还可能有以下的担忧。

他是不是无法让业内的其他人相信这是个好创意？

他是不是一个不喜欢和别人分享的令人讨厌的人？也许是个吝啬鬼？

他是个控制狂吗？

他是否低估了取得成功所需要的钱？

作为世界上最成功的加速器，Y Combinator 的管理层几年前就决定，他们不会再投资给只有一位创始人的公司。原因是，他们分析了美国数千家创业公司以及他们自己的投资后发现，如果至少有两位创始人共同创办公司，那么科技公司的成功率要高得多。当然，这并不是说所有只有一位创始人的公司都会倒闭，亚马逊就是个例外，它只有一位创始人，但却成了行业巨头。此外，很多（甚至是大多数）拥有多位创始人的公司最后就只剩一位在管理层了——如果确实还有的话。不过，作为一条经验法则，多位创始人是迄今为止最好的选择。

我们还要说一点重要的信息，许多“联合创始人”并非一开始就加入了公司。实际上，很多创业公司的创始人都预留位置给新的“联合创始人”，就是那些以“首席”开头的职位，比如首席技术官。为什么呢？因为这样可以激励并创造管理团队的英雄主义精神。联合创始人通常会像公司的主人一样思考问题，几乎会为项目不惜一切代价。如果有必要，他们可能会破釜沉舟。真正的联合创始人即使在没有希望的时候，也会为公司而战。

因此，即使在公司开业一段时间之后再任命联合创始人也是有优势的，不过也可能有不利的地方。比如，联合创始人离开创业公司总会引发问题。因此，联合创始人不能是所谓的酒肉朋友或机会主义者。只为获得体面的工资、丰厚的利润、显著的头衔或是丰富履历的团队成员绝对不是联合创始人的好人选。

许多“联合创始人”并非一开始就

加入了公司。

拉斯：公司创业后才引入联合创始人

1997 年，我和一位朋友决定创办一家公司。我们希望另外一位能起到互补作用的人也加入我们。不过，这个人当时无暇分身，就没有加入。令人惊讶的是，我们在只有公司名和创意时就获得了风投公司的投资，之后我们的公司顺利成立。6 个月后，之前我们提起的那位朋友加入了我们，成为“联合创始人”。这在公司内外都起到了积极的作用，在客户和媒体报道方面贡献不少。

创始人之间的重要讨论

如果公司有多位创始人，一定要比较一下你们的期望值。假设你是单身，很有能力，而且愿意每周工作 80~90 个小时，而你的合伙人已婚，有两个孩子，健康情况很一般，所以他也许每周只能工作 50 个小时甚至更少。你们有没有讨论过这些情况？如果他比你有钱，或者拥有资源可以做房屋净值贷款，公司如若突然需要更多的资金，他的资金可以作为备用，这种情况会有什么影响呢？这对股权分配意味着什么？

你们还应该讨论各自参与这个项目的动机是什么。是不是为了看到产品交付时用户眼中的快乐？是不是想领导公司的员工？是不是为了享受在一家公司而非在一个小部门应对所有工作的那种乐趣？还是想要开发产品？你们中间有没有哪位是控制狂，因此适合在付款前检查所有账单？其他创始人是不是对这样的事完全不感兴趣？在经营过程中，你们各自觉得哪些事有趣，哪些事无聊？有没有什么事你们都认为很无聊？如果有，你们打算怎么办？如果你认为公司在3~5年内会取得成功，是不是所有人对成功的定义都和你是一样的？你们之间如何分工，好让每个人都做自己喜欢的事？那么剩下的那些事怎么办？

如果你们中的一位想要拯救世界但对利润没什么兴趣，而另一位认为首先应该打造一家成功的企业，这种分歧也会引发问题。

上文所讲的这些冲突是公司发展过程中出现问题时最常见的原因。如果你们无法就这些问题达成一致，那么你们或许不应该一起创业。

除此之外，你必须协调好每位创始人的创业动力。

站在投资人的角度看创业者最深刻的创业动机

当商业领袖和企业家在采访中谈到自己的创业动机时，经常会说他们想要创造一个更美好的世界。史蒂夫·乔布斯等人一再强调，一个人应该追随自己的激情。不过，如果我们透过更深入的科学研究来看创业者的动机，它们几乎完全可以被分为两类，这与上文提到的动机略有不同。[5]最主要的动机一般是金钱和控制欲。

金钱显然是最常见的动机，至少美国科技领域的创业者是这样的。事实上，一项针对549家美国科技公司的创始人的调查显示，75%的创始人认为创造个人财富非常重要。毕竟，有了钱才能做自己最想做的事，过上优越的生活，实现财务自由，或者未来创办更多的公司。

金钱之后便是控制欲。64%的创始人表示，掌控自己的公司对他们来说很重要。[6]这样一来可以满足创业者的很多愿望，比如确保他们的梦想得以实施，可以领导他人，或者没有老板管着。

然而，这两个动机都不难与改善世界的愿景并行。创办企业有助于社会的整体发展和增长，同时也可以创造就业机会和繁荣。这两个动机可能都与个人激情没有冲突，比如打造产品和看到梦想成真的激情。

然而，我们观察到奇怪的一点：在其他条件相同的情况下，风险投资人更倾向于投资那些想要改善世界的创业者，更喜欢那些对项目充满激情的创业者，这是很明显的。不过，他们还有一种不那么明显的倾向，比起那些有强烈控制欲的人，他们通常更喜欢拥有强烈财务动机的创始人。原因如下。

> 看重金钱的首席执行官更愿意聘用可以挑战他们的员工或是联合创始人。他们也更愿意稀释自己的股份以帮助公司快速成长。他们更能认识到公司可能发展得过大，因此需要一个新的管理团队。
>
> 那些控制欲强的首席执行官往往会聘用不那么强势的员工，以免自己的权力和地位受到挑战。此外，他们的公司往往发展得过于缓慢，因为他们担心有投资人加入董事会，这也意味着他们不会聘用最好的员工。此外，他们往往管得太细，即使不再适合首席执行官的位置，也会霸着这个位置。如果要更换首席执行官，他们通常会因失去控制权而愤怒地离开，而不是留下来通过担任其他职位来支持公司的持续增长。

当然，这都是一般性的概括，但大多数风险投资人都会思考这些问题。而且，它们很快就会变成具体问题。以金钱为动力的创始人可能会寻求在4~8年内退出，而关注控制力的创始人根本不想退出。

还有一个需要考虑的重要因素，从创业早期到创业后期的不同阶段，公司的结构会如何改变？有些创始人会在启动阶段提前实施高度的控制，以确保产品符合他们的想法，之后他们会把注意力放在金钱上。这种方法可能是合理的。有的创始人则永远不会放弃控制权或不会出售公司。这也没问题，但你们对这个策略达成一致了吗？

理想的联合创始人

理想的联合创始人必须可以共度美好的社交时光。这说明创始人之间拥有相同的价值观和幽默感等。但要注意，大多数人都有过下面这样的经历。你有一个上学时很好的朋友，你们俩第一次一起出去度假。旅行途中，你突然发现你的朋友有点儿烦人。几天后，情况变得更糟。最后，你们彼此都不说话了。当假期结束时，友情也随之终结。要知道，当距离变近时，冲突就会增加。也许正是出于这个原因，麦肯锡的人面试时，通常会做一个“机场测试”，就是问问自己：“如果我坐在机场的候机室，航班延误了10个小时，我想坐在这个人的旁边吗？”

就交往而言，创业公司对创始人的要求比能在机场共处10个小时要高，也比和上学时的朋友一起度假高得多。当你引荐一个人加入一家大公司的大型团队时，机场测试可以一用，但如果是选择联合创始人，你应该提高门槛。把创业公司想象成一艘快坏了的小船，你和你的合伙人要乘坐这艘船环游世界7次，其间还会经常碰到飓风。你的团队必须能够战胜这一切。

拉斯：创业过程中幽默感和积极心态的重要性

有一次，我和公司的几个人要与德国电信的执行委员会谈判，看看他们能不能给我们公司投一笔钱，以及我们能否共同创立一家合资企业。可以说，德国电信的规模至少是我们公司的 1 000 倍，在前往会议室的路上，我真的很紧张。然而，就在我开门之前，我的同事彼得跳了几个奇怪的舞步，低声哼唱着："我很兴奋，我无法隐藏。"正当我们都在笑他时，他推开了门，我们边笑边走进了会议室。我们最后拿到了合约。现在回想起来，可以说积极的心态和幽默感对于我事业的成败至关重要。

相关的工作经验

你怎么知道联合创始人是否会在艰难时刻也保持这种精神？你怎么知道联合创始人是否具有不屈不挠的精神来摆脱逆境并传递快乐和能量？这是无法预知的，但如果你们曾共事过，你大概会心里有数。如果你们以前是同学固然很好，但如果你们曾共同完成过重要的工作，那就更好了。或者你们至少共同完成了专业上和心理上要求都很高的任务。俗话说，"艰难之路，唯勇者行"，这就是你寻找答案的方向。因此，你们最好曾在另外一家创业公司共事过，如果那家公司与目前的创业项目相关，那就更好了。如果之前的工作也很困难且常有压力，那就再好不过了。[7] 我们再进一步，如果你们曾在一家快速成长的创业公司共事，也就是说你们走出了最初的摸索阶段，并开始朝规模化发展，最好的情况莫过于此了。表 10-1 列出了不同孵化器所在地拥有这种背景的创始人的比例。

表 10-1　世界排名前 20 的孵化器所在地：有多少创始人之前曾在高速增长的创业公司工作过[8]

硅谷：35%	奥斯汀：18%	西雅图：26%
巴黎：5%	特拉维夫：17%	温哥华：7%
纽约市：18%	班加罗尔：14%	柏林：12%
圣保罗：13%	伦敦：23%	阿姆斯特丹：19%
洛杉矶：18%	悉尼：16%	新加坡：10%
莫斯科：14%	芝加哥：15%	蒙特利尔：9%
波士顿：13%	多伦多：5%	

就曾带领公司高速成长并积累了丰富经验的创始人来说，硅谷最多，美国的这一比例通常高于其他地区，这没有什么奇怪的。研究表明，经验丰富的连续创业者持有的公司股权，平均比非连续创业者高出 8 个百分点。[9]

经验丰富的连续创业者持有的公司股权，平均比非连续创业者高出 8 个百分点。

此外，还有一个因素可能非常有趣：联合创始人在行业内拥有“明星魅力”，能吸引很多希望向他这位明星学习的优秀员工。同样，如果一家创业公司拥有能力超群、积极主动的员工，也将吸引更多志同道合的人加入。成功引发成功，人才吸引人才。在创业的早期阶段，公司没有产品、销售和利润时，这种影响尤为重要。

彼此理解的能力

经验表明，公司的创始人通常属于同一种人，这让他们觉得彼此是精神上的朋友，更容易互相理解。美国创始人团队同质性的趋势十分明显。实际上，志趣相投的创始团队数量是随机组成的团队的46倍。[10] 此外，还有一种趋势，创始团队各位成员的管理经验也几乎相同，他们要么都是缺乏经验的学生或年轻人，要么都是经验丰富的老手。统计数据就是这么说的，但除了人本能地愿意接近相似的人这个理由之外，还有一个专业的理由，那就是志趣相投的团队成员具备理解彼此的能力。

重要的差异

我们研究了创始人之间的相似性，现在来看看他们有哪些重要的差异。如果创始人具有相似的专业能力、社交网络和业务技能，那么他们的社交网络之间的协同作用就会减少，工作中的冲突可能会增多。

根据创业公司基因组项目的研究，如果商业模式不具备网络效应，那么创始团队拥有出色的技术专长会成为巨大的优势。但是，如果商业模式确实建立在强大的网络效应之上，统计数据显示，创始人拥有更多的商业技能会更有利。不过总体而言，研究表明，如果创始团队拥有一位擅长经商的联合创始人和一位擅长技术的联合创始人，与只关注业务技能的创始团队相比，平均而言前者的融资额会提高 30%，用户会多 2.9 倍，扩张过快的可能性会低 19%。[11]

在我们看来，如果一家创业公司有三位创始人，最好一位是技术专家，一位是产品专家（擅长创造最优的用户体验），一位是优秀的销售专家。创始团队最不需要的是人力资源专家或金融家，这些人可以在公司之后有需要时再聘用。如果创始团队可以早早任命一位首席执行官，将是一个很大的优势。从友谊的角度来看，两三位或更多的联合首席执行官可能听起来不错，但从长远来看可能行不通。

一般来说，创始团队如果既懂商业又懂技术，将是一个很大的优势。

关于多样性，我们还有一点要说。大多数人要么是“猎人”（卖东西的人），要么是“农民””（负责产出的人），但很少有人同时具备这两种能力。同样，如果你自己就是猎人，那么你就不要再找猎人了。相反，你应该找的是农民。举个例子，最好开始时聘用一名程序员和一名销售人员，而非两名程序员。要注意开始创业时不能没有销售人员，因为不仅产品需要销售，而且如前所述，你还必须说服员工以低于市场价的薪酬为你工作，而且还要说服各种重要投资人给你的公司投钱。

理想的创始团队

我们列出了一些能够提高创始团队效能的特征。

个人特征

表现出主动性

能够自我激励

做事迫不及待

高效工作的能力

大脑反应很快，对混乱和不确定性也很适应

对逆境有抵抗力

朝前看，但会从错误中吸取教训

思考如何不断改进周边事物

有职业自豪感

能全身心投入一件事

有很强的好奇心

有合作精神

坚持不懈

接受延迟潜在的回报

很乐观

青年时代做过出力不讨好的日常工作

倾向于依靠直觉，着眼于大局

有创造力

对变化持开放态度，因此不倾向于获得问题的确切答案

基于客观原则和不带个人色彩的事实而非个人的关注点和相关人士做出决定

冲动

可能有适度的性格偏离

有把事情做好的强烈倾向

团队特征

拥有兼容的社会文化和价值观

拥有互补的专业背景

以前一起工作过，最好是在一家或多家高速增长的创业公司

在是否退出及多久退出的问题上达成一致

在工作量分配上达成一致

在投资分配上达成一致

认同公司的使命

完美的创始团队通常会打造一家具有企业文化的公司，这种文化的氛围十分浓烈，最终会呈现出一种狂热的崇拜。这可能有助于形成一种特殊的、有时甚至有点儿奇怪的文化——实际上这也许是可取的，因为它可以提升凝聚力。

股东协议

当你和联合创始人开启创业之旅时，往往会抱着很高的期望，而且没有任何问题。不过，问题很快就会出现，因此你们必须有一份法律文件来规范股东之间的关系。这里所说的就是股东协议。最开始，股东一般只有联合创始人。如果对你来说这个理由还不够，那么还有另外一个理由：如果没有股东协议，任何专业的投资人都不会给这家创业公司投资。

如果没有股东协议，任何专业的投资人都不会给这家创业公司投资。

因此，我们建议，你如果负担得起，应该早早聘请律师起草这份文件，以便所有的联合创始人都有安全保障，同时还可以避免在之后可能发生的争议上浪费时间和金钱，这种争议可能会花掉很多钱，并且具有破坏性。如果你请不起律师，可以在网上找一些模板。股东协议通常至少会涉及以下几个问题。

如果一位创始人离开公司怎么办？

如果一位创始人参与了竞争项目怎么办？

如果需要新的合伙人怎么办？

如果需要筹集更多的资金怎么办？

如果创始人未能达成应该达成的目标怎么办？

如果创始人没有投入足够的时间或是找了另外一份工作怎么办？

如果股东之间存在分歧怎么办？

如果解决方案得到的支持和反对票数一样怎么办？

在这些要点中，最重要的是与退出有关的约定。如果创始人离开公司或是想要出售股权的话，谁可以购买或是必须购买呢？以什么价格？他们的投票权有何影响？因此，股东协议必须有一个回购条款，允许公司或其他股东从离任的联合创始人那里回购股权。另一种选择是成为“死资本”，即不活跃的投资人所拥有的资本，这可能会使未来的融资更为艰难，还可能浪费股权。创业公司的每位股东都应该是积极的贡献者。

退出的问题有几种解决方法，包括回购权，即公司或其他创始人有权以“公允价格”购买离任创始人的股权。价格由上次的交易价格、收入或利润的倍数等指标决定，也可以由这些因素共同决定。抑或可以使用强制性条款，比如两位创始人中的一位可能会提出以特定的价格购买另一位创始人的股权。如果对方拒绝，他有权以相同的价格自动购买这位创始人的股权。这种方法基于公司尚无利润的情况。

除了退出这个重要问题，股东协议还包括战略、目标和抱负、角色等因素。股东协议的关键部分通常是薪水和股权（联合创始人在第一年很少会制订奖励方案）。关于薪水，你们首先要在以下这些问题上达成一致。

我们能够并且愿意多长时间不领薪水？

如果我们中的一个人或多个人需要薪水但我们还没有赚到钱，该怎么办？

如果我们中有人比其他人做的工作更多，该怎么办？

在大多数创业公司中，创始人在起步阶段都没有薪水，有时因为公司定期需要资金，甚至公司过了起步阶段创始人也没有薪水。投资人把自己的储蓄投进来，然后通过需要纳税的薪水取回，这样做是没有道理的，尤其从缴税上讲也不明智。如果投资人发现公司面临严重的流动性不足时创始人还领着薪水，他们是不会高兴的。

过了最初的无薪水阶段，我们认为联合创始人应该优先获得与其付出相匹配的薪水。例外的情况是，一位创始人的固定成本较高，而其他创始人则不是，或者他们已经同意了承担不同的工作量。在这些情况下，他们显然可以拿不同的薪水，然后通过不同的股权和可选包实现平衡。

创始人应该领多少薪水？美国创业者有一条重要原则，创业公司的创始人（也可能同时兼任首席执行官）年薪不应超过 15 万美元。这显然是在公司正常运营的时候——如果公司缺钱，年薪应该少得多。如果薪水过高，公司资产的流动性会变弱，但可能会激励管理层给投资人和董事会留下良好的印象，以便尽可能长地保住这份工作。我们认为，如果创始人的薪水额远远低于他们在大公司所能获得的金额，那么他们选择在创业公司工作，只是因为他们相信项目能够成功，相信所持股权的价值。

薪水说完了，现在让我们来看看股权。股权分配可能取决于谁提出的创意、预期的工作，以及经验和能力。一种方法是其中一位创始人担任领导者，获得 90% 的股权，其他人分配剩余的股权。但是，如果你这样做，其他创始人可能会像员工而非所有者那样表现，最终他们可能会变成缺乏主人公精神但补偿过度的员工。

经验的价值

是不是应该给拥有更多创业经验的联合创始人分配更多的股权？可以这样做，但前提是这个人此前创业成功了。一组统计数据显示，曾经获得风险投资并带领公司成功上市的创业者下次创业成功的概率为 30%，而曾经创业但失败了的创业者有 20% 的成功概率，没有创过业的人有 18% 的成功概率。[12]

创意的价值

研究表明，与其他联合创始人相比，贡献创意的创始人平均会多得 10~15 个百分点的股权。[13] 我们认为这是合理的。你可能想知道这与我们之前提到的“1% 的灵感加 99% 汗水”有什么关系。这样分配似乎不合理啊？不，不是这样的。大多数成长型创业公司的创始人在可能退出（出售或首次公开募股）之前，其股权会被稀释 10~20 倍，也就是说退出时，创始人全部的股权很少会超过 10%~20%。

与其他联合创始人相比，贡献创意的创始人平均会多得 10 ~ 15 个百分点的股权。我们认为这是有道理的。

分配给创意的那 10%~15% 的股权最后怎么样了？退出时，被稀释到了 2%~3%，这当然与“1% 的灵感加 99% 的汗水”这句座右铭很匹配。如果退出时这部分股权仍略高于 2%，你要知道通过奖励这个创意，你也是在鼓励提出创意的人在未来几年会有更多的好点子。

静态与动态股权分配

有很多观点支持一部分股权在创始人之间进行动态分配。动态分配可以是这样的：用 10%~15% 的股权奖励创意，但随后为每位创始人设定一系列的个人目标，根据目标实现情况在 1~4 年进行股权奖励。

当然，你也可以将静态和动态的方法结合起来。举个例子，一开始分配一半的股权，而另一半则根据个别商定的关键业绩指标（KPI）进行分配，比如与产品开发、销售或筹款有关的指标。除非股东协议另有规定，你所获得的股份一般是不能被收回的。

统计数据显示，如果创业公司有多位创始人，只有 33% 的情况会平等分配股权。也就是说 67% 的情况下，股权分配是不平等的，而且 40% 的公司，股权分配至少有 20% 的差异。[14]

在我们看来，到目前为止，分配股权的最佳方式是在公司成立时进行静态分配，然后是根据关键业绩指标进行动态分配。举个例子，开始时静态分配 30%~40% 的股份，其中提出创意的创始人比其他创始人多分一些，其余的股份未来增资时基于关键业绩指标进行分配，条件可能仅仅是创始人仍在公司积极作为。例如，我们可能会建议 4 年内全职参与公司的业务才有资格获得额外的股权。

然而，只用时间这一标准可能会出现问题，因为你最终可能会面临一位大股东完全没有用处的情况。但是，如果董事会可以解雇这个股东，问题就解决了，他将失去潜在的股东权利。

在我们看来，到目前为止，分配股权的最佳方式是在公司成立时进行静态分配，然后根据关键业绩指标进行动态分配。

哪位创始人应该当首席执行官？

首席执行官应该由最好的领袖担任，但从统计数据来看，提出创意的创始人担任首席执行官的可能性最高。一项研究显示，47% 的情况都是如此。在没有提出创意的创始人中，只有 12% 成了首席执行官。[15]

在以系统销售为主的公司，首席执行官通常是联合创始人团队中最好的销售人员，而最好的战略家、技术专家或组织者则低一级。原因是这样的，重要客户都希望与首席执行官对话，如果首席执行官是一位出色的销售人员，就会起到非常大的作用。

马斯：哪位联合创始人应该拥有最多的股权？

股权通常主要分配给工作难度较大的关键职位。几年前，我和几个人一起创立了一家公司，现在这家公司已经成为印度尼西亚最大的在线服装公司。就在网上卖服装而言，通常涉及三个重要职能：采购、运营（库存和运输等）和营销。在找到三位联合创始人后，我让他们商量一下每个人的分工，让他们两周后我回来时把分工告诉我。当我回来时，他们已经分好了任务，一位负责会计，一位负责人力资源（比如招聘等），最后一位负责采购、运营和营销。不过，这个项目的挑战不在于人力资源和财务。鉴于很容易聘请到这些领域的专业人士，所以采购、运营和营销的价值就更突出了。因此，在他们之间分配相同数量的股份是不公平的。

如何与董事会打交道?

不同类型的公司都要依法成立董事会。董事会聘请首席执行官，并监督管理层的专业性和合法性。从某种程度上讲，我们也可以说董事会是监督管理层的股东代表。但是，如果创业公司只属于一个人，他可能是独立创始人，就会有点儿尴尬，因为指挥系统和相互解雇的权力形成了一个完美的闭环，就像动作片里的三个人用枪我瞄准你、你瞄准他、他瞄准我一样。在这种情况下，创始人通常会把董事会视为咨询委员会。

正是这个原因，刚刚成立的创业公司会认为董事会价值不大，一般会按法律要求的最低标准设立董事会。在这种情况下，董事会可能由创始人、他的一位朋友或家人，以及一名律师组成。之后，特别是在公司需要获得外部投资时，就需要一个专业的董事会了。

卓越的董事会

小型董事会一般来说是最好的。首先，这表明每位董事会成员都有真正的职责。其次，你在组织董事参加电话会议和面对面的会议时会更加灵活。同时，如果你需要额外的监督和建议，可以通过咨询委员会、导师或教练解决这个问题，这一点我们将会很快谈到。

董事会成员的数目最好是奇数，这样可以避免在 1：1 的情况下陷入僵局。或者，董事会主席必须在出现分歧时拥有决定性的投票权。

创业公司的董事会最好有 3 位或 5 位成员，开始的时候应该是 3 位。董事会一般由相同数量的创始人和外部投资人组成，外加一位中立人士。通常情况下，外部投资人会选出一名董事会成员作为代表。一般的标准是，在 A 轮融资后，董事会有 5 名董事，通常是创始人、首席执行官（如果创始人不担任首席执行官的话）、两名投资人代表和一位独立董事。

随着公司不断走向成熟，董事会成员也会增加，这时往往会成立各个委员会，其中最常见的是：

薪酬委员会，负责确定股票期权、薪资和奖金（通常由独立董事管理）；

审计委员会，负责批准预算和财务规划；

提名委员会，负责指定新的董事会成员；

退出委员会，负责可能的退出途径。

如何与董事会合作？

首席执行官应该知道，与董事会打交道是一件非常耗时的事。不过，具体做起来还是有明智与不明智之分的。下面这些就是不明智的做法。

把所有与董事会的交谈都放在正式的董事会会议上。

只在董事会会议上披露重要的材料，之前却不透露。

把董事会会议变成销售演示。

明智的做法是，首先，提前一年预定董事会会议。其次，除了正式的董事会会议，随后还可以通过电子邮件、电话会议和打电话交流等形式跟进工作。定期向董事会报告，因此原则上，你可以在任何特定的时间召开董事会会议，而不需要特意为此准备“演示文稿”。此外，为了让董事会成员做好充分的准备，每次定期召开董事会之前，你应该提前给每个人发送所有要提及的资料以及会议议程。

向投资人和董事会定期汇报时，一种方式是给他们发送带有语音旁白的 PPT 链接。做一个简单的 PPT 介绍一下公司的发展，在 PPT 上录制好旁白（这是标准的 PPT 功能），并用 Dropbox 把 PPT 的链接发送给他们。

如何召开董事会？

董事会会议应该始终由首席执行官主持。董事会的目的应该是讨论，而不是演示。假设会议持续两个小时，你通常只应该花大约 30 分钟介绍公司的情况，其余的时间应该用来讨论解决方案和想法。如果管理层提出了公司面临的问题，应该同时给出可能的解决方案，以便董事会进行讨论。理想状态下，这些都应体现在会议议程上。[16]

要注意，董事会成员和管理层之间的交流有时可能会非常令人沮丧。一个常见的原因是董事会成员表现得更像警察而非教练。如果董事会和管理层之间的关系很好，二者的对话不应该是推拉的关系，而是管理层向董事会征求建议。此外，虽然董事会成员的年龄往往比较大，可能在某些方面或所谓的某些方面比管理层更资深，但如果他们过于坚持自己的意见，可能会破坏创业精神。

必须召开多少次正式的董事会会议？研究表明，刚刚成立的创业公司平均每年大约召开 8 次董事会会议。当公司开始定期汇报基础数据时，因为各方面的进展都得到了清晰的体现，所以董事会会议大概会减少到 6 次。当公司发展得成熟并且开始盈利时，董事会会议会进一步减少，降到每年大约 4 次。

一种常见的做法是，如果你每年举行 8 次董事会会议，那么可以一半是正式会议，一半是非正式会议。它们之间的不同之处在于，正式的董事会会议包括批准预算、修改整体的股票期权计划以及其他正式的重要决定。在非正式的董事会会议上，管理层的重要人物最好出席。除此之外，董事会成员最好在没有首席执行官出席的情况下每年至少见上一面，这样他们就可以讨论首席执行官，比如如何更好地支持他，或是要不要换人。

这里说的只是面对面的会议。在充满活力的创业公司中，一个运作良好的董事会会有无数的电子邮件和电话会议，讨论管理层碰到的问题和机会。“我们应该解雇销售经理吗?”“我们应该给这家当地的经销商 12 个月的独家经营权吗?”“我们应该推出这个产品吗?”因此，这种联系是持续的，而非只是基于固定的时间间隔。如果这样做的效果很好，你就可以期待所有的董事会成员在会议前已经就预算和主要事宜达成一致意见了。

此外，还要记住，卓越的董事会不仅仅应该控制公司和给予建议，其成员还应该担任活跃的大使和公司的销售。因此，管理层不应该只把董事会成员视为导师或评审团，还要把他们视为传播者、大使和销售。董事会成员应该熟悉公司的最佳演示和销售材料等。他们应该对其中的信息了如指掌，因为他们不会用自己的名声去宣传他们感到不自在的东西。

全美公司董事联合会的网站（nacdonline.org）为董事会成员提供了很多很好的工具。你可以查看“知识库”（Knowledge Base）部分，其中包含模板、白皮书和咨询文件。还有一个有用的网站是董事问责和董事会效率工作组（Working Group on Director Accountability and Board Effectiveness），由列文森风投公司的帕斯卡·列文森（Pascal Levensohn）创建。你可以在 pascalsview.com 上找到相关信息。

是否需要导师、教练或咨询委员会？

拥有未在董事会任职的可靠顾问会很有帮助。顾问分为三类：导师、教练和顾问委员会。

导师和教练不会出现在官方公布的组织结构中。导师会为创业者提供公司的管理建议。导师可以通过社交网络寻找，但也有很多导师关系网。你通常可以和导师一起讨论各种问题，包括你可能不好意思在董事会成员面前提出的疯狂想法。完美的导师应该创办过企业，或是担任过相关的管理职位。

导师是有用的

根据创业公司基因组项目研究，拥有导师的美国互联网创业公司的成长速度是没有导师的公司的 3.5 倍，融资数额是没有导师的公司的 7 倍。[17]

此外，有些创业公司的管理层会追随知名的创业大师，比如史蒂夫·布兰克（Steve Blank）、亚历山大·奥斯特瓦德（Alex Osterwalder）、布拉德·菲尔德（Brad Feld）、弗雷德·威尔森

（Fred Wilson）、盖伊 · 川崎、赛斯 · 高汀（Seth Godin）、埃里克 · 莱斯（Eric Ries）、戴夫 · 麦克卢尔（Dave McClure）和保罗 · 格雷厄姆（Paul Graham）。这些公司当中 60% 获得了外部资金，而没有追随大师的创业公司只有 38% 获得了外部资金。追随这些鼓舞人心且经验丰富的思想家，创业者和领导者除了可以获得有用的知识之外，还会很清楚各个创业阶段的陷阱，这可能会激发潜在投资者的信心。设想一下，你会给一个似乎不了解创业过程的创业者投资吗？

还有一类提供支持的角色，就是教练，正如竞技体育中常见的教练那样。在我们看来，导师和教练的区别在于，导师主要帮助解决与管理相关的问题，而教练主要解决个人问题。教练好似个人的激励者或行业心理学家，如果你愿意这么叫的话。

第三种是咨询委员会。咨询委员会的成员负责提供专业建议，通常会出现在组织结构和营销材料中。从专业的角度讲，咨询委员会和导师之间存在相似之处，而不同之处在于前者帮助的是整个管理层，而后者仅支持创始人或创始团队。

11 外包与员工

上一章我们研究了核心团队，包括联合创始人、高层管理人员、董事会成员等。本章我们将研究外包合作伙伴和员工。我们将介绍什么时候外包更合适，什么时候会产生问题，以及相关的原因。我们还会解释如何充分利用外包。此外，我们将介绍如何找到合适的员工、如何面试、如何把他们带起来、如何领导他们，以及如何通过使命感、沟通、股票期权、头衔和奖金激励他们。我们还会看一看公司发展过程中或是不幸要裁员时管理层重组的棘手问题。

人力资源对任何公司来说都是个大问题，但创业公司在这方面具有独特的机遇和挑战。其中一个原因是，这些公司随着时间的推移会发生重大变化。如何变化呢？前文我们提到过马克斯 · 马默划分的公司发展阶段，但我们也很喜欢另外一种划分方式：探路者，短跑运动员，马拉松运动员。风险资本家杰夫 · 巴斯冈（Jeff Bussgang）将创业公司的成长分为三个阶段：丛林，土路，公路。[1] 他解释说，在丛林中，你要在市场上披荆斩棘，同时寻找最合适的路径。在这个阶段，你最重要的身份是探路者。当到达土路阶段时，你知道要去哪里，虽然道路有点儿曲折，并且沿途有很多障碍。不过，如果你的想法是独一无二的，那么至少这条路上不会有什么竞争者。在公路上，一切都在迅速成长，竞争更为激烈，结构也更多元化。

接下来就是挑战了。巴斯冈在第一阶段用了“丛林中的探路者”这一比喻，这个阶段非常适合那些能在充满不确定性和创造力的非正式环境中茁壮成长的人。下一阶段最需要的是那些喜欢以极快的速度执行命令的“短跑运动员”。能够走过最后阶段的属于“马拉松运动员”，他们可能更喜欢更为正式的框架。那么，你如何为一家文化变化如此迅速的公司招聘人才呢？还是说应该更多地关注外包？

何时外包？

很多公司未经慎重考虑就选择依靠公司内部来完成所有工作。这可能是一个很大的错误，其中一个原因是很难找到、培训并指导各类员工；另一个原因是这样做降低了灵活性，成本可能更高——往往会高得多。因此，我们特别喜欢外包，并尽可能地把工作委托出去。你不应该问“什么可以外包”，而要问“什么不能外包”，除此之外的都可以外包出去。

在公司最开始的发现阶段，这时你还在摸索，你应该自己完成大部分工作，以便更直接地感知机会和竞争。我们认为，创业公司刚成立时，你不应该把产品开发或业务规划外包出去。

那么，这一阶段什么可以外包呢？对于刚成立的公司而言，办公室保洁可以外包，还包括一些非公司核心竞争力的事务，比如法律咨询、会计和其他类似的工作。不能外包的通常是对公司维持创新至关重要的工作。

网络协作

利丰是一家市值超过 10 亿美元的全球性公司，为沃尔玛等许多大品牌生产服装，但它自己并没有工厂。它使用的是“网络协作”，意思是公司本身并不生产，而是让其他工厂生产并完善产品。因此，工厂的所有者要负责解决所有生产问题并满足资金需求，而利丰则负责收集服装，确保成品制作妥当并送达商店。

马斯：极度依靠外包的公司

几年前，我在瑞士碰到一个人。我问他:“你有多少员工?”他说:“我们公司就有 3 个人，但算上外包的话，就超过 1 000 名员工了。”

然而，外包并非没有挑战，你会经常看到公司和政府在外包时遇到问题。这些问题很少是由外包本身引起的，而是由于公司缺乏知识，不懂如何找到并持续引领合适的外包合作伙伴，以及如何定义任务和拟定合同造成的。下面给出一些提示。

拟定外包合同，注明你可以轻松快速地摆脱承包方；如果外包合作伙伴未达到关键业绩指标，你可以立即退出。

尽量不要为他们提供营运资金，月末或是再晚些付款。

要意识到你可能要像管理自己的员工一样管理他们，花时间与他们一起工作，定期检查他们的设施，确保质量和培训工作。在规模很大的外包项目中，发包方通常会有几个员工常驻在外包公司。

拉斯：成为摇钱树的微型跨国公司

我创办过拥有很多员工的公司，但是财务表现最佳的那家实际上是一家微型跨国公司，它只有两名员工——我和我的前妻，她只是兼职。这家公司第一年就破了我之前的纪录，并且在前 8 年产生了 25 000% 的回报。公司做了许多国际投资，每年的营业额高达数十亿美元。但是，分析、管理等至少 99% 的工作都是外包出去的。因此，我们把大部分时间都放在了收入的驱动因素上而非管理上。

众包——最酷的外包形式

要知道，很多众包网站都提供快速且成本较低的服务，你可以在这些网站上找到很多实际问题的外包解决方案。事实上，产品开发、销售、营销等所有阶段都有大量的在线工具可以使用。比如，你可以在以下网站找到不同的外包服务。

Fiverr：设计、动画和翻译等各种服务。

Topcoder、Upwork 和 oDesk：软件开发人员。

Eden McCallum：自由管理顾问。

Elance 和 oDesk：自由营销人员、软件工程师、设计师和广告文案撰稿人等。

Gengo.com：翻译人员。

Tongal：从事概念、生产和分销的人。

Mechanical Turk：数据汇总和分类。

Usertesting：用户体验测试。

Creative Commons：下载标准合同。

UserVoice、Compare App、WebEngage、SurveySwipe、Apollo、Testimonial Monkey、Nicereply 等应用程序：用户反馈。

这几个例子只是冰山一角。花时间研究公司有多少工作可以外包，真的很值得。你的公司可以通过包括众包在内的各种外包形式实现瘦身。

招聘流程

现在让我们研究一下内部团队的发展，即招聘员工和建立团队。在我们看来，找寻员工的过程应该是标准化的，大体如下。

（1）确定你是否需要雇人。一定要问自己这份工作可不可以外包，而且重要的是，能不能众包。

（2）尽可能准确描写工作要求，包括关键业绩指标。

（3）设立职位。

（4）决定找寻员工的渠道以及谁来负责招聘流程。

（5）确保候选人由多个人面试。

（6）提供工作邀请函并录用。

（7）带领员工入门并融入团队和组织。

警报信号与背景调查

合作伙伴和员工的忠诚与诚实至关重要。有一些微弱的警报信号需要注意。如果在社交媒体上找不到这位候选人，可能是因为这个人想要隐藏什么东西，或者是想躲避某个人。遇到这种情况，你应该警惕。

此外，花时间浏览一下这个人的简历。有没有奇怪的时间空白？有些公司和投资人通过调查机构审查主要职位的候选人。我们这里并不是指像夏洛克·福尔摩斯那种穿着长外套、带着大帽子的人，而是主要使用或仅仅使用数字信息来调查候选人专业和必要的个人行为的公司。有些机构只会查看数字记录，有些机构如果碰到危险信号可能会深入调查。这种调查不一定很贵，我们自己也使用过类似的服务。

我们经常看到资金太多的公司过早地聘用了员工，而资金太少的公司又雇得太晚。有一个比较好的方法，即不要在第一天就聘用员工，而是等一会儿看看会发生什么。我们经常遇到要为某个特殊职位招人时的巨大压力，但令人惊讶的是，压力会不断减小。所以每次雇人前都要三思而后行。

如何找寻候选人?

通常来讲，你可以通过两种方式寻找员工，一是直接找；二是通过招聘机构。如果你选择直接找，下面这些方法很常用。

在领英、脸书等社交媒体发布招聘信息。

主动在社交媒体上寻找候选人。

问问你的员工、朋友和熟人是否可以推荐候选人。

在采访中提到招人的需要。

在招聘网站以及相关教育或专业机构的公告栏上刊登广告。

积极参加会议等活动。在会上发表演讲后，告诉与会者你会在隔壁的门厅或大厅中介绍有关岗位的信息。

雇用实习生或应届毕业生，看看他们工作得怎么样。

聘请自由职业者/顾问，如果合作很好，可以为他们提供一份工作。

在你的个人网站上发布职位信息。

在你的网站上创建空缺岗位的链接。

让风险投资人和你公司其他有能力的投资人帮忙。

还有很多其他渠道。我们建议你集思广益，看看如何与潜在的候选人取得联系。

除了这些方法，你还可以通过招聘机构即猎头公司招人。我们对此的看法是：

招聘公司往往很擅长找寻候选人；

它们经常使用标准的性格测试，主要目的是弄清楚候选人是不是有明显的原因不适合这份工作；

但是……只有你或你的管理团队才能确定候选人是否适合公司的文化。

关于性格测试，专业的招聘公司一般会使用标准的智力和性格测试挑选候选人，如韦氏成人智力测验、凯尔西气质类型测试、Caliper 性格测试和迈尔斯－布里格斯类型指标（MBTI）。这些测试可能非常有用，但它们并不一定能够表明候选人是不是最适合这份工作。相反，这些测试只能说明他们是不是不适合这份工作。它们也不能显示候选人是否符合公司文化的要求，这只能通过面试来确定。最终，你和你的团队必须进行评估。在这种情况下，应该强调的是，人基本上没有什么对错之分，但对于特定的职位，还是有正误之分的。

不幸的是，很多公司都犯了一个错误，找的大多数人在专业上都和他们自己类似。这是很危险的，因为他们往往应该找那些专业不一样的人，从而起到互补的作用。是的，文化必须相投，但能力实际上应该互补。

不能碰的公司与首选公司

在你还没有开始招人之前，要先考虑有没有哪些公司的人你不能招，比如你的业务合作伙伴。这件事应酌情在内部进行沟通。如果你还是收到了来自这些公司的员工的求职申请，你可以这样说：只有他们与原雇主达成一致才可以获得这个职位。

此外，还有一种相反的情况，你可能希望从其他公司引入某位员工或是一个团队。在这种情况下，你可以请招聘机构先联系一下，费用要比正常低（很多），因为它们的工作量很小——你已经决定要这个团队了，招聘公司只不过起个中间人的作用。

浮夸型与安静型的员工

人才可以分为两种：浮夸型与安静型。浮夸型的人才很外向，可能也很自信，派头十足，善于辞令。他们很擅长为自己争取较高的薪酬和头衔。这种人最典型的例子显然是外向的超级销售员。有时候，这位“宇宙大师”后期会争辩自己应该担任高管的职位，这意味着公司可能失去了一个伟大的推销员，同时得到了一个糟糕的管理者。此外，这种类型的人可能更倾向于寻找新的工作机会。

相反，安静型人才做了很多业绩，却不会为此大呼小叫。这类人并不一定能意识到自己的价值。因此，他们通常会在你的公司待更长的时间。根据我们的经验，你一定不要低估安静型人才的能力。

如何与招聘公司合作?

如果你决定通过招聘机构招人，在签订合同时一定要特别注意以下几个方面。

支付的费用都包括什么？是包括工资、奖金、养老金、股份和福利在内的整个薪酬包，还是只有工资？

是不是不管最后聘用与否，你都要付钱？

招聘机构能保证员工在公司工作多久？如果员工提前离职，它们是会退款，还是会再推荐一个人？

如果招聘公司找不到合适的候选人怎么办？一定要就此达成一致，这一点尤为重要。同时，如果你自己找到了候选人，要确保招聘公司没有排他性，这样做是有道理的。

文化必须相投，但能力实际上应该互补。

对于关键职位，你在决定是否雇用候选人之前最好花点儿时间和他共处。记住，没有谁什么都擅长。要看一看候选人在过去5年中的工作表现。与他共进晚餐，或是在社交场合看看他的表现。你也可以邀请候选人和你一起工作几天，看看是什么感觉。

谁应该负责招聘？如果你已经指定某人负责某个业务部门，那么你就不应该为这个部门招人，招聘的事情应该由部门经理去做。同样，你也不应该解雇这个部门的人。如果你的公司必须解雇某人，即使你已做出了决定，也应该由直接负责的经理出面。

推荐人的作用

就关键职位的候选人而言，推荐人是必不可少的。推荐人有两种：前门和后门。前门推荐人是候选人自己提供的。候选人可能期望这些推荐人对他的评价都是正面的。有些人甚至可能已经找人写好了推荐信。后门推荐人不是候选人自己提供的。如果职位非常重要，这两种推荐人都必不可少。

如果职位非常重要，前门推荐人和后门推荐人都必不可少。

你在给推荐人打电话时，最好让他们就候选人是否适合这份工作给出评分，分数从 1 到 10。举个例子，如果推荐人给出的分数是“8”，你可以问问他们为什么少了两分。如果可行的话，我们还有一个好建议，你可以请推荐人抽出 15 分钟的时间和你见一下面，可以通过 Skype 或者面对面。当然，面对面更好，因为这种情况下人们会更加放得开。

如何面试候选人？

对某个岗位的面试，一般从 2 次到 7 次不等，具体面试次数取决于具体的岗位和公司。有些公司的面试可能多达 18 次，但创业公司没有那么多时间进行面试。我们建议，除了高级管理职位，你可以指定一名员工初步筛选一下候选人，繁忙的领导者只用面试那些看似合适的候选人就可以了。对于中层管理职位，要面试 3~4 次，其中包括 1~2 次筛选面试。

除了弄清楚候选人是否合适这个岗位之外，你还必须说服合适的候选人接受这份工作。大多数有才能的人会有很多机会，因此你应该确保候选人想要加入你的公司。

Wikijobs.com 上面有很多关于测试和面试技巧的建议。下面列举高盛公司的面试会问到的一些问题。

你如何看待某家公司？

想办法把这个东西卖给我。

中国的经济增长对德国经济有何影响？

欧元和美元之间的汇率是多少？

列举投资人未来会面临的一些冲突。

5 年后你会是什么样？

讲一讲你经历过的道德困境。

你如何处理压力？

你正坐在湖中央的一条船上（独自一人），你把锚扔进水里，水位会上升、下降还是保持不变？

你最近有没有读到什么有意思的东西。

你如何说服客户接受他们的要求无法得到满足的事实。

你在高盛的第一年要怎么过？

给你 30 秒，总结一下你的生活。

伦敦有多少井盖？

这些问题都很适合在初步面试时问。如果你没有面试别人的经历，可以花些时间在 Wikijobs.com 或类似网站上寻找灵感。

面试时，你最好让候选人自发地多说一些，就像心理学家那样。你在倾听候选人说话时要注意他热衷于什么。然而，我们的经验是，最好让候选人做一些与这份工作直接相关的事情。如果你们公司是卖保险的，不要让候选人摆弄魔方或卖钢笔，而是要让他们现场卖保险。如果他们对保险一无所知，可以给他们一些培训材料，这样你既可以测试他们卖保险的能力，也可以看看他们理解产品和快速学习的能力。如果你想了解他们的思维，可以使用标准的测试，比如韦氏成人智力测验、凯尔西气质类型测试和迈尔斯-布里格斯类型指标。

马斯：如何让公司吸引到优秀员工

就我们公司而言，我们希望很多人愿意与我们一起工作，这样我们可以择优录取。为了实现这一目标，我们建立了良好的流程，详细解释我们的业务，详细阐述我们的目标，与候选人建立私人联系。

马斯：如何用实际的工作测试候选人

有一次，我们要给 CompareAsiaGroup 招聘一位新主管，我们将公司大量的真实数据带到了面试现场，花了几个小时与候选人一起查看这些数据以及公司面临的真正挑战。

创业公司的“公路修建者”

创业公司经常犯一个相当普遍的错误，就是过早地聘用了“公路修建者”。有人可能认为这没问题，但事实往往并非如此。通常，这样的候选人的简历非常出众，曾经在著名的大公司担任各种高管职位。然而，这些工作与创业早期的工作完全不同。

首先，“公路修建者”之前受益于所任职的大公司，这意味着他们说话比较有权威和气势。创业公司可不是这样，在早期阶段，外界可能都没有听过这家公司。有人会问：“再问一下，你的公司叫什么名字？”

其次，“公路修建者”习惯的工作进度与创业公司完全不同（除非他们在职业生涯中参加过臭鼬工厂项目或是做过内部创业者）。在大公司，领导者的时间通常从第一天开始就被会议占满了，他还要定义关键绩效指标和目标，通常会有人帮他们排出工作的优先级。因此，通过每天召开会议，团队和资源也得到了组织和优化。

这样很好，但创业公司根本不是这种情况。在创业公司，你必须自己来定任务。如果你什么都不定，就不会有任何结果。此外，你没有太多时间去问别人你需要做什么，即使他们有时间，也几乎回答不了这个问题；你也没有太多时间向别人报告你做了什么。大部分东西你都要自己创造。你要填满自己的日程，解决自己的问题，定义自己的工作，找到自己的资源，培训自己的人，并在很大程度上领导自己。顺便说一句，你要一直这样做，日复一日，包括周末。

大公司和创业公司还有一些其他差异。在大公司，你一般是专家，而几乎在所有的小公司，员工都得是通才。这种过渡对“公路修建者”来说可能很难。这就是为什么“公路修建者”在创业公司往往会出现问题。他们的一个典型症状是，制订了大量的计划和清单，却没有人执行；他们有领导经验，却没有人可以被领导；他们善于优化，却没有什么可以优化的；他们可以做报告，但没有人有时间倾听；他们发出命令，却不看看是否有人来遵守；最坏的情况是，他们不明白自己必须亲力亲为，因此几乎用不着制订计划或下达命令。

需要强调的是，创业公司雇用“公路修建者”并非每次都会出现这些问题，但这些问题确实经常发生。因此，你准备聘用大公司的人来经营创业公司时一定要小心，你应该核查他们的资历是否与本书第一章提到的创业者素质完全契合。

准备聘用大公司的人来经营创业公司时一定要小心。

创业公司如何给员工付薪酬？

薪酬主要（或仅仅）通过工资、奖金、竞赛和期权来实现。平均而言，创业公司除了创始人以外的员工，奖金大约占薪酬的三分之一。[2] 这个比例是相当高的。因此，创业公司可能给同样资历的人支付低于市场标准的工资。

平均而言，创业公司除了创始人以外的员工，奖金大约占薪酬的三分之一。

奖励计划有几个优点。员工会有动力付出更多的努力——如果有奖励计划，工资纠纷会少得多。通过奖励计划，员工也会受到激励：如果他们做得好，就会得到奖励。此外，如果你雇错了人，奖励计划也是一个有效的解决方案。在许多国家，解雇员工既费事又费钱，但如果他们的大部分薪酬都是奖金，那么问题就解决了，因为如果他们的表现不够好，拿不到满意的奖金，他们会自愿离开。

奖金应该每天、每周、每月、每半年还是每年发放？这取决于员工具体的工作。对于工作简单、快速、重复性强的电话推销员来说，可以每天发奖金，但是国外子公司的新领导可能要按年发奖金。

在创业公司，那些承担日常工作的员工的奖金通常不到收入的三分之一，但对于销售人员而言，奖金比例通常约为50%。有一个方法很好，销售人员前3个月拿固定工资，3个月后给他们比较低的固定工资，因为那时他们应该能够拿到不错的奖金了。但是，如果这些人的收入主要是奖金，他们对公司的忠诚度可能很低或者没有什么忠诚度可言。

关于销售奖金，我们还碰到过另外一个问题：销售眼看要成交了，但客户变卦了。除非奖金协议有一个很好的结构，否则最后你可能会为并未达成的销售支付奖金。为了防止这种情况发生，奖励计划应该规定在客户付款后再发放奖金。这也会促使销售人员在第一次交易看似结束后与客户保持关系。

因此，设置奖金有很多优点，但也有其复杂性和缺点。奖金可能会导致不确定性，在某些情况下，会让大家觉得某个员工只关心他自己的小算盘，别的事一概不理。这可能会导致员工不愿意互相帮助，因为帮助别人可能会影响他们自己的业绩，从而影响到奖金。因此，公司通常会根据整体业绩为大多数或所有员工提供额外的奖励计划。或者，你可以为最乐于帮助他人的员工颁发奖品或特殊奖金。

还有一种奖励计划是竞赛，通常采用销售竞赛的形式，但可能还会有创新竞赛、服务竞赛等，这通常能创造一种有趣的氛围。如果你的公司有员工可以竞争的明确目标，我们强烈建议你这样做。

要注意，如果你说过何时会给比赛的获胜者颁发奖金或其他奖励，就一定要说到做到，这一点很重要——一定不要拖延。如果说好的奖金没有及时打入员工的银行账户，就可能在员工中造成混乱。

员工持股计划

期权计划，也就是员工持股计划（ESOP），是指以预先确定的价格购买公司股票的权利，但不是义务。这与股东协议有关，这样做是为了保证后来的股东不会干涉公司未来的灵活性。

这些期权通常在发行日以公允价值发行，并逐步“兑现”，意思是你要在一段时间内逐渐获得期权。一般的兑现期为4年。如果你两年后离开公司，比如因为被解雇或主动辞职，你只能获得一半的期权，其余部分就毫无价值了。

最早的员工最终会获得与工作职责相称的最多的股票期权，这是惯例，因为他们承担了最大的风险。出于同样的原因，后来加入的员工，也许是创始人之外的高级管理人员，他们的股权远远少于创始人。如果你不了解公司的历史，整体的股权分配看起来会非常奇怪。这就是为什么创业公司的员工持股计划通常都是保密的。

员工持股计划通常占公司股权的5%~15%。根据创业公司基因组项目的研究，在世界排名前20的创业中心，刚成立的创业公司的员工持股计划所占股权的平均比例如表11-1所示。[3]

表11-1　世界排名前20的创业中心：员工持股计划所占股权的平均比例

硅谷：8%	奥斯汀：8%	西雅图：15%
巴黎：7%	特拉维夫：10%	温哥华：5%

（续表）

纽约市：10%	班加罗尔：7%	柏林：12%
圣保罗：5%	伦敦：10%	阿姆斯特丹：9%
洛杉矶：10%	悉尼：10%	新加坡：10%
莫斯科：5%	芝加哥：5%	蒙特利尔：13%
波士顿：14%	多伦多：9%	

如表 11-1 所示，平均而言，创业公司为员工持股计划分配了约 10% 的股权。如果你的公司分配了 10% 的股权给员工持股计划，而在某个时刻已经全部发行完毕，那么除非有员工在没有全部兑现股权之前离开公司，否则你就没有股权可以分配了。在这种情况下，你几乎无法为其他员工提供未兑现的期权，除非超过 10% 的额度。

但是，如果你需要发行更多的股权但股份却所剩无几，你可以通过增资来解决这个问题。比如，如果你将股票的数量翻一番，那么已分配的 10% 将被稀释为 5%，这样你就可以再发行 5% 的期权。此外，你应该知道不同国家的期权税收政策截然不同。[4]

一定要防止员工拿到股权后很快离开公司，这很重要。理想情况下，兑现期应该在试用期（比如 3 个月）过后才开始。

平均而言，创业公司为员工持股计划分配了约 10% 的股权。

员工刚入职时应该做什么？

新员工入职第一天可能会很畏惧。他们可能会想：我适合这份工作吗？同事都是什么样的人？这么做是错的吗？因为公司在招聘新员工中投入了大量的时间和资源，所以为他们建立一个良好的启动计划非常重要。这个计划会很快被完成，但会对新员工的感受、是否留在公司以及如何快速地提高工作效率产生巨大的影响。为了让新员工有一个良好的开端，你首先应该做好下面这些事。

明确员工应该向谁汇报工作。

在最初的几个月为员工安排一位岗上教练。

安排员工和相关同事以及客户开会。

以书面形式向员工说明工作目标、任务和关键业绩指标。

明确员工在有疑问时可以去找哪些人，并确保这些人不是他们的直接上级。

为员工最初的3~5天制订一份特别详细的计划，要精确到分钟，以便他们不会突然觉得无所事事。这份计划应包括各种细节，比如与谁一起吃午餐（这个人必须来找新员工，而不是新员工去找他）、什么时候与经理和同事开会彻底复盘一下工作，以及有薪水、假期和IT方面的问题可以问谁。

如果每月都要招很多人，你可能想要成立启动小组。这样可以减少对内部资源的需求，并帮助新员工与现有员工建立联系。

如果新员工后悔加入公司，最好让他赶紧说出来

如果新员工入职一周后便离职，Zappos（一家卖鞋的网站）会支付 2 000 美元给离职员工。这是一种很好的方法，可以让那些觉得不合适的人立刻离开公司。

向同事介绍新人

我们认为，在招聘流程中大多数人都会忘记一点：了解候选人的学习方式。有些人通过倾听或交谈达到最好的学习效果，有些人则是通过阅读或写作。如果一家公司的首席执行官最喜欢阅读，那么很快就会出现一种大家都撰写大量报告的文化。如果这位首席执行官被一位有阅读障碍但擅长交谈或倾听的人取代，那么写作文化仍会维持一段时间，但之后就会消亡。我们想说的是，你在招人时，要问问候选人相关的情况。当你向同事介绍新人时，要把他们的优点和缺点，包括学习方式传达给每个人。

马斯：如何为新员工准备介绍材料

高朋公司（Groupon）有段时间每个月要招 300 名新员工，我们每周都会成立启动小组，而在 Samlino.dk，每个月通常有 20 名新员工，我们每个月才会成立一个启动小组。在 Nova

Founders Capital，我们在一个新的实习生团队开始工作的 4 天前和他们共进午餐，这样他们可以互相见个面，也可以和公司的大部分人见面。午餐既正式又舒适。

合理安排头衔

在招聘过程中，经常会出现一个难题：候选人希望得到什么头衔？候选人有时的期望可能特别高，你一定要有一个明确的战略，这样公司就不会出现层级上的膨胀。如果加入公司的资深人士和地位较低的年轻员工头衔一样，那前者可能会比较消极。因此，你应该尽早定好公司所需的各个职位。一般来说，如果一个岗位并没有管理的职责，就不要把它设成管理岗，否则当公司从“丛林”阶段走向“公路”阶段时，你很快就会遭遇不必要的挫败感。

如果一个岗位并没有管理的职责，就不要把它设成管理岗。

刚成立的创业公司不应该有首席运营官和首席人力资源官

如果刚刚成立的创业公司有一位首席运营官，那么外部投资者就会产生怀疑。他们通常会期望首席执行官兼任这个职务，直到公司做大为止。

如果公司成立早期就有一位首席人力资源官，他们可能也会觉得很奇怪。刚成立的公司不应该有人事经理，顶多需要一位招聘人员就够了。

如何解雇人？

因员工表现不佳而不得不解雇员工对许多人来说都是一项挑战。不过，如果一名员工表现不佳，很快就会导致公司付出高昂的代价，同事们也会有挫败感，因为他们可能会想："如果公司能容忍这样的同事，那么我为什么还要这么努力、这么高效地工作呢？"

事实上，现实的情况是，你可以通过解雇员工来建立对管理层和公司的尊重——如果解雇是合情合理的。不这样做反倒是不尊重，它表明你的雄心和期望值很低。因此，有经验的企业家有时会说"招聘要慢，解聘要快"，这并非巧合。

很多人有时会对是否留下某位员工举棋不定。但是，如果你已经想到了这一点，实际上你不应该再疑惑——解聘通常是唯一的出路。但是，你应该给员工一个短暂的改正机会。最好和他谈谈存在的问题，然后等一等看看会发生什么。给员工一个机会是一个有效的方法，同时，这样做也会让被解聘者不那么意外。不过这条原则也有例外，当员工感到灰心丧气会对公司造成巨大的损害时，就不适合再给员工改正机会了。

招聘要慢，解聘要快。

以最好的方式解雇员工这一点很重要。除非涉及破坏或不诚实的行为，否则一定要说清楚解聘不一定是员工的错，可能只是员工与公司不太匹配。

问问被解雇的员工以后你可以为他提供什么帮助。要记住，被解雇的人永远不会忘记他被解雇的那一天，因此也永远不会忘记事情是否公平合理。

如果首席执行官应该被换掉怎么办？

创业公司换首席执行官可谓常事。事实上，一项研究表明，“当风投公司资助的创业公司进行首次公开募股时，创始人担任首席执行官的情况仅有 49%，对不是风投公司资助的创业公司而言，这个比例为 61%”。[5]

换首席执行官的一个明显原因可能是情况太差。没有业绩？你被开除了！但也可能是因为公司虽然进展得很顺利，但已经进入一个新的阶段，而首席执行官并不适合这个阶段。也许由创始人担任首席执行官在“丛林”阶段的成绩很惊人，但在“公路”上却毫无希望，这很常见。

另一个常见的原因是由创始人担任的首席执行官对最初的员工和业务非常忠诚，因此会阻止业务和团队内部进行必要的变更。这类问题的一种表现是创始人会在组织结构中单设一些职位，以便创始团队的成员可以担任。

统计数据显示，创业公司 27% 的首席执行官变更是由首席执行官主动提出的，而 73% 是由董事会决定的。[6] 不管哪种情况，如果将要离职的首席执行官在过渡时期仍然能为公司提供帮助——可能需要一年甚至更长的时间，那么效果会更好。除了对公司有责任感之外，帮助公司寻找接替人员的首席执行官也十分希望保护自己在公司的股份价值。

然后呢？这位前首席执行官是否还要担任其他职位呢？统计数据告诉我们，如果首席执行官被董事会解雇，有 37% 会彻底离开公司。但如果是首席执行官自己提出辞职，只有 14% 会彻底离开公司。[7] 不过，要注意这表明在上述两种情况下，分别有 63% 和 86% 的首席执行官离职后仍会在公司担任职务，比如首席策略师或董事。这是合理的，因为卸任的首席执行官还可以作为传播者、代表或桥梁而扮演有效的角色，或者负责独立出来的新公司或重要的临时事务。然而，如果卸任的首席执行官担任董事会主席，这对新任首席执行官来说并非好事—— 这会引发冲突。如果卸任的首席执行官将担任董事会主席，那么潜在的新任首席执行官有时会拒绝这份工作，因为会有一位自作聪明的人不断影响未来的战略决策。

我们认为，如果由创始人担任的首席执行官辞职后仍与公司保持联系，往往会有很多明显的好处。事实上，这个人是公司历史和文化的一个关键部分，可以作为优秀的支持者在用户、媒体和展览中发挥作用，这些事如果加诸繁忙的新任首席执行官身上，会增加他的压力，分散他的注意力。举个例子，如果新任首席执行官专注于领导团队以及重要谈判，而联合创始人兼前首席执行官发表演讲和接受采访，这样会很高效。

当创始人是不是比当首席执行官更有意思?

就创始人可能会辞去首席执行官的职位而言，你应该知道创始人之后所扮演的典型角色，比如作为传播者，可能比当首席执行官更有意思。

公司二把手是否应该晋升为一把手?

首席执行官辞职时，公司的二把手自动上位是相当常见的。

> 这似乎是一个很自然的选择，但你应该考虑到经验丰富的首席执行官通常都有一种决策者的心态，而他手下的人通常扮演的是顾问的角色。顾问要转变为决策者，可能会不习惯。

目标、技能、文化和自主

我们已经介绍了薪水、奖金和股票期权，这显然都是吸引并留住员工的方法。但除了薪酬，员工通常会受到4个因素的激励。

目标感

个人发展

自由度

文化

有人称之为“目标、技能、文化和自主”。

我们从目标感开始说起。当然，公司肯定是出于某种原因才存在的，它一定为世界做出了贡献。一般来说，它会满足某些特定用户或客户的需求，但通常也会有更广泛的目标。比如，公司通过销售LED灯，让某些用户感到满意，但同时也为火力发电厂、创新以及就业等做出了贡献。你可以用实际的事例和统计数据有效地加以说明。

提升目标感的一种方法是公司内外的激励活动，可以是针对一个部门或整个公司的活动，还可以包括合作伙伴在内。

第二种和金钱无关的激励来自员工的个人发展。几乎每个人都需要那种自己一直在学习的感觉。有一种方法显而易见，那就是培训计划。它可以激励管理者培训他人，同时不断自我进化，因为这会让他们思考自己的工作结构。“教中学”是非常有效的。也就是说，你应该知道小公司不像大公司那样擅长设计培训计划。因此，小公司通常更喜欢经验丰富的员工，可能很难接纳初学者，因为没有人有时间或方法去帮助他们。

“教中学”是非常有效的。

培训并留住员工

连续创业者理查德·布兰森曾在推特上写道：“好好培训员工，以便他们可以另谋高就。好好对待员工，这样他们就不愿意离开了。”[8]

谁是最佳教练？

随着人们在某个领域的能力不断增强，他们通常会经历这些阶段：（1）没有意识到自己不能胜任，他们不知道自己需要学习多少东西；（2）意识到了自己不胜任以及工作有多么难；（3）意识到自己很胜任，这时他们知道自己学了多少东西；

（4）无意识地胜任，因为他们已经忘记为了获得当前的知识他们走了多长的路。

我们想说的是当人们到达第三个阶段时，即意识到了自己胜任时，他们能够很好地向别人解释他们的职位。到了第四个阶段，当他们已经忘了初学者有什么东西不清楚时，想解释就比较难了。而在第一个和第二个阶段，他们根本不可能做出解释。

自由是第三个与金钱无关的激励因素。一般来说，创业公司在工作中提供的个人自由度远远超过老牌企业。这可能会起到很大的激励作用。在创业公司，员工往往可以随意出入公司；只要能起到作用，他们可以用自己喜欢的方式说话；员工还可以带狗上班，可以边工作边听摇滚乐。这样一来，他们愿意付出更多的努力，也会觉得更有意思。不要忽视这个优势，它正好也把我们引入下一个因素——文化。

关于文化的思考

优秀的文化极具激励性，可以最大限度地减少对正式规则的需求，这也正是创业公司要做的。有没有一种特殊的文化是创业公司应该建立的？从某种程度上说，答案是“没有”，因为每家公司都要有自己独特的文化，也就是说要让员工觉得自己所属的环境是特殊的，这样才会对员工有吸引力。这种文化在某些方面可能有点儿怪异，员工之间因此会有一种兄弟姐妹的感觉。此外，一种有趣的企业文化实际上可能会带来大量免费的公关。

在现实中，公司的文化可以通过一切来传达，比如员工希望穿着的服装、各种礼仪、办公室和工厂的内部沟通，以及道德原则。在盛宝银行的丹麦总部，你会发现前台和食堂中间隔着一道玻璃墙，上面刻着艾茵·兰德的道德观。别的公司可能会推崇完全不同的价值观，比如东方唯灵论、生态文明、锻炼身体或勇敢无畏。精英体育团队通常都有很奇怪的文化。底特律红翼冰球队在每场比赛前，都会将一只死章鱼扔到冰球场上。其他球队也都有各自的服装及其珍视的仪式。

不过，虽然创业公司最好拥有独特的文化，但几乎所有创业公司都应该具备以下两种文化特征：

> 沟通线路要短，做好放权；
>
> 避免办公室政治，员工可以自由交流，以积极且有建设性的方式说出真相。

猴子的世界

要实现短线沟通，就要有一个管理层级较少的扁平化组织，这样员工可以避开官僚主义那一套而让决策和信息通达。但是，这可能会让管理者背上过多的任务和问题。

有一个好办法，可以将扁平化组织这个问题最小化。这个方法就是经典的猴子理论。[9] 在这个案例中，作为经理的你碰到一位员工，他说："头儿，我们碰到了一个问题。"这时我们会说这位员工"背上了一只猴子"。作为老板，你听完他的问题后说，你会考虑一下，然后再找他。这时问题就出现了：这个问题不再是员工的问题，而成了你的问题。现在这只猴子跑到了你的背上。

这种情况每天都在发生，直到你身上背了 60 只尖叫的猴子。你几乎走不进自己的办公室，因为好多人都在外面排队等候你的决定。事实上，整个公司都放慢了速度，因为每个人都在等你，而此时的你则备感压力。

简单地说，解决方案如下：不要说你会考虑这个问题，然后有了答案再找那位员工。相反，你要么授权他独自解决这个问题，要么约个时间面对面或打电话深入地讨论一下。如果约好了再谈，那么一定要确保猴子始终还在那位员工的背上，而不是在你的背上，这一点很重要。举个例子，员工可能提出了解决方案，你们当即或稍后开会进行讨论。另外，不要让员工给你发邮件描述那个问题，除非这只是针对前一次谈话的陈述——否则，猴子会再次跳到你的背上。

总之，决定不应该等你去做，而应该由员工来做——那 60 只尖叫的猴子应该被委派下去。这可以加快组织的运转速度，同时确保你可以把时间放在重要的挑战上，也就是"大猩猩"上，而员工则要对付那些猴子。

如何避免办公室政治?

创业公司要避免的第二大潜在问题就是办公室政治。有的人秘密地煽风点火，在争取权力的过程中相互诽谤。要避免这种情况，一种方法是保持开放性。比如，公司可以按照下面的固定议程经常召开短时会议。

积极的故事：自上次会议召开以来有什么进展，我们可以从中学到什么？

积极的批评：自上次会议召开以来发生了什么糟糕的情况，我们可以从中学到什么？

有什么我们应该考虑去做却没有做的？

这三点都很重要。积极的故事关乎核心竞争力，能够创造一种成功的氛围。但是，作为领导，你不能假装积极，因为总有需要解决的问题，而且员工迟早会发现它们。因此，最好告诉大家这些问题，让大家有一种解决问题的责任感。正如前文所述，幽默有时会有所帮助，但一定得加上需要采取的行动和责任的分配。

第三点很重要，一是因为它会激发变革和进化，二是因为如果每个人都有机会陈述自己对问题的想法，那么他们就没什么理由在背后煽风点火了。

这种会议的目的之一是让每个人都感觉到公司正在经历一个不断学习的过程，并且公司愿意也能够不断地适应和创新。

鉴于我们在讨论如何避免办公室政治，还有一点很重要，就是不要在年内协商薪酬。但是，这一规则可能会产生问题，比如有另外一家公司给你的骨干员工开出了更高的薪酬，他因此“勒索”你，你该怎么办？如果你妥协，就开了一个不好的先例。如果你不妥协，就会立即失去这位员工。所以该怎么办呢？一种解决方案是与那家要挖走他的公司合作，协商他是否可以先继续留在公司完成当前的项目，以便你可以找到取代他的人。你可以按收入比例给他一份临时的奖金，但工资不变。采用这些措施，有助于防止公司出现一种文化，即员工通过乞求或威胁获得更高的工资。

创业公司是比较粗暴的

关于文化，我们最后再谈一点。创业公司经常会出现直接而粗暴的沟通和语言，这对那些喜欢冒险的人来说很自然。他们能够坦然面对团队必须战胜的残酷挑战。曾经是企业家、现在是风险投资人的本·霍洛维茨，在《创业维艰》一书中描述了他的创业公司网景发生的一件事。当时，网景公司似乎要被微软打败了，所以决定推出一款新产品作为反击。[10]在预定发布日的前两周，本·霍洛维茨的合伙人马克·安德森向记者介绍了这款产品，这本来应该是发布日的惊喜。本·霍洛维茨随后写了一封简短的邮件，委婉地让马克意识到这个问题。大约15分钟后，马克回信了。

收件人：本·霍洛维茨

抄送：迈克·霍默、吉姆·巴克斯代尔（首席执行官）、吉姆·克拉克（董事会主席）

发件人：马克·安德森

主题：回复：产品发布

你显然不明白情况有多严重。我们就要被活活弄死了。我们目前的产品远比竞争对手差。几个月来，我们一直都没什么可以对媒体说的。因此，我们的市值损失超过了300万美元。我们现在面临失去整个公司的危险，这都是服务器管理人员的错。

下次你××的自己去接受采访吧。

去你的

马克

可以在给管理层和董事会的电子邮件后面写上“去你的”吗？对此，我们不予评论，但我们认为刚刚起步的创业公司不一定会有儒雅的沟通方式，尽管有些员工可能会对此有所要求。当网景公司的一些员工抱怨公司太直言不讳时，管理层进行了讨论，但得出的结论是，如果他们禁止这种语言，就无法雇到英特尔和微软的人，因为这两家公司的员工都习惯了这样的表达。他们向员工传达了这一信息，随后抱怨停止了。

文化在于人

如果不仔细找寻合适的人，就无法建立强大的文化。因此，必须在聘用求职者之前，明确地告知他们公司的文化。同样，招聘者也必须仔细考虑哪些候选人真正适合这种文化。

第四部分

公司的成长、战略和挑战

我们假设你已经有了创意，有了第一笔资金，你的公司和团队已经就位，现在要做的就是开展业务了！

但是，如何开展呢？管理一家小型创业公司与在一家站稳脚跟的大公司工作有什么不一样呢？创业将经历哪些阶段？作为管理者，你在面对巨大的不确定性时如何制订计划？你可以选择哪种策略？何时何种策略最有意义？

这一部分介绍了最具战略性的创业机会在何处，以及如何实现“本垒打”。这一部分还讲到了让创业公司失败的典型陷阱。为了解决这个问题，我们提供了一系列的模型、工作方法、清单和工具，我们觉得这些工具在我们自己的创业过程中很有用。

12 成长阶段

马克斯·马默将创业分为六个阶段：发现，验证，效率，规模化，维持，出售或更新。我们一定要意识到，处于第一到第四阶段的创业公司不应该成为大公司的缩小版。相反，创业公司必须完全和大公司截然不同，它们从一个阶段进入另一个阶段时应该掌握快速的组织变革能力。本章，我们将讨论成长型公司经历的过渡阶段以及你应该如何应对。

婴儿和青少年并不仅仅是成年人的缩小版或年轻版，他们是完全不同的。刚成立的小公司和老牌的大公司也是同样的道理。现在，我们就要研究这个问题。让我们先从发现阶段开始。正如前文所说，在这个阶段，你应该重点确定产品/市场匹配性。连续创业者肖恩·埃利斯（Sean Ellis）给出了一个有趣的定义。[1]

> 根据我的经验，为了实现产品/市场匹配，至少应该有40%的用户表示如果没有你的产品，他们会非常失望。当然，这个阈值看似有

点儿随意，但我是通过查看并比较将近100家创业公司来定义的。那些有问题的公司，这一数值总是低于40%，而大多数获得高用户满意度的公司都会超过40%。

因此，产品/市场匹配意味着许多用户对你的产品非常满意，如果没有这种产品他们会感到失望。但是，如何找到或开发这样的产品呢？可以通过三种不同的方式完成：（1）以产品为中心的开发；（2）涵盖不同层次的传统营销；（3）敏捷开发。

以产品为中心的开发

以产品为中心的开发基于一个人或一个小团队拥有强大的创新理念，且能够被人们接受。艺术家的工作就是这样，他们不能，当然也不应该进行市场分析，他们的产品富有表现力，产品源于他们的灵魂和激情。所幸，毕加索在挥动画笔之前没有问艺术品收藏家希望画作中红色占比为多少。

以产品为中心的开发形式常被用于奢侈品行业，这个行业中，产品被用来表达艺术或情感，而不是解决实际问题。这同样适用于时尚界和超级跑车。无论是开发新产品的方式，还是通过大约500家苹果体验店进行销售，从很大程度上都可以说史蒂夫·乔布斯将苹果公司变成了一家奢侈品公司。不过，你应该知道，即使产品是在没有做市场调研的情况下开发的，你仍然可能需要在产品开发后通过市场研究进行产品测试。

以产品为中心的开发对于创业公司来说可能是行得通的，它肯定对苹果公司起到了作用。然而，它也可能会成为一个死胡同。

涵盖不同层次的传统营销

经典的营销方式首先要进行正式的分析，然后制作市场需求、功能规范和详细规范等文件，还要做发布计划和预算，最后会实现第一个用户里程碑。

这种方法可能对资本支出十分复杂的创业公司较为有用，比如生物技术和硬件行业，但对于更灵活、资本密集程度较低的项目，比如大多数软件开发、新媒体或服务项目，第三种方法，即敏捷开发，往往才是最合适的。

敏捷开发

敏捷开发是指你创建了一个用户发现循环。你要（1）建立一个最小可行性产品或模型 / 演示 / 模拟；（2）在用户中进行测试；（3）修改。你要在较短的时间间隔内重复这一方法，直到你认为自己做对了。所以，你要构建、测试和学习，然后再构建，再测试，再学习。如此反复，直到一切都臻于完美。如果公司所在的市场特别活跃，那么这个过程将永不止息，新产品会不断地被发布。

构建、测试和学习，然后再构建，再测试，再学习。如此反复，直到一切都臻于完美。

完成开发还是添加更多的功能?

要小心“特征蠕变”这个问题，也就是逐渐给开发计划（以及后来的产品）添加越来越多的功能。这可能会过于耽搁发布的时间，同时让最终产品对用户来说过于复杂。

敏捷开发之所以在创业公司很流行，其中一个原因是公司在早期阶段经常需要反复进行重大的战略变革。比如，高朋公司最初是一个人们可以聚在一起为更大的事业或目标寻找解决方案的网站。然而，管理层很快发现，最受欢迎的解决方案非常简单：以一半的价格团购比萨。这不是什么伟大的事业，但却很受欢迎。这个最初十分边缘化的功能后来成为公司的唯一目标。在一些案例中情况又恰恰相反：最初的众多特征在最终产品中被简化为了一个。抑或是一切都发生了改变。

类似的重大变化或关键转折似乎是失败的迹象。然而，根据创业公司基因组项目的研究，这实际上是公司健康发展的明显标志。事实上，与没有关键转折的公司相比，至少发生过一次突然关键转折的公司成功筹集的资金数额要高出 2.5 倍，成长速度则是前者的 3.6 倍。[2] 此外，经历过关键转折的公司有多位创始人的可能性也是前者的 2.3 倍，这表明有多位创始人的话，创造力会增加。此外，创业公司基因组项目的研究还表明，那些早期（成本较低时）做出数次关键转折的公司在后期成本更高时会减少类似的变化。

与没有关键转折的公司相比，至少发生过一次突然关键转折的公司成功筹集的资金数额要高出2.5倍，成长速度则是前者的3.6倍。

跳过发现阶段的风险

我们见过无数宏大却失败了的产品发布，比如Webvan、Sirius、WebTV、Vista、MSNTV、Apple's Newton等。如果开始时更彻底地测试产品/市场匹配性，那么其中很多失败都是可以避免的。Webvan创立于1998年，是一家网上杂货零售商，投资超过10亿美元，雇用了2 000多名员工，所有这一切都是在19个月内完成的，并且公司没有事先测试过这个商业概念。2001年，公司亏损超过8亿美元，随即宣布破产。Webvan使用的是传统的营销方法，这是一个代价高昂的错误。

Zappos做的也是网上购物，但其创始人采用了敏捷开发模式。他与当地的鞋商达成协议，给这些零售商的鞋子拍照，尝试在线销售。这让他了解到该如何去做，以及鞋子是否可以这样出售，结果显示是可以的。当他明白了该如何做时，他才开始投资建立基础设施。

Webvan本可以遵循类似的策略。比如，它可以在超市购买产品，在当地社区进行营销测试，然后开发并建设庞大的基础设施。

创业公司的很多关键转折都会对外包的使用产生影响。正如前文所述，你应该尽可能地外包，但核心业务除外。创业公司基因组项目发现，失败的软件公司在发现和验证阶段将 15%~19% 的产品开发做了外包，而成功的公司只有 3%~4% 的产品进行了外包。[3] 发现产品 / 市场匹配性显然需要个人全身心投入。

在发现阶段还要注意，过早决定发布日期是很危险的。如果你这样做，很容易就会把错误的产品推向错误的市场。

敏捷开发在软件和电子媒体行业尤其流行，因为它很容易实践。如果你做的是在线产品，你通常可以获得实时反馈，并且几乎每天都可以发布新版本来看看市场的反应（说得委婉些，如果你生产飞机，情况就不一样了）。通常，你可以通过“假门”来实现这一目标，也就是可能有 1% 的用户被引到网站的另一个版本。此外，还可以通过“分组测试”或“AB 测试”来实现，即一半的用户上的是网站的一个版本，一半上的是另一个版本。然后，你可以用谷歌分析（Google Analytics）不断进行比较。

如果是实体产品，情况一般会更为复杂，但你仍然可以使用“临时摊位”来测试差异化的产品。你可以在本地短暂地提供另一个版本的产品，或者更改价格或包装看看会发生什么。

大处着眼，小处入手，失败趁早，学习要快

《敏捷软件开发工具》[4]一书中有一句话经常被引用，即“大处着眼，小处入手，失败趁早，学习要快”。这句话是说，你必须（1）有一个雄心勃勃的宏大愿景，但是，（2）要在一个紧凑的小公司进行开发，（3）快速地摒弃错误，（4）不断跟踪外部环境的变化并相应发展。

不懂就问

发现阶段有一个基本要素，那就是直接与知识渊博且鼓舞人心的人聊聊你的想法。你要详细描述，听取反馈。如果你最擅长的学习方式是读和写，那就把你的想法写成备忘录，并询问别人的意见。但是，你必须记住，大多数知识渊博、鼓舞人心的人都很忙。因此，如果你请这样的人在咖啡厅见面聊聊，他们可能会拒绝。这样的会面大概要花 30 分钟，大多数成功人士不可能或不会抽出这么多时间与没有明确议程的陌生人会面。美国加速器 Techstars 的戴维·科恩（David Cohen）描述过这些人是如何看待别人来咨询创业想法这件事的。[5]

> 很小的问题 = 电子邮件回复，包含一两个简单问题的简短电子邮件
>
> 小问题 = 电子邮件回复，包含 3~5 个问题的较长的电子邮件
>
> 不大不小的问题 = 15 分钟的电话
>
> 大问题 = 30 分钟的电话

十分重大的问题＝亲自见面

科恩建议第一次联系这些人时发一封简短的邮件，如果沟通顺利再问更多的问题。这样做是十分理智的。我们想补充一点，如果你联系的人非常忙，你却浪费了人家的时间，你就没有与其建立起以后可以不断发展的关系；相反，你切断了后面的联系之路。此外，还有一种情况会激怒繁忙的人，那就是把他们的邮箱告诉他们不认识的人。

如果你联系的人非常忙，你却浪费了人家的时间，你就没有与其建立起以后可以不断发展的关系；相反，你切断了后面的联系之路。

用“临时摊位”进行测试

差异化的产品会有用吗？有一种现象叫作“诱饵效应”，你可以通过添加一个“诱饵”让人们购买更多的东西。[6] 有一项实验证明了这一点。一家电影院出售两种爆米花：小桶的 3 美元，大桶的 7 美元。几乎每个人都买小桶的，因为相比之下大桶的看起来更贵。后来电影院将爆米花改为三种：小桶的 3 美元，中桶的 6.5 美元，大桶的 7 美元。从那以后，绝大多数人都买了大桶的，因为与中桶相比，大桶的看起来更便宜。不过，有些情况下，增加选项可能会导致相反的结果。一家公司在超市外面搭了一个卖果酱罐的摊位，当顾客有 4 种果酱罐可以选择时，超市卖出的果酱罐比提供 20 种选择时更多。有时候，人们不该有太多可选择的产品。[7]

这些观察对你会很有用，特别是在公司的发现阶段。如果你有所怀疑，可以用临时摊位测试一下。

发现阶段的用户开发

用户开发是敏捷开发的一种特殊形式。它需要接近潜在用户，一边观察他们的反应一边进行开发。事实上，对刚成立的创业公司而言，整个创业团队其实就是一个用户开发团队。

用户开发不需要很复杂。举个例子，如果你梦想开一家韩国料理店，那么你可以邀请你的韩国朋友及其家人来吃顿饭，并征求他们的意见。让他们实话实说，有问题尽管指出。你也许梦想设计手提箱，在这种情况下，你可以做一批便宜的样本，在实际开始生产之前先在朋友和熟人中测试一番。在这两个例子中，韩国料理和行李箱样本就是你的最小可行性产品。

在某些情况下，创业的想法会在用户开发过程中诞生。举个例子，作为顾问，你为某位付费用户开发了一个解决方案。由于用户十分满意，你把这个解决方案当作最小可行性产品，并创建了一家公司，为更多的用户重复提供这种解决方案。这种情况，可能存在版权问题，但是你可以给原来那位用户报个价，比如给他 20% 的折扣。如果用户不愿意，你甚至可以将新项目的一部分股份给他作为补偿。

用户故事

就这三种开发方法而言，即以产品为中心的开发、按部就班的营销和敏捷开发，写好用户故事都会派上用场。用户故事就是描述用户使用产品的情况。正如用户开发、分组测试以及上述的其他方法，用户故事也适用于寻找产品/市场匹配。

“匹诺曹”是利用不存在的产品来测试想法的一种方法。“假装产品存在，直到做出来为止”。Palm 公司（电脑公司）的创始人杰夫·霍金斯（Jeff Hawkins）可以说是使用“匹诺曹”方法的一个很好的例子。据说他兜里总是揣着一块木头，在开发过程中它可以充当电脑原型。想到公司产品在未来可能被用到的任何场景，杰夫都会拿出这块木头，想象它将如何工作，然后相应地调整设计、按钮等。

利用应用程序测试你的网站

如果网站是公司业务的重要组成部分，你可以使用 Optimal Workshop 的 Chalkmark 等应用程序来测试用户使用网站的情况。比如，你可能需要了解他们第一下点击的是什么。

最早的市场分析——案头调研

在公司发展的最初阶段，你可能会使用廉价或免费的方法来收集信息。其中大多数方法都被称为案头调研，可以在电脑上完成。比如，你可以用谷歌趋势估计一下市场；你可以查找用户可能使用的关键词，然后看看会出来多少搜索结果（例如“比萨”、“外卖”和“伯明翰”）。还有一个工具是脸书广告（Facebook Ads），它可以确定潜在用户的人口分布。

有许多应用程序可以在你的网站或社交媒体上进行在线调查（SurveyMonkey是其中最知名的）。还有很多可以提供营销调研网络服务的应用程序，比如Illuminate Content、MetricWire、QuickTapSurvey、Survtapp。

创业公司往往忘记询问银行有没有相关市场的免费分析。你还可以问问直邮机构针对某个市场它们手上有多少邮寄地址，由此你可以了解市场的规模和结构，比如它们在伯明翰有500家餐厅，还是5 000家？此外，你还可以研究相关行业的年度报告和网站等。

除此之外，大多数市场都有很多优秀的期刊（你可以在谷歌上查一下，也可以在《乌利希国际期刊指南》上找到）。如果想要更全面的分析，你可以查查多客户研究。多客户研究属于非常结构化的市场和技术分析。价钱不会很便宜，但即使免费浏览一下目录也可以获得有价值的信息。此外，你还可以试试谷歌学术，其中包含了大量免费的科学文章和学位论文等。

如果你打算做传统的出口生意，你可以联系国外的大使馆，问问他们有什么建议。但是，你应该知道他们会觉得很难回答这样的问题：X产品在当地市场的情况如何？你最好详细介绍一下你的公司以及目前有前景的分公司。你应该描述自己在出口方面的经验、你的产品、受众、使用情况以及重要的竞争优势和劣势。你最好向他们提供详细的产品介绍文件，可能的话，还有价格表和交付条件——最好使用当地的语言（如果你不会说这种语言，可以在gengo.com找到便宜的翻译）。此外，不要忘记告诉他们你在这个市场建立了怎样的人脉，举办了哪些活动。

最早的市场分析——实地调研

在做案头调研的时候，应不应该进一步做实地调研呢？实际上，你必须离开办公室进行实地访谈。在发现阶段最常用的方法包括非正式访谈、重点访谈、焦点小组、供给映射。有关访谈的更多信息，请参阅本章最后的内容。你可以自己做实地调研，但如果你需要代理商，你应该让他们把大约 20% 的时间（和成本）用在计划上，65% 用于访谈，15% 用于数据分析和演示。

此外，还有一个有效的实地调研方法，那就是参加相关的贸易展览。如果你不知道哪些展览的相关性强，你可以在谷歌上输入所在行业的供应商的名称或产品说明，并且加上“展位”“展览”等词一起搜索。这样你就知道相关行业的贸易展览有哪些了。

商业计划和商业画布

当然，不管你从用户开发、假门、分组测试、AB 测试、临时摊位、匹诺曹方法、在线调查、案头调研和实地调研中学到了什么，都需要把你学到的融入你的计划。不过，计划应该什么样呢？这是一个商业计划，对吧？像几十年来 MBA（工商管理硕士）学生所学的那样吗？实际上不一定。举一个很有名的例子，1982 年年初，微软才成立 7 年的时候，管理层决定创建一个国际部门。比尔·盖茨把这项工作交给了斯科特·奥基。过了一阵子，斯科特·奥基告诉盖茨他制订了一份商业计划，盖茨的回应是：“什么是商业计划？”

在公司早期的发展阶段需不需要制订商业计划呢？有一项研究涵盖了由巴布森学院的校友创办的 100 家公司，这些校友毕业于 1985—2003 年。

研究结论如下：

> 无论是否有书面的商业计划，新公司的表现都没有什么差异。研究结果表明，除非潜在的创业者需要从机构投资者或天使投资人那里募集大量的启动资金，否则没有什么令人信服的理由证明在创办公司之前应该撰写详细的商业计划。[8]

传统的商业计划通常有15~50页，里面充满了各种细枝末节的内容。商业画布则是一种替代方案。作为一种非正式的方法，商业画布用于持续地设计商业模式。形式上，商业画布可以是一张纸，比如A3纸，上面分为不同的区域。这张画布上写满了项目符号，可能还有一些小的图表，但没有较长的文字。下面举两个例子看一下商业画布可能包含哪些内容。

例1	例2
价值主张	要解决的问题
细分市场	解决方案
客户关系	价值主张
分销渠道	关键的成功因素
盈利模式	独特的竞争优势
所需资源	用户细分
必要的活动	分销渠道
合作伙伴（生态系统）	资金
价格结构	种子用户
成本结构	成本结构
	收入来源
	我们还需要知道什么

这张画布会不断进行调整，比如第一天调整数次，随后则随时调整或

每天一次，然后可能每周一次，依此类推。实际上，我们可以用 A4 纸，这可能更容易操作。不过，还有很多其他方式，比如在白板上用永久性记号笔记录，在墙上的白纸上贴便利贴表示，就算用口红在镜子上写写也很有用。以前的版本可以（拍照）保存，以便你和你的团队可以重新思考，并提醒自己过程是多变的。

有没有比较正式的制作商业画布的方式呢？有一些很好的创意工具可以用，比如网站 LaunchPadCentral.com 或应用程序 Trello，它们在制作虚拟的公告板或是绘制想法或任务结构图方面做得都很好。

如果你属于那种写下来才能达到最佳学习效果的人，仍想写出长长的完整的商业计划，那怎么办？那就写吧，但一定要记住，可延展的商业画布非常有用，不应该被适应性较差的长篇大论取代。要知道，如果处于早期发展阶段的创业者向经验丰富的风险投资人展示了一份全面的“商业计划”，投资人可能会视之为一个危险信号。

验证阶段

我们已经讨论了创业过程的发现阶段，现在让我们进入验证阶段。假设在发现阶段你已经找到了经过验证的产品 / 市场匹配，这意味着你的公司现在可能要重点关注以下几点。

开发并改进产品功能

增加销售额

更深入地研究用户需求

制订监测产品 / 市场匹配性的指标

扩大产能

此外，你可能需要再筹集一些资金，40 万~50 万美元。

在验证阶段，你的团队可能从仅仅几位创始人加上几个自由职业者发展到拥有正式的员工。这一步可能比较令人懊恼，因为你和其他联合创始人要开始管理员工了，你也突然需要激励第一个（批）员工，并为他（们）设定目标。这感觉上仿佛迈出了一大步。要记住，雇用第十一个员工要比第一个员工更容易，管理 3 500 名员工比管理 10 名员工更容易。在大公司中，凡事都有流程，比如麦当劳。在小公司里就不一样了，大多数事情你都要自己定义，自己承担。

除非产品非常复杂或非常简单，否则平均而言验证阶段会持续 3~5 个月。假如考虑极端情况，则很可能需要几个月，或是长达数年。

这一阶段的一项关键任务就是开始追踪公司成功的关键指标。这些指标应该与底线直接相关，而不仅限于有多少人访问了你的网站。指标有多重要呢？非常重要。创业公司基因组项目的研究显示，没有使用指标衡量进展的创业公司中只有 31% 获得了外部资金，而在使用指标衡量进展的创业公司中，50% 获得了外部资金。[9]

根据创业公司基因组项目的研究，监控指标最常用的工具是谷歌分析（用于网站）、自行开发的工具和电子表格。但是，要知道，有很多现成的商业智能仪表盘可以使用，比如 MyDials、Workday 和 PivotLink。其中有些商业智能仪表盘非常好用，如果可能，我们强烈建议你使用商业智能仪表盘来监控公司的情况。

如果可能，我们强烈建议你使用商业智能仪表盘来监控公司的情况。

效率阶段

验证阶段过后就是效率阶段。刚成立的公司找到产品 / 市场匹配之后，提高效率就变得至关重要了，因为在早期，很多事情通常都是快速完成的，虽然手段可能并不规范，甚至可能更糟。效率阶段可能会涉及提高会计、财务、合同、商标、生产、质量控制、员工、生产以及其他一切事情的标准。在软件公司，可能包括编写正确的源代码、设置更好的测试环境等等。在效率阶段，你需要极为详细地了解成本组成，以便在可能的情况下降低成本。

在提高效率的过程中，一定要了解用户生命周期价值，即用户从第一次购买产品到最后一次购买为公司带来的收入总和。你还要分析公司的流程是否能够实现规模化，可变成本是否具有规模效益，也就是说是不是产品卖得越多，成本越低？如果不是，如何改变这种情况？要注意，与销售成本相比，单位生产成本随收入增加而降低的趋势更大。换句话说，生产往往比销售更具规模效益，但网络销售恰恰相反。

我们可以把效率阶段看成“从搞定一切到规模化”这个过程的一部分。也许有些创业者认为，一旦证明了产品 / 市场匹配性就算搞定了，但我们认为在搞定一切、准备规模化之前还需要建立高效的执行方法——我们将在第 14 章详细讨论这个问题。

公司在这个阶段也许会再筹集 70 万美元左右，用以支撑未来一年半的时间。在这个阶段，员工数量可能上升至 20 名。不过，人员配备和融资情况取决于项目的性质，可能会因为项目的不同而有很大差异。

也许有些创业者认为，一旦证明了

产品/市场匹配性，就算搞定了，但我们认为在搞定一切、准备规模化之前还需要建立高效的执行方法。

从搞定一切到规模化

下一个阶段是规模化。公司的一切都步入正轨后，你能筹集到300万美元左右（与其他筹集资金的例子一样，这只是很多公司的平均值。在特定的情况下，数值可能大不一样）。有了资金，你可以进一步增加员工，并通过销售、营销、生产、产品发布、招聘有经验的管理人员、建立权责分明的部门以及开发工作流程，真正实现快速发展。

在这个阶段，你通常还会扩大产品范围和市场渗透率。这可以通过10种基本方式实现，见表12-1。

表12-1　战略扩张的10种方法

	现有产品	新产品
现有市场	增加现有用户的使用量 提高市场份额 确定新的应用程序或可用性	增加类别 发布新版本 针对同一个细分市场推出新产品 给现有产品添加新的功能
新市场	瞄准新的区域 瞄准新的细分市场	实现多样化

最安全的扩张方法通常是坚持原来的方向。不管是开发新的市场还是推出新产品，你都应该十分小心。

从战术上讲，扩张可以通过以下方式进行。

内部开发。由公司自己的员工负责产品和市场开发。

内部创业。在公司内部创立一个新的部门，员工可以作为内部创业者。

获得许可。购买分销其他公司产品的许可。

出售许可。将产品的分销权出售给其他公司。

以市场为导向的收购。购买具有良好市场准入条件的公司。

以知识为导向的收购。因为产品或开发经验而收购其他公司。

营销联盟。同意交叉销售、交叉推广、联合推广、系统集成等。

合资。与合作伙伴建立新的公司。

风险投资。投资具有协同效应的小公司。

除非你拥有的是已经实现全球化的电子产品，否则规模化的一个重要因素是扩大分销渠道。

公司在早期往往根据随机碰到的机会进行扩张。举个例子，你在展览会上碰到了一位你感兴趣的葡萄牙经销商，因此得以进入葡萄牙市场。这是一种无计划的、自下而上的方法。随着你不断走向成熟，而且有了更多的资源，你可以采用更具战略性的方法，系统地进攻最容易接近的市场——可能是地理位置上离你最近的市场，除非你做的完全是电子商务。最后，作为一个具有战略规划的全球性公司，你将系统地研究国际市场，然后根据市场的整体吸引力主动选择下一个目标。

与此同时，你最初主要依靠的是间接分销商，随后将通过在当地市场建立自己的销售公司以及买下以前的分销商和特许经销商来获得更大的控制权。表 12-2 列出了开发分销渠道的方法。

表 12-2　开发分销渠道的 12 种方法

	内部机构	外部机构
直接	直接来自本国的机构 子公司 分支机构 国外生产	进口公司 代理商 销售代表
间接	出口公司 出口代理 出口管理公司	进口公司 特许经营

产品市场的演变

本章我们已经详细研究了公司在成长过程中是如何演变的。不过，整体市场是如何增长的呢？这对像你这样的供应商意味着什么呢？我们先来定义一下市场发展的五个传统阶段。

（1）新兴

（2）成长

（3）动荡

（4）成熟

（5）消亡

这五个阶段各有各的特征。

在市场的新兴阶段，早期产品通常会作为具有基本功能的独立解决方案推出。

在市场的成长阶段，会出现许多变体和应用。这时，你会经常看到产品融合或嵌入其他产品中。产品质量将不断提高，一般的技术标准也会不断发展（特别是在电子市场）。

在动荡和成熟阶段，很多公司会倒闭，而剩下的公司则被合并，产品也会被整合。

在消亡阶段，产品的发展方向比较多面。产品可能会完全消失，或者（更有可能）成为其他产品的一部分。

这时，一个或多个公司会争当品类王，但最后的胜出者只有一位。与B2C（企业对消费者）市场相比，B2B（企业对企业）市场的这一过程往往更快。不管是哪个市场，胜出的品类王都将收获这一领域的大部分利润。

随着市场的发展，分销结构将如何变化？

分销最初主要靠的是“压货”策略，重点是让经销商拿货。随后，重点会变为“拉动”，即刺激最终用户的需求。随着市场的发展，会出现许多非正式的商业联盟。之所以是“非正式的”，是因为市场流动性还很大，公司不希望和分销渠道结合得过于紧密。比如，这些早期结成的联盟可能是为了联合营销。之后，它们会签订更多正式的长期协议。在市场的成熟和消亡阶段，将出现大量并购事件。

随着市场不断走向成熟，推广策略有何变化？

随着市场的发展，推广策略会如何演变？早期的推广策略通常以提高认知度为中心——一般在分销过程中实现。之后，有必要提供更多的事实性信息，同时为公司和产品营造积极的态度。在动荡阶段，公司需要建立信心，因为大家都看到了动荡的迹象。在最后的阶段，推广越来越变成一种单纯的提醒，比如只展示产品，而不再增加任何其他信息。

创业公司最重要的实地调研方法

分析方法	情景	一般时长
焦点小组	关于受访者如何看待你那尚不成熟的产品、广告或包装，你还没有系统的了解。你可能想要为以后的定量测试打好基础。受访者都是专家，或是对讨论的主题比较敏感的人。	大约 4 周
非正式访谈	通过纯粹的探索性对话，找出可能存在的重大机遇和问题。	1~4 周
重要访谈	你需要了解关于市场结构和竞争对手的信息，正在寻找事实之外的权威意见和建议。	视情况而定
分销研究	你必须评估处于领军地位的经销商的意见和态度。此外，你想通过分销渠道了解竞争对手以及公司的形象、竞争力和产品开发。	视情况而定
零售讨论小组	你想要了解特定的零售连锁店是如何购买、存储并销售你的产品和竞争对手的产品的。	视订购情况而定
雷达探测法	将产品的受众及其对产品的态度联系起来。	1~4 周

（续表）

供给映射	你必须知道市场上都有哪些产品，包括品牌、价格、包装和货架空间，并确定分销模式、竞争、定价结构和销售参数。	几天
用户反应研究小组	你要跟踪不同的最终用户购买竞争对手的产品的情况，以及随时间有何变化。	视情况而定
概念测试	你需要评估产品概念，以确定它们是否可行、哪里最强或最弱，如果有多种选择，那么哪一种最好。可以针对产品和包装单独进行测试，也可以对产品、产品特征、包装和广告进行类似的测试。	大约 4 周

评估竞争对手

史蒂夫·布兰克和鲍勃·多夫在《创业者手册》中谈到了关于竞争对手的市场份额的一些关键规则，这些规则竟然源自军事研究。[10]

如果一家公司至少占市场份额的四分之三，实际上就是一种垄断状态。要进入这样的市场，你在营销上的投入至少要是垄断者的 3 倍。你应该知道，这位竞争对手可能会通过降低价格和增加营销预算来进行反击。

如果两家最大的供应商一共占有至少四分之三的市场份额，而其中最大的那家是另一家公司的1.7倍，那么这种情况属于双头垄断，这种市场也很难进入。因此，要打入这个市场，你的营销投入至少要是两个寡头的3倍。同样，它们也可以通过降低价格或者增加营销预算做出回应。

如果最大的供应商拥有大约40%的市场份额，那么这个市场就并不稳定，可能会发生快速的变化。如果你的营销投入是最大供应商的1.5倍，那么你是有机会进入这个市场的。

要注意的是，如果你的产品从根本上说不同于现有供应商的产品，实际上你就可以进入不同的市场。此外，许多创业公司都会通过有效使用几乎免费的公关来规避这些严苛的营销投入要求，它们会依靠某个媒体感兴趣的故事来实现免费的公关。

市场分析和统计

下面这两条统计规则，很多市场分析师都会感到惊讶。

第一条规则：随着统计可靠性的提高，成本会呈指数级增长。举个例子，假设你选了100人作为代表性样本，看看他们是否知道某个产品。假设其中50%的人知道这个产品，调研机构告诉你，置信区间为±10%（即90%的置信区间）。如果要把不确

定性降低到 ±5% 以内，那么需要采访多少人？

答案是必须采访 400 人而非 100 人。这可能会使调研成本提高 3 倍（不是 4 倍，因为上面提到的数据收集只是总分析成本的一部分）。

第二条规则：为了测量某个不确定因素需要进行的访谈次数，与所调查的市场总量相比，其实非常少。举个简单的例子，你准备在两个国家做一项定量研究，其中一个国家有 1 亿居民，另一个国家有 500 万居民。你想知道有多少人知道你的产品，并且你觉得每个国家大约有 50% 的人知道。你的要求是：在 90% 的情况下，分析结果与真实值的差异要小于 1%。那么你需要分别在这两个国家进行多少次采访？

在较小的那个国家，你要进行 5 755 次访谈；在较大的那个国家，你要进行 5 764 次访谈。差异仅是 9 次访谈，尽管两国人口相差 9 500 万！实际上，只有访谈次数接近或超过市场总量的 10% 时，市场的大小才具有统计学上的意义。而这种情况几乎不会出现。

做实地调研时，提供给市场调研公司的材料中要包含哪些信息？

我们一般需要知道以下信息。

市场。与营销问题相关的市场（包括人、公司等）如何？

问题。调查应该支持哪些决定？我们需要寻找意外情况，还是应该回答具体的问题？信息应该是定量的还是定性的？

假设。你能否根据以前的调研或是你的经营经验提出相关的假设？

统计可靠性。粗略估计一下市场是不是就够了？还是需要较高的置信水平？同样，调研是否支持量化决策？

时间压力。你何时需要初步的结果，何时需要最终报告？

预算。你打算花多少钱？

方法建议。你对数据来源和调研方法的选择有什么建议或要求吗？

后勤。谁负责设计调查问卷、翻译、演示材料、制表和个人参与？

演示。你希望最终报告包括什么？文本、表格、报告的大小、可能的列表以及表现方式？

次要信息。你是否有兴趣将以前的调研数据或任何其他相关信息纳入最终报告？

13 营销组合

很多人认为营销就是公关、广告和销售。实际上，营销涉及的范围要广泛得多，归根结底是要优化利用公司的所有资源，以实现明确的目标。因为营销关注资源分配，所以也涉及什么不该做。举个例子，一般来说你不应该偏离自己的核心竞争力，也不应该在没有协同作用的情况下启动项目，或是在其他方面跟不上的时候扩展公司的某些业务。本章我们将介绍公司扩张过程中可以使用的重要营销方法。

公司营销策略的一个良好起点就是电梯游说，我们在第 9 章讲过。用更经典的营销术语来说，就是公司愿景和使命的表达。

这就让我们直接想到了市场细分，通常来说也就是将目标市场划分为不同的组别（细分市场）。这里之所以用“通常”一词，是因为随着越来越多的公司开始使用大数据，你可以在很大程度上略过细分，直接跳到个性化，这一点随后我们会进一步介绍。

细分方法

让我们从经典的市场细分开始讲起。你可能会问“我们把产品卖给哪些用户”“这个群体有什么不同”等问题。如果是制造商、分销商或其他公司，我们说的就是 B2B（企业对企业）；如果把产品卖给公共部门（政府），我们有时称其为 B2G（企业对政府）；其他则称为 B2C（企业对消费者）。

不过，你的目标市场还可能被进一步细分，每个组别通常都要区别对待产品、价格、推广、分销和流程。因此，你应该思考用户为什么会购买你的产品，也就是说你的产品能满足用户哪些基本的需求？你还应该思考用户会优先考虑什么、他们是如何做出购买决定的、他们住在哪里等。本章结尾列出了需要考虑的事项。

你在进行分析的时候，可以选择以下 5 种细分策略。

> 利基战略。选择一个或几个细分市场，并采用专门的方法进入。在最初的成长阶段，你应该经常使用这个策略，这样就可以占据优势——即使你只是一家面对小市场的小公司。例如，脸书最初仅限于哈佛大学，而亚马逊最初也只卖书。
>
> 长尾战略。长尾指的是正态分布曲线的外段，也就是小的利基市场。有些公司专门向各种利基市场出售定制产品，比如一系列的专业杂志。
>
> 差异化战略。在广阔的市场中选择许多或所有细分市场，但针对每个细分市场采取特定的营销组合。
>
> 整体市场策略。忽略细分市场，而是瞄准整个市场。这通常不是一个好方法，但如果公司碰到了一个稍纵即逝的好机会（有时间限制的巨大优势），那么直接闯一闯也是可以的。

大规模定制/单一用户市场细分。依靠大数据以及通过电子商务和人工智能进行大规模定制的能力，你可以忽略市场细分，而是满足任何单一用户的请求。这也被称为“单一用户市场细分”。

什么是大规模定制和大数据?

让我们详细阐述一下单一用户市场细分。近年来，大数据在营销中的作用越来越重要。简单地说，大数据涉及大量的数据流，通常涵盖文本、数字、视频和音频，可以实时、不间断地分析其中的模式。我们经常用机器学习软件做分析，除了寻找经过验证的模式之外，该软件通常还会进行推断，在没有数据的情况下做出假设。亚马逊和脸书就十分擅长大数据和大规模定制，它们在短时间内就能深入了解任一单一用户/客户，所以可以为个人提供高度私人定制的服务。IBM的首席执行官罗睿兰（Ginni Rometty）在2013年的一次演讲中对此做出了很好的解释：[1]

> 现在的转变是从市场细分转向个人定制化，这意味着普通用户将不复存在。获取数据，进行实时定价等操作，你动用的是全渠道……你将发挥数据的潜能。

罗睿兰是对的，使用每位用户的实时行为数据会给更多行业的营销带来重大改变。然而，我们仍认为，经典的市场细分现在以及将来都很重要，即使不为别的，至少可以弄清楚你想要追寻的整体策略。这就涉及我们要讲的营销组合的下一个知识点，即产品策略。

成为“品类王”

许多商业领域的研究都表明，行业整体利润的很大一部分都归于一家公司。例如，三位硅谷的资深人士在他们的重要著作《成为独角兽》中，描述了他们对不同市场类别的调查。他们发现，每个类别中高达80%的利润和平均76%的市场价值都被一家公司占据。[2]这家公司通常是领域内公认的领导者，或者正如他们所说，是“品类王”。

那么，一家创业公司怎么才能登上这个利润丰厚的宝座呢？必须有雄心壮志。你不仅要在产品/市场匹配、团队和商业模式等方面付出努力，还要定义和推广你可能占据主导地位的新品类。比如，苹果公司发明并占据了平板电脑这个品类的市场。当iPad推出时，史蒂夫·乔布斯说出了如下妙语：[3]

> iPad创造并定义了一种全新的电子产品类别，它将以更亲密、更直观、更有趣的方式把用户与应用和内容联系起来……

没错，“一个全新的类别”。施乐、谷歌、宜家、网飞、Salesforce.com和爱彼迎都以类似的方式成为品类王。这些公司都发明了全新的品类，或者至少在公众心目中成为全新类别产品的领导者。它们不仅通过提供优质的产品，而且通过定义新的品类并宣传其优势实现了这一目标。事实上，要成为品类王，你不需要发明产品，只需要让产品显得与众不同，然后卖力宣传你为什么这样做，比如，音乐领域的迈尔斯·琼斯（Miles Jones）、将表演与体育相结合的穆罕默德·阿里（Muhammad Ali）、快餐领域的麦当劳。换句话说，要成为品类王，如果你能抢占风头，就不需要设置场景。

品类王是不会做下面这些事的。它们不会提供用户要求的所有功能。相反，它们会定义自己所处的类别，包括要解决的问题，这一点很重要。然后，它们会推动产品开发以解决这个问题或创造利润。此外，在描述这个品类时，它们从不提及产品功能。要记住我们在介绍销售罗盘时讲到的规则："销售罗盘中最重要的规则是在卖出产品之前不要描述产品。"在描述品类时也是如此，谈论问题、愿景和解决方案，但不要讲述产品，千万不要。还要记住，一旦成为品类王，很多事情就会变得更为容易。品类王往往会吸引更优秀的人，获得更多的新闻报道，拥有更多的用户数据。

如何定义品类呢？首先，这个品类必须是每个用户、合作伙伴、员工都可以立即掌握并产生共鸣的。它通常可以通过电梯游说解释清楚，并归结为一句口号或两三个词。其次，它必须代表某种雄心，而非疯狂的想法。例如，亚马逊开始时并不是在线购物的领导者，而是将自己定义为在线购书的领导者。直到后来它才走向全品类在线购物，然后是云计算、电子阅读器，未来可能还会创造更多品类。

最后一条建议：如果你想将自己打造成品类王，不要将产品发布变成销售或营销活动。别这么做，这是公司的一件大事，因为从产品发布的那一刻起，你的崭新抱负应该贯穿在所有策略当中。

产品策略

除了成为品类王之外，还可以怎样把产品卖出去呢？下面列出了20项参数，我们可以让产品在至少一个参数上特别有吸引力。

（1）离用户的距离

（11）交付

（2）可用性
（3）设计
（4）排他性
（5）包装
（6）灵活性
（7）非永久性
（8）特点
（9）速度
（10）兼容性
（12）使用期限
（13）市场
（14）符合标准
（15）个性化定制
（16）可靠性
（17）服务能力
（18）稳定性
（19）变化
（20）性能

特定的产品是一回事，公司的整个产品组合则是另外一回事。源自波士顿咨询集团的“波士顿矩阵”（见图 13-1）可谓最著名的产品组合管理模式。

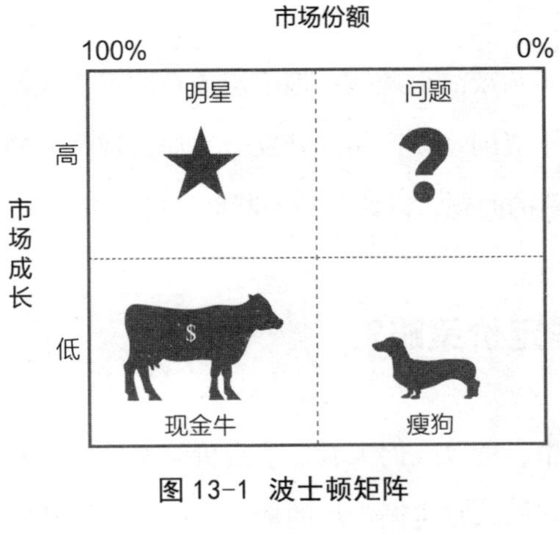

图 13-1　波士顿矩阵

波士顿矩阵

产品通常从右上角开始，即作为一个问题。这时你需要获得市场份额，如果失败，产品最终成为瘦狗。瘦狗一般不可持续，最好的处理方式可能是出售或终止生产。随着产品变成现金牛或瘦狗，一个运作良好的公司会不断寻找新的问题。当然，从问题到瘦狗这条路不会给你带来财富。

相反，如果成功了，问题就会变成左上角的明星。这时你通常可以赚到很多钱，并且应该为进一步的成长投资。由于市场份额很高，你可能会实现规模经济和网络效应，这意味着你可以为重大的开发成本提供资金，并且经受得住可能出现的价格战的考验。

但是，你应该注意一个陷阱：如果市场快速增长，公司的收入可能也会快速提高，因此你可能会注意不到市场份额实际上在下降。即使收入和利润在增长，市场份额的降低也始终是一个危险信号。如果在快速增长的市场中，你的市场份额在不断下降，那么你以为的明星产品实际上可能已经成了问题业务！

现金牛一般表示产品很赚钱，但不应该在此投入大量的资源。一般来说，现金牛要用于资助全新产品的开发。你通过现金牛赚的钱要用来培养明星业务并创造新的问题，以便公司不断地发展下去。

可以选择哪些定价策略？

产品都有价格，所以我们来看一下定价策略。对某些公司而言，定价策略相当被动，它们只是遵循市场的标准。但是，你其实有很多策略可以选择。定价策略是一个关键的差异化参数——在某些情况下是唯一的关键参数。以下是 38 种定价策略，详细解释可参见附录 A。

- 不定期折扣
- 服务模型
- 拍卖定价
- 补充产品定价
- 用户差异化
- 优惠券
- 动态定价
- 部分所有权
- 免费
- 免费增值
- 常客利益
- 常客折扣
- 常客专有权
- 基于地理位置的价格差异化
- 隐藏的收入
- 最后一分钟折扣
- 特许
- 执照
- 标价
- 会员优惠
- 最低价格
- 按使用付费
- 按需付费
- 渗透定价
- 绩效保证式合同
- 定期折扣
- 溢价定价
- 价格捆绑
- 价格信号
- 实时定价
- 二级市场折扣
- 撇脂定价法
- 独家供应商折扣
- 订购
- 代币定价
- 预先定价
- 批量折扣
- 白标

公司通常会同时使用其中几种定价模型，当然还有其他定价策略——唯有缺乏创造力（在某些情况下是法律）会限制策略的选择。

推广的重点

谈到交流或推广，你必须首先确定向谁推广，然后是如何沟通。让我们从第一个问题开始。

直接的利益相关者，包括股东、员工、潜在员工、供应商、政府部门、董事、导师和顾问委员会等。

意见领袖，包括 Beta 测试人员和测试用户、高级用户、博主、媒体联系人、大众媒体的意见领袖和市场分析师等。

分销商，包括批发、零售和电子商务市场中所有选定的细分市场。

最终用户，包括所有选定的最终用户。

大众，可能会在社交媒体上关注你的人。

之后的问题便是如何沟通，有哪些营销方法可以使用？

我们可以从媒体材料开始，其中包括制作宣传资料袋，里面有背景信息和图片，通常可以从公司网站上下载。此外，公关活动还可以包括新闻稿、新闻发布会、新闻采访、新闻通讯、成为行业委员会的顾问、演讲、发布活动、参加展览和交易会以及向分析师提供信息。

如果公司以技术为导向，或是 B2B 或 B2G 模式，那么公司通常要准备白皮书。白皮书是对市场需求以及产品如何提供解决方案的客观分析。投资回报计算可能体现在白皮书中，或是以单独文档的形式存在。例如，“如果你花 x 购买这些 LED 灯，你的投资将在 z 年内返还，年投资回报率为 Z。”投资回报也提供 Excel 版本。

广告也是一方面，可能包括公司的网站、宣传册，以及在印刷物和电子媒体上发布付费广告。此外，还有产品演示和产品插图，比如在线教程、用户指南、免费的演示版本等。

最后是数字和社交媒体，可能包括推文、脸书帖子、领英帖子、Instagram、Pinterest（图片社交分享网站）、直播活动、网络研讨会（网络培训和简报）、维基百科词条和博客。这些媒体可以用于发送信息和广告（最好是病毒式的），也可以用于建立并支持用户群以及教程和论坛等。

一定要思考如何通过社交媒体将你随时随地做的事情放大到最大限度，这一点非常重要。举个例子，如果你在某地发表演讲，为什么不在脸书上直播呢？为什么不在脸书、领英和 Instagram 上发布演讲的照片呢？想象自己正管理两家公司：一家是你的创业公司（占工作的 95%）；一家是媒体公司，在社交媒体上全天候报道你的创业公司（占工作的 5%）。社交媒体既免费又方便，它是以多种方式接触到很多人并从他们那里得到反馈的最简单的方法。因此，如果你的公司发生了什么有趣的事，务必拍段视频，点击智能手机上的 Hootsuite 应用程序，加上几句话，勾选你想要共享的平台，然后分享！

如果你的公司发生了什么有趣的事，务必拍段视频，点击智能手机上的 Hootsuite 应用程序，加上几句话，勾选你想要共享的平台，然后分享！

接下来，看一看使用社交媒体时会发生什么，哪种方式反响最大？

除了发布帖子之外，你还可以使用网络和社交媒体创立情报站，为你的公司、产品、竞争对手和你自己收集情报。比如，你可以使用谷歌快讯或 Falcon Social Media 等集成工具，以便提到任何重要信息时你都会收到提示。这样你便可以有所回应，并与用户和其他利益相关方、意见领袖、分销商或最终用户进行对话。

36 种公关和营销方法

- 分析师简报
- 博客
- 公司网站
- 演示产品
- 演示视频
- 电梯游说
- 展览和交易会
- 脸书帖子
- 免费试用版
- 简报
- 行业委员会
- Instagram 帖子
- 发布活动
- 领英帖子
- 直播活动
- 通讯
- 在线教程
- 付费广告
- Pinterest 图片
- 新闻发布会
- 新闻采访
- 宣传资料袋
- 新闻稿
- 投资回报率计算
- 自拍视频声明
- SlideShare 帖子
- 演讲
- 推文
- 推特帖子
- 用户指南
- Vimeo 帖子
- 网络研讨会
- 白皮书
- 维基百科词条

- 研讨会
- YouTube 帖子

用户关怀是有用的

有这样一条关键原则：找到新用户的成本是维持现有用户的5~10倍。因此，用户关怀计划是极好的投资。其中最好的方法包括在线帮助、定制服务、博客、新闻通讯和主动帮助。

创业公司应该关注的是“免费宣传”，即不用付钱的宣传，比如产品评论、博客文章、新闻稿、访谈、媒体宣传、白皮书、包括病毒式营销在内的社交媒体、通过社交媒体进行的对话、脸书上的点赞。与“免费宣传”相对的是“付费宣传”，比如脸书和谷歌广告、付费博客以及参加展览。

在公司的不同发展阶段，利用免费宣传和付费宣传进行推广可能有不同的目的。一开始，你的焦点是提高认知度，以便自己可以被发现。你应该说：“喂！往这边看！我们是很有意思的。”下一步要创建积极的态度，并为零售商和最终用户提供信息。“现在，你已经发现我们了，非常感谢。这里再多介绍一下我们的立场，我们觉得这样很好，希望你会喜欢。”

随后，当公司或产品比较成熟时，市场的动荡阶段即将开始，这时是小麦与谷壳分离的阶段。在这个阶段，你需要集中注意力创建信任，并提醒人们你是谁，以及你代表什么。“请记住我们，我们还在这里，你可以信任我们。”当公司或产品众所周知时，你可以把重点放在如何让人们记住你，比如可以只展示产品但不提供任何解释。

游击营销

有些创业者特别擅长使用一种特殊的营销方法，即游击营销。这种方法可以引发关注，但却不用花费通常所需的成本。一般来说，它会创造一个惊喜时刻，进而达到造势的效果。其中包括各种颇具创造性的方法，比如环境营销、伏击营销、基层营销、秘密营销和街头营销，更不用说草根营销、广泛发帖以及病毒式的口碑传播了。

这听起来很有意思，如果你做得好，的确不乏乐趣。此外，它还会起到很好的公关效果，甚至可能是病毒式的，而且往往不用花一分钱。芬恩·帕沃·贝克曼创造了游击营销的一个典型案例。贝克曼和一位朋友创办了一家名为“Merceedees Production”的唱片公司。这个名字的读音将梅赛德斯（Mercedes）和CD合在了一起，从这里我们已经嗅到了游击营销的味道。不过，他们的创造力并没有止步于此。因为没有钱，所以他们需要在不花钱的情况下担任一支新乐队的经理。他们从现有的19位粉丝开始（总共就有19位粉丝），幸运的是，他们有这些粉丝的电子邮箱。于是他们通过电子邮件向粉丝发送“机密”的内部信息，告诉他们乐队即将签订出版合同，这当然是真的，因为作为乐队经理和出版商，贝克曼和他的合作伙伴亲自商定了这份合同。他们没有发布官方消息，而是发送了内幕消息，这显然是一种游击战术。得到内幕消息的粉丝会散布消息，从而大大增加了粉丝群人数——几乎没花任何成本。

随后，这家唱片公司在德国发行了4万份宣传册，但也没有花钱。他们是怎么做到的呢？他们找到了自愿分发宣传册的粉丝，还有一家会免费帮他们出宣传册的公司，条件是在宣传册中投放这家公司的广告。因此，整个过程都没有花钱。

不幸的是，开第一场音乐会时乐队成员就在舞台上打了起来，最后都操起了乐器打对方。令唱片公司失望的是，乐队从此便解散了。不过，那次营销却做得很棒。

在正面交锋中优化营销组合

现在，让我们来看看公司如何在激烈的竞争中不断优化自己。我们提到的任何营销方法都可以使用，但有 4 种方法可能尤为有效。

极快地发布产品

创建网络 / 病毒效应

率先达成关键交易

创造转换成本

第一就是要极快地发布产品。通常情况下，创业公司都能比更成熟的大公司更快地推出新产品。在某些行业，主要的正面竞争战略就是拥有最短的发布周期，即总是更先一步发布最新产品。

第二是创建网络效应，可能包括病毒效应。如果成功了，你可能会取得极难被攻击的竞争优势。

第三，如果你率先推出了什么产品，可以利用这个优势在生态系统中达成最好的交易。举个例子，你可以争取绝大部分的分销渠道，甚至通过独家分销协议、一揽子交易（可能是要么全有，要么全无）、总额折扣以及品牌和白标组合销售来阻止竞争对手进入某些分销渠道。白标是指如果分销商是你的产品的零售商，它们可以制作同一产品的不同版本，但归于自己的产品分类，同时可以获得更多的收益。但是，他们不能再卖竞争对手的产品了。

最后一个策略是增加分销商的转换成本，也就是换分销商所产生的成本和不便。比如，可以通过与分销商建立联合生产或运输设施，或是提供系统集成或高水平的服务。大的分销商通常用企业资源管理软件来管理订单和库存等。作为供应商，如果你可以把自己的企业资源管理软件与分销商的连接起来，就可以促进双方的物流效率并增加分销商的转换成本。

同样，你也可以通过各种方式增加最终用户的转换成本，比如把多个产品连接起来。

自助订购有助于快速规模化

能够让用户实现自助订购的解决方案是很有用的。这也许可以通过自动在线订购系统实现，用户可以用信用卡或 PayPal 进行支付，也可以通过现有的电子商务网站比如亚马逊购买。具有完善的自助订购系统的公司可以迅速规模化——有时甚至是爆炸性的。

公司如何通过联盟得到加强

除了要考虑竞争以外，还要关注如何结成联盟，这也很有意思。表 13-1 列出了几种显而易见的方法。

表 13-1 20 种达成战略联盟的方法

金融和战略	开发和生产	推广和分销
1. 合资公司	8. 联合产品开发	11. 联盟营销
2. 知识交换	9. 联合生产	12. 应用商店
3. 获得许可证	10. 开放平台	13. 联合品牌
4. 出售许可证		14. 联合打包 / 定价
5. 以市场为导向的并购		15. 联合推广
6. 以知识为导向的并购		16. 共同的营销组织
7. 风险投资		17. 共同的销售物流
		18. 交叉销售
		19. 原始设备制造商（OEM）协议
		20. 增值经销商

何时以及如何制订商业计划?

正如我们所提到的，创业者一开始很少需要商业计划。相反，他们通常会做一个商业画布、一个包括简单商业模型的粗略的电子表格、一份PPT。但是，随着公司不断走向成熟，情况可能会有所变化，最终还是需要制订常规的商业计划。那么商业计划怎么做呢？希望下面的例子可以起到抛砖引玉的效果。

（1）执行摘要。通常一到两页，总结一下主要的发现、威胁、机会和结论。执行摘要应该引用电梯游说的内容，并阐述公司的目标、愿景、盈利模式、业务部门、核心竞争力、营销战略和组织结构。

（2）分析外部环境。分析的目的不是证明你对市场了解多少，而是仅仅描述环境中关键的基本趋势及其战略意义。

市场。详细说明你所在的商业生态系统。哪部分对公司最重要？这部分生态系统解决了哪些问题？你应该指出影响市场的主要因素，从一般条件（政治、法律、经济等）到微观因素。接下来是研究你所在的行业。公司处于马默划分的哪个发展阶段？这意味着什么？公司应该进行全面整合、渗透、市场开发、产品开发还是实现多样化？

竞争。列出主要的竞争对手及其活动和策略。你还可以预测其中最强大的对手未来会怎么做，以及你的公司该如何应对。你可以把自己想象成竞争公司的负责人，这对你可能会有帮助。如果你是他们，你会怎么做？也许他们做的会和你想的完全一样。那么你的公司应该如何回击呢？（当然，这有点儿像自己和自己对弈，但从中可以获得启发。）

（3）核心竞争力。列出你的关键技能，以及你希望怎样做以确保自己在市场上实现持续增长。这时，你可以想象一下外部投资者在什么条件下才会给你的公司投资，是什么让你与众不同？为什么他们不投资竞争对手呢？

（4）主要策略。基于上述要点，你应该总结一下你的核心理念、基本商业模式和基本营销策略，描述产品、价格、分销、推广、销售、服务和流程。

（5）营销。既然你已经列出了主要策略，现在应该思考特定的方法了，描述每种方法时，必须列出简短的理由。哪些营销方法对你的公司至关重要？此处的要点是要详细说明上一条列出的关键策略。

（6）联盟。这一点可能非常重要，描述一下你将如何与生态系统中的其他人合作。

（7）组织结构。公司的组织结构通常很复杂，因此应该准备一个基于线性特征的结构、一个用于各种活动的结构、一个元组织，即对公司整个生态系统的描述。解释一下组织结构以及它应该如何发展。

（8）量化水平。这是对销售额、收入、投资、利润和流动性的定量总结。它还应该包括最重要的关键业绩指标以及衡量公司是否成功的所有其他指标。此外，它还可以包括财务数据、网络活动、客户投诉、交付时间、服务评级、品牌评级、回报率等。

（9）跟进。这通常包括一套定量跟进的方法，如何观察市场、销售、质量、盈利能力等方面的发展，又该如何做出回应？

14 五大商业威胁

我们在第 1 章说过，世界上很大一部分创业公司，特别是有潜力的高增长创业公司，很快就会倒闭。针对这个问题，分析师们显然已经做了大量的研究，这些研究表明它们的失败有五个主要原因。本章我们将逐步介绍这五个原因以及应对之法。

在本书的第 1 章，我们提到了一些关于创业公司（尤其是成长型创业公司）失败的可怕数据。但是，情况可能没有那么严重。首先，我们介绍了很多创业角色，比如臭鼬工厂项目、内部创业者、特许经营者等，这些项目的风险低于一般的创业方式，即根据创新理念创建新的公司。其次，我们提到许多创业者在成功之前都会犯下各种错误，有时还会遭遇巨大的失败。如果统计数据显示 75% 的公司失败了，这并不一定意味着 75% 的创业者永远不会取得巨大的成功。不过，仍然有很多创业者会失败。研究表明，他们失败主要有以下五个原因。

较差的产品 / 市场匹配性

内部纠纷

过早规模化

不平衡的扩张

未能从早期用户过渡到主流市场

那么，我们来看一下这五点具体的情况以及如何避免这些情况。

如果统计数据显示 75% 的公司失败了，这并不一定意味着 75% 的创业者永远不会取得巨大的成功。

错误 1：较差的产品 / 市场匹配性

如果创业的点子很差，那么整个项目就好似鞭打死马一般。有些投资者（并非全部）会说，比起最好的创意，他们通常更倾向于最好的团队，这是因为伟大的团队能够做出关键的选择，直到实现产品 / 市场匹配，而且还能够使业务运转起来。我们认为，产品 / 市场之所以不匹配，往往是因为以下三个典型的错误：项目太小，不值得做出努力和承受风险；缺少占优策略；未能分清生活方式型项目和成长型项目。

我们先看一下第一个典型问题。现在的营销人员会谈到潜在市场规模（TAM），即理论上的用户群，还有可服务市场（SAM），即潜在用户，是原则上可能会从供应商那里购买产品的用户。再下一级是目标市场，即公司认为能把产品卖出去的市场。最后，还有销售预算，即公司期望在特定时期内实现的销售额。

创业者在这一点的判断上经常会产生很大偏差。我们说的很大是多大呢？创业公司基因组项目的研究表明，还没有做出产品的创业公司平均会将其未来的销售额高估 100 倍。[1] 没错，大约 100 倍！主要原因就是他们高估了市场潜力，低估了竞争对手。哎呀，这真是很糟糕。

还没有做出产品的创业公司平均会将其未来的销售额高估 100 倍。

高估自己的销售潜力可能还有一个原因，那就是他们没有将销售潜力与当地占主导地位的需求结合起来，即没有占优策略。许多创业者会说："如果我们能够获得 3% 的全球市场，收入就会达到 10 亿美元，利润就会有 1 亿美元。"他们这样说犯了一个错误，他们可能忘记了，市场占有率低（比如 3%）的公司往往是亏钱的。更好的方法是找到一个更小的市场，在那里获得 50% 的市场份额。因此，你不应该瞄准只能获得较小份额的大市场，而应该瞄准一个能够获得较大份额的小市场。

市场占有率低的公司往往是亏钱的。

产品 / 市场匹配的第三个普遍问题是创业者混淆了生活方式型项目和成长型项目。不管你的项目是否能进行规模化，如果它本身没有规模化的潜力，而你仍将其视为潜在的成长型项目，那么你可能会陷入困境，因为你认为会有外部投资者加入，但实际上几乎不可能。所以，要记住，要实现规模化，你的商业模式必须是可复制的，边际成本能不断降低，甚至具有病毒式传播的潜力。这些你都具备吗？还是只具备其中一点？

错误 2：内部纠纷

正如我们看到的，统计数据表明，内部纠纷往往是创业公司倒闭的主要原因。那么，纠纷是怎么发生的呢？缺少股东协议或股东协议做得不好可能是一部分原因。因此，要尽早制订协议，至少把一部分股份进行动态分配，以便应对意外情况。此外，团队在公司预期达成的商业和财务目标上要达成一致。

另外一种避免内部纠纷的方法是告知员工，如果公司规模变大了，他们将不再凡事都向创始人报告。出于同样的原因，不要随便给人较高的头衔，招聘大公司（公路建设者）的高管担任创业公司的领导时也要小心。

此外，包括你在内的领导者应该随着公司的成长而成长，这一点是很重要的。当公司规模很小时，创始人会掌控每一个细节，这属于微观管理。之后，创始人更应该关注战术和战略。当公司员工达到数百名时，创始人应该更多地关注培养未来的领导者而非公司运营，因为公司有卓越的领导者负责运营管理。但是，要记住，擅长开发初始产品的人不一定适合战略领导，更不用说培养领导者了。

最后，你还应该知道，虽然公司只有几个创始人时，大家的肩膀上会有 60 只尖叫的猴子，但现在创始人的肩上不应该再有猴子了，以便你们可以专注于公司的重大问题。

擅长开发初始产品的人不一定适合战略领导，更不用说培养领导者了。

错误 3：过早规模化

创业公司基因组项目研究发现，扩张速度过快的创业公司更容易走向失败。假设你有一家小软件公司，向为数不多的用户提供定制解决方案。突然之间，你想要成为软件产品的国际供应商。那就行动起来吧！

不过，具体需要怎么做呢？你很可能需要一个全面的测试环境、一个专业的测试团队、一个文件编制团队、几个开发团队、国际销售人员、一个营销团队，当然还要有人力资源团队来掌控现在已经变得比较庞大的组织。突然之间，这已不再是一家拥有 25 名员工的公司，而是一家拥有 250 名甚至更多员工的公司。你能否在身心上适应这种转变？还有管理和经济上的转变？

还要记住“先搞定一切再规模化”的建议。正如前文提到的，对我们来说，搞定一切不仅要找到产品 / 市场匹配性，还要把公司变成一个高效、简化的执行机器。先做到这一点，然后再规模化，不要本末倒置。

错误 4：不平衡的扩张

规模化过程中还存在一个几乎所有创业公司都会面对的问题，那就是在其他环节尚未准备好之前加速发展某些环节。这会导致成长的不平衡，示例如下。

聘用了过多的员工，超出了公司的承受能力。

在没有良好的用户体验的情况下，过狠地从第一批用户 / 客户身上赚钱。

在市场准备不足的情况下，对某个产品采取猛烈的营销策略。

在用户尚未了解核心功能之前，为产品创建了过多的功能。

对新用户投入过多。

过早地任命高管。

过早地创建多个管理层级。

利用公关弥补产品问题，而不是去调整产品。

在证明产品 / 市场匹配性之前进行规模化。

在可以使用自由职业者时雇用正式员工。

过早制订了太多详细的计划。

以上这些情况听起来可能很愚蠢，但在创业公司有很多事情都不确定、不可知的时候，这些情况很难避免。

错误 5：未能从早期用户过渡到主流市场

现在，我们已经介绍了创业公司失败的四个典型原因，即产品 / 市场匹配性差、内部纠纷、过早规模化和不平衡的扩张。第五个也就是最后一个原因是在从早期用户过渡到主流市场的过程中出了问题。

举个例子，你创办了一家公司，并很快把产品成功卖给了一些热情的用户。换句话说，你已经度过了发现阶段、验证阶段和效率阶段。你心里想："哇，太棒了。现在我们可以全速前进，征服整个市场了！"

全速前进肯定会让人感觉又酷又有劲头，但是你可能没有充分考虑到，并非所有用户都一样。最热情的人已经购买了产品，那些没什么反应的人则完全是另外一回事了。

那些没什么反应的人要难对付得多。科技领域经常按以下顺序描述用户群：（1）技术爱好者，（2）有远见者，（3）实用主义者，（4）保守主义者，（5）怀疑论者。第一组人因为产品新所以购买，而最后一组即使产品新也不愿买。第一组人可能会连夜排队购买苹果公司的最新产品，最后一组人里可能包括你的祖父母。在这两组人之间还包括这样的人：他们不愿更换用了15年的电视，因为他们最近才知道怎么用遥控器。

你可能没有充分考虑到，并非所有用户都一样。

用户对新事物是否持开放态度的巨大差异成了你的问题，因为把产品卖给为数不多但急于购买的人，与卖给基数很大但不愿购买的人存在显著差别。

这个问题可能会变得愈发严重。比如，营销人员有时会说全球大约有20万人热衷于尝试新事物，但又不想付太多的钱。如果正是这些人在早期赞美了你的产品，他们就会向你释放错误信号。关于这个问题，杰弗里·摩尔在其经典著作《跨越鸿沟》中给出了最佳描述。[2] 描述如下：

> 从卖给爱好者和有远见者到覆盖早期的多数使用者，这一过程并不是持续的。

相反，其间有一个你会掉进去的鸿沟。主要市场，即早期和晚期多数使用者，对产品提出了更高的要求。比如，他们可能会要求更多功能和支持，但这些是早期使用者不会要求的。

这是一个最终用户问题。此外，需要把产品卖给大众的经销商可能也会对公司提出很高的要求。因此，公司通常会发现需要把员工从 20 名增加到数百名，才能从早期使用者的利基市场转向主流市场，而公司在资金、管理和程序上可能还跟不上。此时存在的显著风险是，这种过渡会直接导致过早规模化或不平衡的扩张，当然还有财务问题。

有一种解决方法是选择一些应用程序和市场利基，然后针对这些领域创建完整的解决方案。摩尔把这种方法称作“保龄球道”，在此过程中公司一次用一个利基产品跨越鸿沟，直到最终到达主流市场。成功跨越鸿沟会把公司带入“龙卷风”阶段，此时公司的增长几乎是自动的。

从早期用户过渡到主流市场过程中的问题

从早期用户过渡到主流市场的过程中会存在一些难以对付的人，如图 14-1 所示。

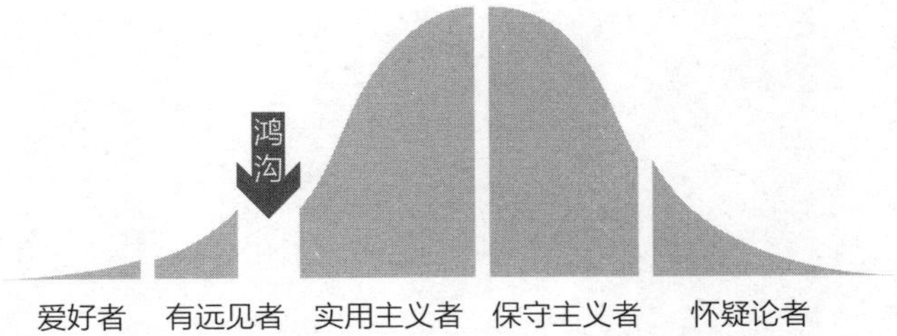

图 14-1　从早期用户过渡到主流市场过程中的问题

第 五 部 分

退出及以后的生活

凡事都有终点，如果你的创业项目度过了充满挑战的最初几年，也许你也会有退出的那一天。这一天可能伴随着一个重大事件，比如撤资、战略销售、合并、管理层收购和上市。

这一部分，我们将研究各种退出方式，并讨论在成功退出之前，比如股份转让或首次公开募股之前，必须做的考虑以及要采取的行动。

在本书的最后一章，我们将介绍作为成功的创业者，你在退出项目后如何工作和生活。在大多数情况下，优先要做的事包括创办新的公司、追求有趣的生活方式、投资，以及做慈善。这听起来非常有趣，也让人很满足，事实确实如此。但是，伊甸园里也有蛇，对此我们也会给你一些忠告。

15 不同的退出方式

对于某些创业者来说，退出可能是主要的目标，但对其他创业者来说，退出可能是躲也躲不过的不幸。不管是哪种情况，退出的时刻都会充满欢乐、宽慰和悲伤——也许是各种情感突然袭来。根据我们自己的经验，在突然要离开的那一刻，很难想象你对公司的员工、使命以及整个公司会有多么不舍。

但是，退出有时的确是正确的选择，本章我们将告诉你如何顺利退出。

退出是指什么？有些人可能认为退出就是首次公开募股，但这通常只是退出的一种途径，还有很多其他形式，我们很快就会谈到。

为什么要把公司卖掉？

把整个公司或其部分业务和资产卖掉的原因有很多，其中包括：

你别无选择，比如健康原因、其他股东或经理的一致意见，或者你根本没有经济能力支撑下去。

你觉得干够了，太累了或者不再上心了——你可能已经干了20年，现在想做点儿别的事情。

你需要钱做其他事情或是开启退休生活。

你认为别人愿意支付的金额高于公司对你的价值或是在你领导下的价值。

你担心会发生严重的经济危机或贸易危机。

你发现公司易主可能会产生协同效应。

税法规定在你出售股票之前要交税，因此你必须卖掉部分股票来支付税款。

你一心扑在公司上时，你的配偶或家人承受了很多，同时你也对他们做出了很多未兑现的承诺。如果你拿出一部分钱买套更好的房子，那么他们会觉得你是认真的，你在为他们而努力工作。

有人想买你的公司，你觉得："哇，价钱很高！按这个价格，我想卖掉所持的股票。"

有哪些退出方式？

退出策略有很多，主要可以分为四类，如表15-1所示。

有两种退出策略通常会实现最高的收益，一是向战略合作伙伴转让股权，他们会从你的公司得到更多的价值；二是在良好的股票市场上进行首次公开募股。此外，在某些情况下，首次代币发行的效果也很惊人，但往往是出于错误的原因（菜鸟投资者）。不过，也有很多理由选择其他退出策略，我们将在下文介绍。

表 15-1　15 种退出策略

变卖资产	向战略合作伙伴出售股份
• 股权切离 • 出售知识产权 • 出售有形资产 • 迅速的战略性公司分立	• 盈利能力支付计划（Earn-Out） • 有撤资权的合资 • 有撤资权的合并 • 引入合作伙伴 • 管理层收购 • 向基金转让股权 • 针对商业公司的战略性股权转让
股票的二次销售	**向公众出售股权**
• 加入筹资环节 • 通过二级公开市场销售	• 首次公开募股（IPO） • 首次代币发行（ICO）

有两种退出策略通常会实现最高的收益，一是向战略合作伙伴转让股权，他们会从你的公司得到更多的价值；二是在良好的股票市场上进行首次公开募股。

出售资产，其大意就是留着公司但出售部分资产。比如，这样做你可以支付股息，从而实现现金收入。一种方法是根据现有或新的业务设立子公司，然后通过首次公开募股或向特定的投资者出售少数股份。这有时被称为“股权切离”。

还有一种方法是“出售权利”，你可以出售专利权或某个地区的产品独家销售权，用来抵销前期款项，外加最低年收入和销售佣金。这些权利通常是知识产权。这可能短期内会带来更多的收入，但也会降低你对公司的控制，限制长远的上行空间。

你还可以出售与知识产权无关的资产，它们通常被称为“有形资产”。举个典型的例子，公司拥有自己的办公室或生产车间，但现在要把它们卖给养老基金，然后再进行长期租赁。这被称为“售后租回”。

资产销售还有一种形式，就是分立公司，然后一次卖出一家。这样你会实现“迅速增长”的效果。你可以把创新成果转移给新的子公司，然后将其出售以获取利润。每次成功的公司分立都是一次小的退出。如果你觉得公司更擅长创新而非规模化，就可以这样做。在某种程度上，这种策略会让你的公司成为自己想法的孵化器或加速器。

另外一种情况是简单的公司分立，即出于整体的战略原因，分不同阶段出售公司。这特别适合业务比较复杂的公司，通常可以将其分成更集中的不同部分，然后以更高的价格一个个卖掉。

如何在二级市场出售股权？

大约 5% 的风险投资集中在二级市场。[1] 即使你的公司还在不断融资，也有可能出售部分股权。不久之前，如果创始人或重要的管理人员在投资人还持续投钱的时候出售股份，投资者还是会表示担忧。一般来说，这是说得通的。但现在越来越多的人都理解，创始人有时候需要拿出一部分钱来稳定家庭这个大后方。不过，出售的股份不能太多，5% 没有问题，10% 也是可以的。但如果你想出售超过 20% 的股份，那么你得到的可不仅仅是投资人的关注了。事实上，你可能会遭遇投资人的抵制。如何在二级市场出售股份呢？有些二级风险投资基金会专门购买二级市场股票，许多风险投资人也会出于投机目的购买二级市场股票，他们可能是创始人或早期的投资人（如天使投资人），后者是首选。SharesPost 和 SecondMarket 也是两个二级市场交易平台。

如何将股权卖给战略合作伙伴?

将股份卖给战略合作伙伴，具体的形式有多种。其中比较有趣的一种是盈利能力支付计划。你承诺为另外一家通常更大的公司开发产品或市场，但是，你要的不是固定费用，而是一份协议，协议规定如果实现了关键业绩指标，这家公司就要买下你的公司。购买价格通常会在你达成特定的关键业绩指标后进行调整。

还有一种相关的方法——有撤资权的合资。有些公司会与其他公司一起建立合资企业，其中一方可以选择根据预先确定的条款购买另一方的股份。假设你的创业公司与一家规模更大、品牌更大的公司建立了一家合资企业。你的团队负责经营合资企业，但另一家公司可以选择 3 年后以 10 倍年收入的价格买下这家合资企业。

另外一种类似的方法是有撤资权的合并，就是与另外一家公司合并或“对等合并”。从本质上说，这并不是退出，但如果你同意在一段时间后你的股份会自动转让给合并伙伴，那么这就是退出了。顺便提一下，合并还可以让你有机会提早退出公司的日常管理，然后出售你的股权。与这种方式类似的选择是引入新的合作伙伴，他们随后将购买公司的部分股权，并担任管理职位。

针对战略合作伙伴，有三种更明确的退出策略：管理层收购；卖给私募股权基金；卖给商业公司。

第一种策略中，管理层（除你之外，如果你是出售股权的创始人）会购买公司的股份，如果他们已经是股东了，则会购买剩余的股份。典型的管理层收购往往涉及年纪较大的创业者，他们允许年轻的管理层收购公司，从而实现管理层的代际更迭。然而，年轻的管理者很少能够负担得起，但他们可以与外部投资者联手，还可以寻求贷款，并采用渐进加付法，这样一来他们就可以利用公司未来的收益买下公司。

另外一种退出方式是把公司卖给私募股权基金，如前文所述，私募股权基金会投资非上市公司，并与之合作。在某些情况下，它们会购买上市公司的一手控制权，然后退市，这称为“买断”。不过，最常见的方法还是投资非上市（私人）公司。在这种情况下，公司的所有权仅仅限于较小的圈子而非作为股票投资者的公众。

与风险投资基金一样，私募股权基金公司的每只基金通常会运作10~12年。它们主要在最初的3~5年内进行投资，然后通过股权转让或首次公开募股等方式寻求退出。在许多情况下，原来的管理层仍会保留，不过私募基金会成为主要的投资者或独资经营者。在这些情况下，管理层通常会获得较多的股票期权。如果管理层和所有者是同一波人，他们可以先获得为数不少且安全的股权，然后是公司的附加价值。

卖掉公司的另一种选择是将股权战略性地卖给相关领域的商业公司。通常情况下，创业公司对买家比对公司当前所有人的价值更高，有时甚至会高出很多。这种买家可能是创业公司的客户、供应商或竞争对手，他们希望通过获得你的产品、分销协议、员工或专利以及开发能力来加强自身业务。或者，他们可能看到了显著的成本协同效应，并购后的管理、生产或销售会变得更加有效。一般来说，这被称为“股权转让”，股权转让的重点不仅在于你要弄清楚公司对你自己的价值，而且要知道公司对买方的价值。价格可能是两者折中的结果。

对于战略性出售，支付方式包括：买方公司的股份；现金；取决于公司易主后的业绩表现。

最后一种方式就是所谓的盈利能力支付计划。这种方法尤其在依赖个人的中小企业中比较普遍。签订盈利能力支付计划后，售价的一部分会以现金或公司股票的形式兑现，其余部分则取决于公司售出后几个月或几年内的表现是否能达到预先商定的关键业绩指标。但是，我们的建议是一定要谨慎对待此类协议，无数的案例都以失败和法律纠纷而告终。

要注意，潜在买家可能会要求你做出“不招揽、不谈判”的承诺，以便你不会暴露潜在的买家，并且保证商谈的机密性。如果你确定买家是认真的，并且拿出了意向书，那么做出这样的承诺是可以接受的。但是，如果你确实签署了此类协议，请确保你的朋友和商业伙伴不会招揽这笔交易，你的员工或其他任何人不会谈论此事。

即使你签署了这样的协议，也要保证自己能掌握其他可以介入的潜在买家。买家在最后一刻退出是极为常见的，也许他们是为了吓唬一下卖家，然后再以较低的报价回到谈判桌上。所以，一定要有可以替代的潜在买家。

双轨谈判

如果有人想要买你的公司，那么达成谈判协议的最佳方案就是通过风险投资来筹集资金。这样一来，潜在的买家就会知道，如果这一轮融资成功，投资的风投公司可能会以至少 3~4 倍的价格出售公司。例如，如果潜在买家认为公司的估值为 1 亿美元，那么下一次出售机会可能会在几年后，而估值会达到 3~4 亿美元。

并购的链式反应

任何经验丰富的投资银行家和风险投资人都知道这种情况，某个行业很少或根本没有出现过并购事件。后来，一家大公司高调地进行了并购，马上引发了一股热潮，其他公司突然开始了“抢椅子”的游戏，可游戏赢家最后却发现自己没有合适的合作伙伴或技术。出于这个原因，创业公司可能找了好几年买家都没找到，但突然某一天大家都找上门来。

向公众出售股票

除了向战略合作伙伴出售公司的资产或股权，你还可以让公司上市，来吸引公众投资。这就要谈到首次公开募股或首次代币发行。但是，在我们深入研究之前，应该提一下，有一种策略在某些情况下可能会为首次公开募股或首次代币发行做好准备。这种策略被称为“倒挂”。你可以找一家规模更小但地理位置更优的公司，然后，让这家较小的公司买下你的公司，理由可以是你能借钱给它。这样做的目的通常是将你的公司总部搬到这家公司的所在地，为的是那里的低税率或其他有吸引力的原因。举个例子，一家拥有300名员工的瑞典创业公司可能会与硅谷的一家只有5名员工的公司合作，然后迅速将总部迁至硅谷。很多美国公司都通过“倒挂”操作把公司迁到税率更低的加拿大。这里我们应该指出，严格来讲，这不是一种退出策略，但它可以把你带到退出阶段。

现在，我们谈谈上市。通常人们会把上市理解为首次公开募股。然而，正如我们前文所说，首次代币发行也是一种公开交易的方法，但它甚至能在任何商业活动启动前就开始。

现在，再回到首次公开募股，有一种途径叫“买壳上市”。你可以找一个“壳”，即一家没有或几乎没有什么经营行为的上市公司。由于它是“空”的，你可以用较低的价格购买它的控股权。你的创业公司随后借钱给这家上市公司，然后它利用你的资金买下你的公司。但是，证券交易所要求公司必须有一定的估值、自由流动的公有股以及交易量，才能保持上市地位。如果交易所将公司摘牌，那么你将回到原点。

在证券交易所上市一般更为常见。成为上市公司，要花的钱可不少，这在上市过程中以及无休止的各种手续中都可以得到体现。不过，上市可以提高公司在市场上的知名度，因此可以成为宣传产品和吸引员工的一种营销方式。此外，由于股票是流动的，因此上市更适合用于股权转让和购买其他公司。

出售公司以后你所扮演的角色

当你把公司卖掉后，并不一定要停下在公司的工作。举个例子，如果你是首席执行官，一般不会立即卸任，因为公司可能需要你再做几年，以保证公司经营的连续性。公司是否需要你继续任职，可能取决于你对公司的重要性、你对公司的发展和机遇的价值。如果你不希望卖掉公司后继续任职，我们建议你快速聘请一位首席执行官，当然要大大早于出售流程开始之前，这样他可以在公司被卖掉后继续担任首席执行官，从而确保公司经营的连续性。有时候你可能不想卸任，因为你喜欢这份工作，而且觉得即便你卖掉了股份别人也依然需要你。在技术领域，我们经常看到被收购的公司的首席执行官在新公司的影响力比以前更大，他们从管理 50 个人到领导新公司一个 500 人的部门。然而，从创业文化过渡到责任更重、更正式的企业文化时，我们也经常体会到一种挫败感。

16 退出过程

退出一般来说是非常耗时的，比很多创业者预计的时间都要长。退出可能很复杂，因为它涉及战略决策、做好退出准备（也许可以将其看作选美比赛）、艰难的谈判，以及大量的文书工作，等等。

让我们回到你第一次觉得应该考虑退出的时候。

第一件事显然是弄清楚上一章提到的哪种退出方式最适合你，资产出售、股权转让，还是首次公开募股？你应该问问自己：最合适的潜在买家是谁？谁出的价最高？他们为什么要买下我的公司或是公司的部分业务或资产？为什么会有人给我们的首次公开募股投资？

如何提高退出价值？

如果你已经确定了自己正在寻找的潜在买家，就应该审视一下自己的公司并问自己一个问题："怎样才能提高公司在这个或这些买家眼中的价值?”你必须考虑公司的估值是基于什么计算的，比如用户、客户、收入、毛利润、专利或盈余。弄清楚估值的驱动因素，然后研究一下如何提高这些数值。以购买老牌公司为主的资本基金非常擅长此道，它们能创造出公司所有者看不到的价值，或是把公司以所有人都想不到的价格卖出。当它们购买一家公司时，通常会在一开始大力投资促使其增长，但在退出时，因为公司通常会根据利润率进行估值，它们则会降低成本。此外，它们经常通过出售、收购及适当的合并，创造出一个好故事和漂亮的经济数据。

因此，你应该像经验丰富的资本基金所有人那样思考，找到潜在买家以及他们想要的东西。你还应该很早就弄清楚你愿意接受的退出条款底线。

一个好的故事离不开你对公司的思考。让我们解释一下，在金融行业，你经常听到投资组合经理和分析师说某家公司有个“很好的故事”。这并不是想象出来的童话故事，他们的意思是公司的目标、愿景、增值模式、业务部门、核心竞争力、营销战略和组织加在一起，似乎形成了一个投资人喜欢的连贯、合乎逻辑、令人印象深刻的故事。这样一个令人信服的故事会让人觉得重点突出、情节紧凑，也就是说让人感觉公司具备了成功所需的一切元素，且没有其他的累赘。换句话说，好故事不应该指向许多不同的方向，或是显得松松垮垮。

一个令人信服的故事会让人觉得重点突出、情节紧凑，也就是说让人感觉公司具备了成功所需的一切元素，且没有其他的累赘。

一旦你想到了如何为公司创造一个好故事，那么你几乎可以肯定公司需要做出一些改变。也许你要变革管理层或人员配置，让一些股东离开或加入，开发或终止某些项目，购买或出售某些资产。下面举几个例子：

如果公司有5个前景光明的市场，现在已经进入了其中4个，那么你可以考虑开始进军第5个。

如果公司的某些业务潜在买家不感兴趣，你可以出售或分拆业务，这样一来你的故事会更紧凑。

如果公司有太多债务，你也可以卖掉一部分业务以减少负债。

如果公司的某些业务存在风险，而其他业务不存在，你可以将其分成两个公司。

如果公司没有技术，而你认为拥有技术会显著提高公司的估值（通常意味着更高的回报倍数），那么你可以开发或购买一些技术。

如果公司的管理团队看起来并不完整，你可以聘请一些明星高管来完善它。

如果公司过于依赖少数的大客户，你可以并购或收购另一家公司以使公司客户更多元化。

接下来是“大扫除”，这和你在获得外部资金之前所做的事情类似，包括法律审计、检查所有流程是否达到了最佳效果等。干净透明的公司将获得更高的估值。

最后，要重新调整营销和公关思路，不再关注你的产品有多好，而要重点强调你的公司有多棒。

如何进行股权转让?

现在，让我们看一下股权转让的流程。股权转让通常包括以下七个阶段。

（1）确定目标和战略

（2）如果需要，找到金融合作伙伴

（3）列出潜在买家

（4）如果有人表现出兴趣，列出合格的买家

（5）在尽职调查时提供支持

（6）收集报价

（7）与最佳投标人达成交易

虽然整个过程可以在不到一周内完成，比如一家银行破产了亟须买家，但大多数公司需要好几个月才能确保吸引足够多的潜在买家，从而获得最高的报价。事实上，整个过程需要 12 个月或更长的时间，甚至长达数年，这也是很常见的。

在第一个阶段，也就是你还在考虑策略时，就可以列出潜在买家。如果可能的话，可以咨询财务公司或投资银行有什么意见——它们基本上会免费给出建议，供你参考。此时，你可能需要找一位财务顾问。在转售股权时，有人会选择普华永道或德勤等公司，有人会选择高盛等投资银行，还有人会自己负责。但大多数人可能会找一家小型专业财务公司。

如果你选择聘用财务顾问，若公司成功卖出，他们通常会从销售金额中抽取一定的百分比。如果售价超过了一定金额，有些卖家会给财务顾问一笔奖金。财务公司或投资银行有时会要求，不管公司是否成功卖出，卖方都要付费，即“预付费用”，但我们建议你不要接受这样的要求。

转让股权时，是应该自己操刀还是聘请顾问，这并没有明确的答案。但是，如果你的公司非常小，应该选择前者，因为财务公司可以赚到的钱太少，所以不会花时间在你的公司上。如果是中型公司，可以考虑聘请财务公司。如果是大公司，可以考虑投资银行。不过，正如我们前文所说，没有什么固定的规则。

如果你想聘请财务顾问，那么你可以办个“选美比赛”，让候选人介绍他们会怎样做，以及条件如何。他们的介绍不仅可以引导你选择最佳的合作伙伴，还可以让你深入了解股权转让的过程。例如，他们可能会帮助你了解应该寻找哪种类型的买家，以及应该做出哪些改变以实现更好的退出。

选定财务顾问后，你应该和他一起更新潜在买家的名单。财务顾问或是你（或是你们二人）现在要开始搜寻买家了。设定参考报价的截止日期，即便选择这个日子可能没什么特殊理由。收到报价后，选择几个潜在买家（合格买家），并为尽职调查提供支持，以便他们可以深入了解公司。但是，要记住为最终竞标设定截止日期，否则他们会不紧不慢，可能也不会为尽职调查投入足够的资源。

卖家在谈判中想保留部分业务，以待日后进一步发展，这种情况并不少见。这有时被称为“股权切离”，不过这个术语更多地用于建立子公司进而出售股权的情况。

最后，我们要给你一点儿警告。有无数这样的案例：大公司有兴趣购买小公司，如果交易失败了，大公司会大肆攻击小公司。一种典型的方法是把小公司的重要员工挖走。因此，在开始谈判之前，你应该要求买家签署《禁止招揽协议》（NSA），禁止它们在一定时间内（比如两年）雇用你公司的任何员工。

现在，你已经准备好选择买家了。你的目标是签订协议，把钱拿到手。

一定要一份买家的资金证明，这是比较明智的。随后，这笔钱会由律师打入托管账户或由银行提供担保。

股权转让后创业者该扮演什么角色？

股权转让协议通常包括你将继续在公司任职的条款。比如，你和联合创始人可能有义务继续全职在管理层任职一到两年，然后还要保证一段时间内能“随叫随到”。此外，你的部分薪水通常取决于公司的盈利能力。为了确保能够获得尽可能多的收入，大多数创始人希望留在公司，直到盈利能力支付计划结束。他们还会试图留住最好的员工以增加盈利的可能性。你应该考虑到这一点。

股权转让还有一种形式，即买方买下你公司的所有资产，然后公司进行清算。这样做的主要目的可能是防止公司存在“见不得光的秘密”，同时保证买家清楚自己得到了什么。如果是这种情况，你接下来应该保证清算后公司具有偿付能力，以便所有债权人都会得到赔付。交易完成后，公司之前的所有者面临的将是一个空壳，其中包括净现金，也许还有买方不想要的其他资产，比如房产。在清算成本之后，公司的所有人将分享剩余的净现金。

成功的股权转让通常需要竞标。你可以通过财务机构或投资银行组织竞标，它们能联系到更多的买家，提高媒体曝光率。虽然我们不是在推荐你采用后一种方法，但有关待售公司以及涉及哪些买家的媒体报道可能会透露信息，从而引发竞争。然而，竞争性招标有其复杂性，因为它可能也会吓跑潜在的买家，这些买家担心公司最终会被其他竞标者收购，所以不希望浪费时间进行尽职调查。

如何进行首次公开募股？

首次公开募股可以分为以下几个阶段。

（1）选择顾问 / 银行

（2）尽职调查和准备

（3）准备文件

（4）定价

（5）路演

（6）分配

首次公开募股由金融公司来管理，一般是指一家银行或几家银行，如果是几家银行一起，则由牵头银行指导整个过程。在很多情况下，银行很早就会围绕在准备首次公开募股的公司的周围——它们对这种事有一种天生的嗅觉！你会发现自己会受邀共进午餐、做演示等。但是，当你的董事会决定准备首次公开募股时，不管之前谁联系过你，你都要组织一场“选美比赛”。

理想情况下，公司都希望与世界领先的投资银行合作，比如高盛、摩根士丹利、摩根大通、美林银行、瑞士瑞信银行、德意志银行。不过，你应该现实一点，要清楚自己的上市规模以及对银行的吸引力。上面提到的这些银行可能都不会承担小公司的首次公开募股。

在展示过程中，每家银行都会告诉你它认为你的公司最好在哪个证券交易所上市、估值如何、它有哪些投资者资源、之前做过哪些类似的首次公开募股，以及你的公司是否应该进行股权转让。（它可以安排！）此外，银行还将解释它们要收取的费用以及具体的流程。有一点很明确，它们通常会寻求其他银行作为合作伙伴，自己做牵头人，其他银行提供支持，以便寻找更多的投资者。比较认真的银行在参加公司的“选美比赛”之前，至少都会进行小范围的尽职调查。

何为尽职调查和红头招股书？

一旦与银行达成协议，它就会展开更为广泛的尽职调查，你必须提供电子版的材料。同时，你必须指定一些员工，银行可以随时联系他们咨询任何问题，包括技术、财务、法律、商业以及其他各种问题。银行通常还会进行全面的法律审计，审查公司的所有合同。一般来说，它们会指出它们认为公司在上市之前应该适当调整哪些合同条款。

当银行及其顾问认为万事俱备时，就会开始准备演示材料，其中包括预告部分，即简要的介绍加上部分披露文件，通常被称为“红头招股书”。红头招股书是一份全面的文件，其中包含对公司的描述以及针对可能出错的任何事项的警告。这份文件由银行指定的几位律师制订，同时需要你的律师给予支持。律师和管理层会花相当长的时间来完成这份文件。首先你必须提交一份对公司全面描述的文件，之后将至少举行 5~10 次半天或全天会议，你公司的高管将与律师和银行代表共同商议。如此谨慎的一个原因是红头招股书中必须不含将来会被用来状告银行或公司的任何内容，因此每一句话都要仔细权衡。

此外，银行将与律师一起制作交易前后的股权结构表以及认购文件等。

在此期间，你们还要讨论现有股东是否会因上市而出售股票。这属于二级销售，而其余的股票则是初始股，收益归公司而非现有股东。然而，数额较大的二级销售会吓跑许多投资人——如果最了解公司的管理层都出售股票，投资人为什么还要买呢？

锁定期与绿鞋期权

签订认购文件时，要就“锁定期”达成一致。锁定期是在首次公开募股之后的一段时间，在此期间现有股东不能出售股份。此外，文件中规定了在财务报表发布之后多久股东可以出售股票。一般来说，锁定期是 6 个月，但有时会长达 12 个月。此外，当锁定期结束时，作为大股东，你可能仍然无法在短期内出售所持有的全部股票，因为大量卖出可能会对股价产生不利的影响。

锁定期有一种例外情况：证券交易所可能存在“绿鞋期权”。如果需求可观，银行有权出售比发行人确定的原始金额多 15% 的股份。如果首次公开募股进展顺利，而且股票立即上涨，银行会从公司购买这些股票。如果首次公开募股表现不佳，但银行认为股票后期会上涨，它们可以在股市购买。这样一来，银行能够创造更大的利润，并且有助于稳定首次公开募股后的股价走向。

在正式文件完成后，你的工作重点将转移到路演的准备上。

路演、静默期、定价、簿记建档和分配

路演其实就是一次销售之旅。公司事先会启动静默期，在此期间，没有人会就可能影响股票需求的任何事情向媒体或公众发表评论。静默期的长短由当地法律规定，通常为 40 天或 90 天。如果违反这一规则，你将面临被取消整个上市流程的风险，并且公司将很难重返金融市场。

在路演开始之前，牵头银行将与你一起制作问答表，可能随后还会召开一次或多次会议，由牵头银行扮演关键的投资者，并试图攻击你所说的一切。只有当银行非常确定你的团队能够专业地应对这个过程时，它才敢

设定路演的开始日期。

当首次公开募股的日期马上来临时，通常就在之前几天，银行会召开定价会议，其间将商定股价范围。这个范围并不具有约束力，可以在过程中进行更改。但是，如果定价区间过高，很可能在认购时股价有所降低，这就会让投资者担心，除非是因为整个股市下跌了——所以不要把股价定得太高。

在路演过程中，你通常会奔波两周，拜访重要的潜在投资者。一般包括早餐演示、午餐演示和晚餐演示（以及大量的会议）。在此期间，你和公司的 2~4 名高管会出席这些演示和会议，在投资者吃饭的时候回答他们的问题。（你会饿肚子的，所以记着带点儿零食！）

在此过程中，可能会有平行会议，其中一人得离开团队，与不能或不会参加演示的主要投资者进行一对一的会谈。

动态的定价区间

新股发行价格的确定具有特殊的动态性。例如，如果投资者认为证券交易所将超额认购 20~30 倍，他们通常会认购多于实际需要的数量，因为他们知道他们有可能只会获得配售的认购数量。举个例子，投资者实际上只需要 5 万股，但他们可能会购买 100 万股。如果情况恰恰相反，有传言说认购速度很慢，那么投资者只会按实际需要认购。因此，细微的心理差异可能会导致巨大的认购差异。如果在此过程中定价降低，很多投资者都会跑掉。

在路演之后，银行和银团将进行簿记建档，其中包括发行利率。之后你和管理层通常会被召集参加股权分配会议，预设可能出现重大的超额认购。这时，你将核查感兴趣的投资者，其中一些是匿名的小客户，剩下的则是知名的投资人。银行会建议二者皆取，其中大部分为长期投资者，他们通常会持有股票长达数月或数年的时间。此外，还有少数的小投资者，这样可以保证每天都有较高的交易量。

接下来，股票开始交易了，大约 0.01% 的有前景的创业者走到了这一步。所以，如果你是其中之一，就喝杯香槟庆祝一下吧。

17 下一个项目

现在，我们到了本书的最后一章。这章其实本不应该收录在内，因此非常简短。本章讲的是创业者退出后要做什么。为什么说这部分内容十分有趣，应该被收录进来呢？因为我们看到，创业者退出后经常会犯灾难性的大错误。

试着想象一下这个情景：你是少数几位真正大获成功的创业者之一，而且你成功地退出了创业项目。因此，经过数年的紧张工作，你的工作压力突然减少了，你的银行账户里有很多钱。那么，你现在要做点儿什么呢？

自负的创业者

也许你做了一件大事，但也许并非如此。为什么说它可能没有那么辉煌呢？因为像我们这样的创业者可能并非这个星球上最谦卑的人。事实上，让我们面对现实吧，大多数创业者都非常自信，刚获得成功的创业者可能都会摆点儿架子。因此，在成功退出后，我们建议你问问自己："我到底付出了多少努力才获得了今天的成就？这是透彻领悟某条商业规则和专业规则而多年辛苦工作的结果吗？其中是否涉及大量的准备工作？是否需要不断地培训、培训、再培训？需要不断地奋斗和工作？"

我们猜可能正是如此。没错，你确实做了这一切。

我们之所以提到这一点，是因为如果你的成功可以部分归功于你非常愿意工作、训练、学习、准备和奋斗，那么你就有明确的理由相信，你还需要付出同样的努力、做出同样的奉献，才可以再获得一次成功。既然你已经很富有了，你还愿意再做一次吗？

我们想说的是，天资不能替代知识或努力。你很聪明，但这可能并不意味着不努力工作就可以再获成功。

天资不能替代知识或努力。

还有一个问题，你的成功是不是因为幸运？是不是因为你只是恰好在正确的时间出现在了正确的地方？如果是这样，你认为你还会恰好在正确的地点和正确的时间再次取得成功吗？

据我们所知，有很多成功的创业者都掉入了这样一个陷阱：他们开始了新的项目，但付出的努力和运气不尽相同，然后他们不断地经历失败。

这让我们想到一个问题，你的核心竞争力究竟是什么？你是杰出的推销员吗？这是让你与众不同的唯一元素吗？你是天生的领袖，还是杰出的技术专家、分析师，抑或别的？无论是什么，你都要让未来的事业建立在曾引导你走向成功的天赋上，而不是你想当然的空中楼阁。在这一点上，你可以做一下招人时所用的性格测试，比如韦氏成人智力测验、凯尔西气质类型测试和迈尔斯－布里格斯类型指标（MBTI）。这些测试可以告诉你更多有关你天赋的信息。

知道了上面这些问题的答案，我们现在简要介绍一下创业者退出后的下一个项目。根据我们的经验，我们先说说创业者几乎从不会做的事情。正如我们在第一章所说的，我们从未见过有任何创业者在卖掉第一家公司后永久地过上了海边休闲的生活。相反，他们会：

（1）创办新的公司；

（2）给有趣的生活方式型项目投资；

（3）创建投资组合；

（4）进行天使投资；

（5）做慈善。

是否应该做连续创业者？

很多第一次成功创业的人最终都成了连续创业者。他们会创办另一家公司，之后还会创办更多的公司。可以说，原则上最简单的方法是继续在原来的行业创业。然而，实际情况通常并非如此，原因可能是他们是因为行业不再那么热门了才卖掉了之前的创业公司。因此，对于下一个项目，他们需要找到一个当下热门的新领域。连续创业者开办的每家新公司往往都属于一个新的领域，至少对擅长技术的人来说是这样的。

然而，有一件事往往是不变的，连续创业者在之后的创业项目中总会带着同一批人。一旦你找到了一个成功团队，你就会希望他们每次都和你一起创业。他们也会跟随你，因为你非常擅长创业。

所以，这会一直进展下去，但你也许应该考虑拿出一部分资金进行连续创业，而不是每次创业都把一切投进去。即使你的天赋和努力无穷无尽，运气也不会常伴左右。

进入自己不懂的行业

如果你非常希望进入自己不懂的投资领域或业务领域，那么一个折中的方法是与专业的人共同投资。

生活方式型项目

有些创业者不喜欢把钱用在私人领域，这不会给他们带来快乐，反而会带来痛苦。这可能是一种人格障碍，也或许出于道德或社会原因，谁知道呢。但是，这绝对会让他们变得极其富裕，因为财富等于收入减去支出。

然而，据我们所知，大多数人在某种程度上都喜欢美好的生活。成功退出后，创业者可以参与的生活方式型项目可谓多种多样，比如打猎、打高尔夫球、滑雪、收藏葡萄酒、驾驶豪车。有些人还专注于“兴趣投资”，其中可能包括汽车收藏、豪宅、船只、私人飞机、体育俱乐部、艺术品、精品酒店、餐厅、酒吧和夜店。对此，我们想说的是，这些领域的投资都有一定的经验法则。

另外，并非所有项目都是好项目。我们先从豪宅说起，由于技术陈旧和磨损，建筑本身的价值通常会逐渐降低。如果一栋房子盖了已有四五十年，那么将其拆除并建造新房通常比翻新更划算，这就告诉我们大多数房产在四五十年内将失去其全部价值以及拆迁成本，至少算上通货膨胀是这样。但是，如果房产所处的位置较好，那么这块土地的价值可能会大大增加。这就是为什么房地产专家总是强调“位置”。这里我们想补充一点，在经济衰退而非繁荣期购买房产是一个很大的优势。除非你对房产的热情大大超出了你对投资价值的兴趣，否则永远不要在泡沫期间购买房产。

至于其他兴趣投资，可以看看这条经验法则：游艇的年运营成本通常相当于新船价格的10%，每年要使用超过8周，否则买船不如租船划算。尽管如此，很多人还是喜欢拥有自己的游艇，并规划整个游艇季的旅行。如果租的话，他们就享受不到这种特权了。应该注意的是，凭借现代的卫星连接和移动电话，在船上也可以上网，因此游艇可以用作漂浮的办公室，也可以用作移动会议室。

对于私人飞机，一条关键的法则是，必须每年飞行500~600小时，否则还是租更划算。但是，如果你可以当飞行员或副驾驶，并且使用容易维护的皮拉图斯飞机，那么情况会大为改善。然而，在现实生活中，有人认为租赁胜于购买，因为每次航行都可以根据乘客数量、所需的跑道长度和巡航速度来选择符合特定需求的飞机。

至于投资体育俱乐部、狩猎区、艺术品、精品酒店、餐厅、酒吧或夜店，我们只想提醒你，也许你觉得这些领域都很有趣，但你具备必需的知识和合适的团队吗？你准备好投入必要的精力了吗？此外，还要记住一条酒店业的关键规则：第三任老板才会赚钱。这也点明了第一任和第二任老板的结果。

金融投资

项目退出后，把一部分赚到的钱用于金融投资可能是个好主意。金融投资包括股票、债券、基金等。然而，对于许多创业者而言，这是一个未知领域，他们最终常常遭受重大的损失。或者，他们对银行和金融家表示怀疑，以至从未尝试金融投资，因此未能创造一个拥有稳定回报率的核心投资组合，来加固或增强他们的财务能力和长期购买力。

很多创业者都会面临一个问题，金融投资与创办公司截然不同，适用的规则也完全不同。金融投资的规则往往是反直觉的，并且可能对强调超凡魅力的创业精神造成破坏。你不能像在商场上的创业者那样把你的意志强加给金融市场。相反，金融市场总是将其意愿强加在你的身上。因此，唯有凭借精明的头脑和分析才能，而非超凡魅力和意志力，你才能在金融市场获胜。这种角色转换并不一定适用于每个人。

作为创业者，你应该如何适应金融市场呢？我们的建议是不要尝试交易，你面对的是一部分世界上最聪明的人，他们专以交易为生。相反，你可以把自己的任务想象成资产配置，也就是在不同的活跃领域进行战略性资金分配。这一领域的领头羊可能当属耶鲁大学捐赠基金了，这家大学基金已经做了几十年的资产配置，因此一开始你最好读一读该基金长期以来的掌门人大卫·斯文森的书。[1]

读过之后，你可以联系一些大银行，请它们给出战略性的资产配置模型，其中包括全球性的非相关资产，比如股票、私募股权、风险基金、债券、房地产公司或对冲基金。

天使投资

成为天使投资人可谓处于创办创业公司和不创办创业公司之间的一种很好的方式，很多创业者在第一次重大退出后都会选择当天使投资人。这可以给他们带来乐趣和助人成长的快乐，以及比较高的平均投资回报。此外，与单单创办新的公司相比，这条路线可以带来多样化的体验。

做慈善

很多成功的创业者都喜欢做慈善。究竟做哪种慈善合适因人而异，但我们希望你注意到这样一个事实：创业者不仅可以通过帮助落后地区的贫困人群或保护环境（东海岸的慈善机构）来做慈善，也可以作为创业公司的导师或投资者（西海岸的慈善机构）来做慈善。因为有很多人可以选择前者，但有时间、经验和才能帮助年轻人创业的人显然不多。也许这不是慈善事业，但肯定是有益的事。

结语

本书要就此结束了，很抱歉写了这么厚一本书！我们最后想说的是，我们每个人都只有一次生命，我们每个人生来就具有潜能，都应该努力实现自己的梦想。也许你的梦想是成为职业足球运动员、审计师或厨师；也许是生 5 个孩子并在郊外有一栋小房子；也许是成为骑着哈雷摩托的摇滚歌手。但是，如果你想成为一名创业者，我们只想告诉你，尽管试一试。第一次可能要小心一些，但还是要试一试。不断训练自己，因为创业是可以学习的，就像任何其他技能一样。你可以想一想，完成铁人三项的人生来不一定与每天晚上坐在电视机前的人有什么不同，但前者经过了努力训练且始终如一。

创业的要求肯定很高，并且总是少不了风险。但是，正如你可以把自己训练成音乐家、运动员或其他专业人士一样，你也可以通过训练成为一名创业者。如果成为创业者真是你梦寐以求的，当你在生命的尽头回顾一生时，你至少知道自己已经尽了最大的努力，甚至还可能成功了，这难道不是很棒吗？

晚上，当你喝第三杯葡萄酒时，你会想："我已经实现了我的梦想。"

祝你好运！

附录A

创业者可以使用的116种商业策略

产品和产品组合策略

1 **产品融合**：将之前单独出售的产品概念融合在一起。太阳马戏团就是一个很好的例子，它融合了餐厅、体育、马戏、舞蹈和摇滚音乐会的概念。

2 **中央聚合器**：将其他人的产品收集起来，形成集成解决方案，比如媒体平台或 IT 解决方案，这在 IT 领域经常使用。

3 **大片模式**：推出一鸣惊人的产品，比如电影、音乐专辑或视频游戏，它们会获得巨大成功，同时可能会被疯传。

4 **瞄准草根人群**：专门为草根人群设计产品。产品的单位利润可能不高，但供应商可以提升整体产量，从而带来其他商业优势，比如规模经济或在有望成为中产阶层的草根人群中建立品牌知名度。联合利华等消费品供应商经常会用这种方法。

5 **旧物改造**：收集废旧产品或垃圾，进行升级或改造，以便更好地将其卖出去。这种方法的关键业务优势在于较低的购买价格（在某些情况下，公司实际上要收费才会收取这些产品或垃圾）。此外，在某种意义上这也是一个关于再生利用的重要营销故事（环保意识）。

6 **奢侈品**：你的产品不仅很好，而且属于同类产品中的佼佼者。你可以将高价作为产品的一个特色，而不是宣传物有所值。你可以直接宣传产品有多贵。不要直接进行推广，而是清楚说明并非每个人都买得起。这种方法适合超级跑车、昂贵的手表或顶级信用卡和旅行俱乐部。

7 **反潮流**：如果市场出现了一个重大趋势，几乎吸引了所有的主要供应商，这同时也为反潮流的产品留下了一定的空间。合气道是日本的一种武术，旨在利用对手的力量进行反击，它的道理与反潮流类似。

8 **低成本的商业设计**：专注于将成本降低到竞争对手之下，比如通过自动化、规模化或外包降低成本。可以想想瑞安航空公司的例子。

9 **顾客至上**：在服务顾客上，没有谁能超越你。这是高端酒店采用的一种典型策略，但很多领域都可以使用。

10 **大规模定制**：你已经实现了定制的自动化，每位用户都可以得到定制产品。也许你使用了配备算法的计算机，这些算法可以学习用户的选择，并利用这些知识为新用户提供建议。许多汽车供应商都可以生产数百万台不同的汽车。李维 · 斯特劳斯 1994 年在牛仔裤上运用了这种方法，戴尔将其用于个人电脑，My Unique Bag 则将其用于包包。这种方法通常会涉及在线购物或设计。有趣的是，公司不仅可以获得更多满意的用户，还可以从他们的选择中进一步学习。

11 **即刻完成**：让现有产品在用户购买和使用时都异常方便。亚马逊的“一键购物”或微软 Windows 95 的即插即用就是很好的例子。

12 **利润乘数模式**：通过多种方式重复使用同一产品。比如电影在影院上映后，在电视和网飞上播放，音频可以制作 CD 或是在数字下载平台发布，此外还可以开发玩具、T 恤、游戏、书籍和电脑游戏。

13 **创造性的发明**：产品在某些方面具有创新性，而且要比其他产品好得多。运动相机 GoPro 就是一个例子。

14 **二级销售**：基本产品很便宜或是免费的，但可以从服务或配件中获利。例如，打印机通常会以很便宜的价格出售，但墨盒的利润很高；电信公司会存话费送手机；奈斯派索咖啡机很便宜，但胶囊咖啡可以让公司赚不少钱。这种方法有时也被称为“附加商业模式”。

15 **解决方案提供商**：用户不想要标准化的产品，而是需要定制的解决方案。作为该领域的全方位服务提供商，你提供全面的产品和服务，确保所有产品和服务可以协同工作。很多 IT 服务提供商和建筑承包商都是典型的例子。

16 **保证可用性**：确保产品或服务的可用性或功能，也就是说没有等待时间或停机时间。利捷航空（等待时间）和许多服务器农场（停机时间）都是很好的例子。

17 **成分品牌化**：将营销重点放在产品的某种成分上。比如用于制作巧克力的可可豆或汽车某个零部件的质量。

18 **长尾策略**：这种策略重点在于提供相关领域的各种利基产品，而不是专注于一个或几个畅销产品。即使每种产品的利润有限，但整体的商业模式可能很健全，因为产品很多，而且竞争可能很少。

19 **无修饰**：只关注产品的基本功能，以降低成本和价格。比如折扣超市、经济型酒店和航班最便宜的航空公司。

定价策略

20 **不定期折扣**：提供不定期的折扣，因此潜在买家无法预测下一个折扣期。

21 **即服务模式**：销售产品使用的访问权限，比如包月服务。

22 **拍卖定价**：通过拍卖系统进行销售，价格由竞标方式决定。

23 **补充产品定价（亏本销售定价）**：降低核心产品的价格，从备件、配件、补充产品上获益。产品被称为“亏本出售的商品”。

24 **用户差异化**：不同类型的用户为同一产品支付不同的价格。

25 **优惠券**：可抵扣产品的部分价格。

26 **动态定价**：让价格根据统计的实时供需数值不断波动。

27 **分式产权**：多个用户在不同时间拥有给定资产的使用权。

28 **免费**：在一段时间内免费赠送。

29 **免费增值**：赠送产品或服务的基本款，希望某些用户会升级到付费版本。

30 **常客利益**：买得多，可以升级。

31 **常客折扣**：买得越多，价格越便宜。

32 **常客特权**：有价值的用户可以购买其他人无法购买的限量版产品。

33 **地理差异化定价**：在不同的地理区域以不同价格出售。

34 **隐藏收入**：全部或部分收入来自植入式广告、赞助商、广告商、供应商回扣等，所以可以免费或以折扣价格提供产品。

35 **最后一分钟折扣**：如果在服务开始前的最后时刻购买，即可享受折扣。

36 **租赁**：租而非买，可以选择赎回权利。

37 **许可证**：公司开发知识产权，许可其他公司使用。

38 **标价**：保证所有经销商的价格与所控制的价格相同。

39 **会员优惠**：为常客或俱乐部会员提供折扣。

40 **最低价格**：用户可以想买多少买多少，但必须支付最低价格。

41 **按使用量付费**：只需要按实际使用量付费，而不是为使用权支付固定的费用。

42 **随你付**：价格取决于用户，这会给用户带来感激和义务的感觉。

43 **渗透定价**：开始时以极低的价格打入市场。

44　**绩效保证式合同：**根据解决指定任务的程度获得报酬。
45　**定期折扣：**定期提供特价优惠或甩卖。
46　**溢价定价：**生产低成本的产品吸引用户，通过其他更贵的产品赚钱。
47　**捆绑定价：**用户如果购买多种产品，可以打折。
48　**价格信号：**保持高价，期望用户因此得出产品价值高的结论。
49　**实时定价：**价格实时变化，以反映供需波动（比如优步的定价策略）。
50　**二级市场贴现：**以两个不同的品牌和价格销售相同的产品。
51　**撇脂定价：**开始用高价打造专享形象或者吸引最热情的买家，然后降低价格。
52　**独家供应商折扣：**如果供应商保证不用竞争产品，则给予更低的价格。
53　**代币定价：**使用基于区块链的代币购买产品 / 服务。
54　**订购：**客户订购产品，定期交付。
55　**预付定价：**提前付费的服务。
56　**批量折扣：**基于更高的销量提供更低的价格。
57　**白标：**同一种产品如果打上公司的品牌，则以较高的价格出售，如果打上经销商的品牌或没有品牌，则价格较低。

速度与择时策略

58　**先发优势：**你是第一个大举进入某新市场的公司，因此可以获得最佳的合作协议，这可能会让整个市场与你的名字联系起来。如果存在规模经济、网络效应和病毒效应，还可以确保持久的竞争优势。YouTube 就做到了这一点。
59　**后发优势：**你可以快速复制先行者的业务，同时避免先行者所犯的错误。这意味着你的用户会更满意。只有通过这一战略成为市场的领导者时，你才能将注意力转移到原始创新上。
60　**观察趋势：**你预测可能会出现一个重大趋势，确保自己在即将到来的繁荣时期占据一定的位置，可以是一个域名、专利或一块土地等。
61　**涡轮模式：**与其他人相比，你可以更快地生产产品。比如因为更通畅的沟通渠道、授权、程序浮动或其他形式的自动化。

营销理念，包括分销和推广

62　**品牌建设：**每个人都知道你的品牌，品牌就是你的核心竞争力（红牛就是一个例子）。
63　**收入共享：**建立一个生态系统，涵盖所有对公司有贡献的人，与他们分享一部分利润。

比如，奖励为你推荐新用户的用户，或在潜在用户中推广你的产品的博主等。

64 **店中店**：提供平台服务，其他供应商可以在其中开店，可能包括网络平台、零售仓库、购物中心或在线购物网站。

65 **自助服务和自助下单**：当用户实现自助服务时，价值创造的一部分就转移到了用户身上，比如在线预订航班（自助下单）、用手机办理登机手续（自助服务）。宜家、Mobility Carsharing 和自助餐厅都属于此类。

66 **超市模型**：在某些市场类别中提供各种各样的产品，以便购物者可以在一个地方找到所有可选的东西，例如经典超市（沃尔玛）、金融超市（花旗银行）和电子商务平台（亚马逊）。

67 **直销**：取消经销商，直接面向用户销售。这样可以省钱，能够降低价格，甚至可以为用户提供更好、更方便的解决方案。

68 **体验销售**：购买产品的过程本身就是一种很棒的体验。当身处商店或展厅时，你会度过一段美好的时光。卖给你汽车的汽车制造商也许会让你参观完工厂后直接在那里提车。

69 **特许经营**：你拥有商标、专利和品牌等知识产权，并据此开发产品、服务和企业形象等。但是，不要创建过多的子公司或零售店，而是授权给独立的特许经营商，他们会利用自己在当地的优势，并承担风险。麦当劳、万豪和星巴克都是很好的例子。

与网络有关的策略

70 **网络效应**：产品按照这样的原则设计——使用的人越多，对每个用户就越具吸引力。领英就是这方面的例子。

71 **病毒效应**：许多用户都推荐或分享你的产品。

72 **数字市场**：拥有电子商务平台。亚马逊是这个领域的王者，不过电子证券交易所也这样做。

73 **主流网络**：你的网络是最大的，因此每个人都希望成为其中的一员。脸书就是一个很好的例子。

74 **平台 / 标准**：每个人都喜欢在你的平台上购物，你的平台最终成为业界标准。之后，你自然能从市场的整体增长中获益。易贝或纳斯达克就是这样的例子。

75 **双边网络**：创建双重的网络效果，相互依赖的用户群之间可以实现互动，网络效应会逐渐增强，但前提是双方同时扩展。这种方法比较复杂，一旦奏效就会产生强大的效果。信用卡、在线市场和证券交易所都采用了这种方法。

76 **对等网络（P2P）**：建立一个平台，比如在线数据库或是将玩家连接起来的通信服务。易贝、克雷格列表、爱彼迎和跑腿兔都是如此。

77 **开放的商业模式和开源软件**：你有意让外部人士访问你的业务或软件平台，他们可以对其进行添加或扩建。软件领域主要通过发布软件源代码来实现这一点，以便任何人都能理解软件的功能。

商业联盟策略

78 **联盟营销**：创建一个联盟营销机构的网络，以优化产品或实现分销。联盟营销机构包括博主、经纪人或购物网站，通常按照实际达成的销售支付费用。联盟营销机构可能也会利用与你的关系来推动自己的核心业务，但它们的核心业务与你不同。亚马逊网站联盟就是一个很好的例子。

79 **品牌联合**：因广告和产品而进行品牌联合。

80 **联合打包 / 联合定价**：用户（最终用户）以打包的形式购买两个（或更多）公司的产品。

81 **联合推广**：联合营销活动，比如展览、交易会、新闻发布会、产品发布会等。

82 **交叉销售**：不同公司同意出售对方的产品，这样可以销售更多的产品类别，创造更多的收入。

83 **联合营销组织**：几家公司（有时是很多家公司）共同创建一个联合销售组织，以节省成本并产生更大的影响力。该组织可以负责市场研究、销售和营销。

84 **联合产品开发**：比如共享研究设施。

85 **联合生产**：几家公司共用设备进行生产。

86 **联合销售物流**：几家公司共享物流，比如仓储和运输设施。

87 **合资公司**：两家或多家公司共同创办一家新的合资公司。

88 **专有技术交流**：设立论坛，以便专业团体和贸易组织可以交流经验和数据。

89 **OEM 协议**：OEM 代表的是“原始设备制造商”，意思是制造商以自己的名义和品牌，即自有品牌，销售另一家公司的产品。

90 **开放平台**：公司提供平台，让其他人得以轻松开发应用程序，比如通过软件开发工具包。

91 **增值经销商**：销售一家公司的核心产品，增加了另一家公司的额外收益。对于复杂的解决方案，比如在 IT 领域，会使用“系统集成商”这个术语。

价值捕获/业务结构策略

92 **为收购而建**：创办一家公司，最终目的是使其成为收购目标。这在生命科学领域尤为常见。

93 **合并**：合并某个行业的公司，比如通过收购、兼并或创建合作框架。所有机构都可以合并，比如牙科诊所、律师事务所或钟表业（比如斯沃琪）。

94 **临界规模**：公司已经成功发展到了临界规模，因此通过规模经济或网络效应，可能占据行业的主导地位。安赛乐米塔尔集团在钢铁行业就做到了这一点。

95 **套利**：通过一个渠道以低价购入，然后在另一个渠道以高价卖出。比如，批发购入，然后进行零售；在低成本的国家买入，然后在高成本地区销售；以低成本借款，然后投资获取更高的收益。

96 **商业模式复制**：如果一个模式在某个国家或行业很成功，那么可以将其复制到别处。如果涉及如何复制产品的复杂分析，那么这种复制有时被称为“逆向工程”。火箭互联网就是一个很好的例子。

97 **利基优势**：市场很小，但你几乎占据了全部市场。

98 **联合采购**：创建网络，提高购买者或消费者的透明度和集体力量（比如高朋）。

99 **循环使用能力**：有一种重要的商业模式，即识别社会上未使用的资源，比如一天当中大部分时间都不会用的汽车、无人居住的避暑别墅、部分闲置的工厂、未使用的计算机容量。看看如何更好地利用这些资源，比如通过众包（爱彼迎和优步就是成功的案例）。循环使用能力的一种变体是找到可以一物多用的资源。例如，商业街上一家高档汽车经销商的陈列室，晚上可以当作餐馆。

100 **交叉销售**：如果你卖我的产品，那么我也卖你的产品，这是一个很好的互助模式。目的之一是实现物流的协同效应，但公司也可以通过交叉销售来增强公司形象。比如，宾利与百年灵合作推出了运动系列腕表。

101 **众包**：由网络上的匿名人群提供任务的解决方案。一般来说，小任务会得到较低的回报，也有提供较高回报的创新奖项。有时候，人们只是因为喜欢互助，所以去提供解决方案，比如维基百科、InnoCentive、XPRIZE 和 DesignCrowd 都是这方面的例子。

102 **聚类问题解决者**：专门为很多用户解决价值链中某个相同的小问题的公司。这种公司在较小的领域积累了用户不具备的专业知识，并实现了规模经济。此外，它还帮助用户降低管理的复杂性，比如航空餐饮公司、网络服务公司和保洁公司。

103 **大规模用户数据挖掘**：这是一种快速增长的业务模式，利用在线服务收集大量的用户数据，然后基于此提供具有高度针对性的广告平台，以及详细用户信息能发挥重要作用的任何服务。

104 **锁定模式**：与继续使用当前的供应商相比，用户换供应商的成本十分高昂，复杂的软件系统通常就是这样。此外，需要购买设备以及许多昂贵配件时也是如此。举个例子，如果你买了佳能相机以及很多昂贵的佳能镜头，就不太可能把相机换成与佳能镜头不适用的尼康相机。

105 **增产**：使用现有平台为其他品牌和用户生产更多相同的产品，从而创造额外的收入，刺激规模经济，并抑制竞争对手的成长。

106 **编排器**：公司确定自己想要创建的生态系统或价值链，但将所有相关工作系统地外包出去。这样一来，公司成为精益组织，可以从供应商的综合能力和规模经济中受益。此外，公司可以专注于整个系统的效率，而不是聚焦于无数的运营问题。

107 **品类王**：公司定义了一个新的产品类别，并处于领先地位。这意味着，管理层不仅建立了公司，他们也在建立这个产品品类的知名度方面投入了大量资金。

扩张策略

108 **内部开发**：由公司自己的员工负责产品和市场开发。

109 **内部创业**：在公司内部创立一个新的部门，员工可以作为内部创业者。

110 **获得许可**：购买分销其他公司产品的许可。

111 **出售许可**：将产品的分销权出售给其他公司。

112 **以市场为导向的收购**：购买具有良好市场准入条件的公司。

113 **以知识为导向的收购**：因为产品或开发经验而收购其他公司。

114 **营销联盟**：比如交叉销售、交叉推广、联合推广、系统集成等。

115 **合资**：与合作伙伴建立新的公司。

116 **风险投资**：投资与自己的公司具有协同效应的小公司。

附录B

创业公司可能获得成功的46项标准

下文列出了创业公司未来可能获得成功（或持续成功）的 46 项标准。

创始人及其合作情况

1 公司至少有两位创始人。

2 如果公司的商业理念面临技术和商业两方面的挑战，那么至少应该各有一位创始人具备相关的背景。除非存在非常强大的网络效应，否则不可以搭建 100%以商业背景为主的创始团队。

3 至少有一位创始人拥有“明星魅力”，这样更易吸引人才加入公司。

4 如果部分或全部创始人都上过顶尖大学（无论是毕业了，还是中途退学），这将是一个加分项。

5 虽然创始人各有不同的专业背景，但是有兼容的社会观和文化观。

6 创始人表现出了以下特征：有进取心，能够自我激励，急切，高效工作的能力，大脑反应很快、对混乱和不确定性也很适应，对逆境有抵抗力，朝前看、但会从错误中吸取教训，思考如何不断改进周边事物，有职业自豪感，能全身心投入一件事，有很强的好奇心，有合作精神，坚持不懈，接受延迟潜在的回报，青年时代做过出力不讨好的工作，天生快乐而且乐观。

7 创始人最好以前就认识，如果其中几位之前合作过更好，要是同在一家高增长的初创企业工作过，那就再好不过了。

8　创始人就工作量的分配达成一致。

9　创始人就退出条件达成一致，包括退出的要求以及时间。

10　创始人就股东协议达成一致，并就公司的基本宗旨以及个人的角色和付出达成一致。

11　创始人之间的股权分配一部分是动态的，即基于一定的业绩标准。

12　创始人将“创始人”的头衔留给大多数高管，尽管其中一些职位后面才会填补。

13　创始人十分精通共享经济、众包、提高效率的应用程序，以及有助于发展迅速但资金有限的公司最大限度地降低成本并提高效率的其他方法。

14　理想情况下，创始人有一位经验丰富的导师，并关注顶尖创业者的博客。

规划过程

15　最初，管理团队不会制订全面的书面商业计划，而是制作一个简单的商业画布，这个商业画布在最初几个月内会经常被修改。

16　公司可能在早期做出过几次关键转折，即高速战略性调整。

17　公司在发布成品之前，先开发并测试最小可行性产品。

18　管理团队将与核心竞争力无关的工作外包，比如簿记。然而，在早期阶段，他们会全程亲自参与产品开发和营销，花很多时间与用户一起学习如何改进产品。

19　公司希望开发的产品原则上要特别好，如果没有这个产品，大约一半的用户会“非常失望”。

20　公司制订了经过深思熟虑的指标，以便轻松追踪实现战略目标的程度。

21　在有明确的证据表明产品 / 市场匹配性良好之前，公司不会开始积极扩张。

22　如果管理层预计会有多轮融资，他们会考虑把公司设在领先的风险投资中心附近。

23　公司规模化时，非常注重同步提升各个环节，因此不会出售未完成的产品，或过度开发某个产品却没有足够重视营销。

24　管理层非常关注从早期使用者向主流市场过渡时可能出现的任何挑战。

商业模型

25　商业模式包含原创元素。

26　商业模式在实现快速扩张的同时，边际成本降低或保持不变。同样，扩张可以带来非常高的收益，显然值得进行投资和冒险。

27　公司的战略指向了它可以占据主导地位的利基市场。只有在实现利基优势后，才会计划进一步扩张。

28 如果公司在成熟市场推出新品，那么这种产品至少要有一种重要功能比竞争产品至少好10倍。

29 如果产品相对简单且易于推广，或者通过口口相传就能卖出去，这将是一个优势。

30 公司不仅提供产品功能，还提供完整的产品。

31 公司不需要寻找产品或技术要满足的需求，相反已有明确的需求可以由公司的产品来满足。

32 商业模式包含可以明显抵消竞争的因素，比如网络效应、专利或排他性协议。

33 公司所在的领域由核心技术占主导地位，这些技术以极快的速度发展，因此为创业公司提供了机会。

34 公司定位于用户会付费的商业生态系统。

35 项目资金需求低。

36 公司的产品会被再次购买，用户形成复购习惯。

筹资模式

37 公司加入了著名的孵化器 / 加速器项目。

38 公司从一些最成功的风险投资机构获得了资金，最好是在公司发展的早期阶段。

39 早期投资者参与了后续的融资（如果投资者是绩效很好的著名风险投资机构，尤其重要）。

40 融资间隔很短，每轮之间最多只有9个月（这意味着如果过了种子轮阶段，公司会进行很多轮融资）。

发展势头

41 公司被视为品类王，引领整个市场。

42 传统媒体和社交媒体上提到该公司的频率有明显的增长势头。最好的情况是，公司开始的时候很低调，后来随着业务的发展曝光率迅速提高。

43 社交媒体对公司的关注有明显的增长势头。

44 随着公司的进步，能够吸引更多有能力的员工。

45 公司的业务范围、销售额和净利润呈指数级增长。

46 公司有老用户或推荐用户。

附录C

对创业者有用的网站、应用程序及其扩展版

寻找潜在用户、记者等，包括他们的电子邮箱

- https://hunter.io/：查找电子邮箱。
- https://salestools.io/：输入公司域名，可以找到公司的联系人。
- www.findthatlead.com：查找电子邮箱，可以与 Rapportive 一起使用。
- www.hey.press：寻找记者。

开发商业理念

- https://evernote.com：可以用来组织想法和警句的在线公告板。
- https://flippa.com：网络域名和网络商店的集合，可以提供业务开发理念，有助于快速开启在线业务。
- www.google.com/keep：可以用来组织想法和警句的在线公告板。
- www.trello.com：该应用程序可以创建多个虚拟公告板，构建想法和任务，并与他人共享公告板，甚至可以集成、合并公告板。
- www.solvrgroup.com：看似一个常见的搜索引擎，但当你点击“搜索”时，结果会以问题的形式出现，用户可以编辑这些问题并添加自己的想法。新的问题会引发新的想法。这些问题可以通过链接与他人共享，这样大家都可以参与进来。

- https://www.uservoice.com：该应用程序可以设置用户生成的分值，非常适合评估问题的解决方案。
- www.surveyswipe.com：可以做手机端的调查问卷的应用程序。
- www.surveymonkey.com：可用于生成调查问卷的应用程序（基于移动设备或网络），调查结果可以存储在网站和社交媒体账户中。

设计公司名称、产品名称、徽标、标语、风格指南和名片等

- www.vistaprint.com：设计并制作名片。
- www.tongal.com：可以在此平台获得有关你的创意、生产和分销的反馈和意见。
- https://www.fiverr.com：早期使用者的众包网站。
- www.99designs.com：以实惠的价格提供徽标设计、网站布局、产品设计和其他图形解决方案等服务的众包网站。
- www.squadhelp.com：给品牌起名的众包网站。
- www.sloganslingers.com：设计标语的众包网站。
- www.designcrowd.com：以实惠的价格提供徽标设计、网站布局、产品设计和其他图形解决方案等服务的众包网站。
- www.templatestash.com：网站模板。
- http://thenameapp.com：用来搜索可用域名的应用程序。

管理专利和商标

- https://www.42patents.com：以低价办理专利续费手续。
- www.brandit.com：提供商标选择、注册和保护服务。

组织工作小组和内部沟通等

- www.atlassian.com/Confluence：网站和应用程序，可以提供组织复杂工作任务的工具。
- https://trello.com：易于使用的工具，用于组织团队以及公司的工作。
- www.skype.com：视频通信平台。
- www.tango.me：视频会议在线平台。
- www.linkedIn.com：与重要联系人保持联系的必备工具。
- www.stride.com：提供组织项目的社交媒体服务。

- www.hivedesk.com：管理自由职业者的应用程序。
- www.whatsapp.com：简单的沟通工具，用来管理较小的团队。
- www.slack.com：简单的沟通工具，用来管理较小的团队，可以创建很多群聊和小组，共享文档和想法等。

众包

- https://www.fiverr.com：领先的众包网站之一。
- www.99designs.com：以实惠的价格提供徽标设计、网站布局、产品设计和其他图形解决方案等服务的众包网站。
- www.crowdio.com：该网站提供全天候人工客服服务。
- www.designcrowd.com：以实惠的价格提供徽标设计、网站布局、产品设计和其他图形解决方案等服务的众包网站。
- www.edenmccallum.com：针对自由职业管理顾问的网站。
- www.gengo.com：针对自由翻译的网站。
- www.mturk.com：可以获取数据聚合和分类的网站。
- www.sloganslingers.com：设计标语的众包网站。
- www.squadhelp.com：给品牌起名的众包网站。
- www.survtapp.com：市场调查网站。
- www.topcoder.com：寻找自由软件开发人员。
- www.upcall.com：电话服务众包平台。
- www.upwork.com：寻找软件开发人员和工程师、自由营销人员和设计师等。

法律建议和模板

- www.liveplan.com：该网站提供各种 Word 模板，包括营销计划、法律文件等。
- www.creativecommons.org：可以从该网站下载标准的合同。
- www.fortune.com/tag/term-sheet：《财富》杂志关于创业公司和风险投资行业的条款清单模板和新闻。
- www.entrepreneur.com：该网站提供各种 Word 模板，包括营销计划、法律文件等。
- www.sba.gov：该网站提供各种 Word 模板，包括营销计划、法律文件等。
- www.nvca.org：该网站提供风投融资的标准化模板。
- www.wsgr.com：该网站提供能够自动生成用于风投融资的条款清单。

- www.seriesseed.com：该网站提供种子期融资合同和文件等的标准化模板。
- www.score.org：该网站提供各种 Word 模板，包括营销计划、法律文件等。
- www.shakelaw.com：该应用程序可以根据用户对一组介绍性问题给出的答案，提供合适的标准化合同。此外，它还具有在线签名的功能。

创业者和风险投资人论坛

- www.reddit.com：此平台有各种各样的论坛，相当于社交媒体界的维基百科。

寻找工作、员工、办公场地和资金

- www.angellist.com：创业公司可以发布招聘信息并寻求资金的美国网站。
- www.kickstarter.com：一个知名的众筹平台。
- www.indiegogo.com：众筹平台。
- www.heydesk.com：在全球寻找办公空间。

关于行业、技术、创业的新闻网站以及阅读应用程序

- https://play.pocketcasts.com：把播客下载到智能手机和平板电脑的应用程序。
- www.amazon.com/kindle：集成的硬件 / 软件系统，可用于下载和阅读电子书以及其他阅读材料。
- www.audiobooks.com：寻找可以下载的电子书、播客和博客等的网站和应用程序。
- www.fastcompany.com：为创业者提供鼓舞人心的实用文章的网站。
- www.CBInsights.com：专注于风险资本市场的网站，上面有各种分析。
- www.flipboard.com：与 feedly.com 类似，但有所不同。
- www.forentrepreneurs.com：为创业者提供鼓舞人心的实用文章的网站。
- www.futurity.org：汇总了你感兴趣的领域的大学研究。
- www.getabstract.com：提供数千种热门商业图书的 10 分钟摘要。
- www.audible.com：你可以用来在运动时或在旅途中听有声读物。
- www.fortune.com/tag/term-sheet：创业公司和风险投资行业的新闻。
- www.feedly.com：一种新闻聚合器，搜集你感兴趣的主题的新闻。
- www.medium.com：热门的博客平台。
- www.pitchbook.com：基于订阅的数据库，包含未上市公司的信息，比如风险投资次数

和融资次数。

- www.techcrunch.com：领先的创业和风险投资新闻和博客网站。
- www.wikipedia.com：基于众包的在线百科全书。
- www.youngupstarts.com：为创业者提供鼓舞人心的实用文章的网站。
- www.scholar.google.com：谷歌搜索引擎的一部分，专注于学术领域，比如科学论文、书籍等。
- www.webinarjam.com：查找并分享在线讲座。
- www.TED.com：著名的 TED 演讲网站，涵盖了有才华的演说家的演讲。
- www.hotjar.com：有助于更好地了解用户并优化网站。
- https://apolloapp.io：可用于筛选 reddit.com 内容的应用程序。
- www.google.com/alerts：当网上提到某个单词或短语时会通知你，比如提到了你的公司、产品、竞争对手或你自己。
- https://trends.google.com/trend：一个显示谷歌搜索的最新趋势的程序，可以查看某一时期内的潮流。

寻找投资人和资金

- www.seed-db.com：列出了全球最重要的加速器的信息。
- www.strictlyVC.com：一个提供有关风险投资、博客和融资工具的信息的平台。
- www.gust.com：提供天使投资人和加速器的位置信息，是一个对创业者和风险投资人有用的工具。
- www.crunchbase.com：涵盖投资者、孵化器、加速器、风险投资公司和创业公司的数据库。
- www.thefunded.com：约 7 000 家风险投资公司和合伙人的评级信息，由创业公司提供。此外，也是一个融资讨论平台。
- www.nvca.org：提供风险融资的标准化模板。
- www.wsgr.com：可以自动生成风险投资融资的条款清单。
- www.seriesseed.com：种子轮融资合同的标准化模板。

成为专业的董事

- www.nacdonline.com：该网站由全美公司董事联合会创建，为董事会成员提供咨询。
- www.pascalsview.com：该网站由美国董事问责和董事会效率工作组创建，为创业公司董事提供各种问答。

制订业务计划和营销计划

- www.bplans.com：该网站提供各种 Word 模板，包括营销计划、法律文件等。
- www.dynamicbusinessplan.com：该网站提供撰写专业商业计划的建议和模板。
- www.launchpadcentral.com：该网站帮助用户管理商业计划。
- www.entrepreneur.com：该网站提供各种 Word 模板，包括营销计划、法律文件等。
- www.liveplan.com：该网站提供各种 Word 模板，包括营销计划、法律文件等。
- www.sba.gov：该网站提供各种 Word 模板，包括营销计划、法律文件等。
- www.seriesseed.com：该网站提供种子期融资合同的标准化模板。
- www.score.org：该网站提供各种 Word 模板，包括营销计划、法律文件等。
- https://enloop.com：该网站可以为用户制订商业计划。你可以给应用程序提供一些有关你 5 年内的期望的信息，它就会为你制订一份相应的商业计划。如果你没有经济学背景，那么该程序的价值就体现出来了。该应用程序提供自动的财务预测，可以节省很多时间和金钱。

制定社交媒体策略

- www.snapchat.com：该照片分享应用的主要用户是年轻一代。
- https://sproutsocial.com：该程序可以帮你同时在多个社交媒体平台上发布内容。
- www.surveyswipe.com：该应用程序可以做手机端的调查问卷。
- www.facebook.com：营销和沟通平台。
- www.medium.com：热门的博客平台。
- www.twitter.com：该热门社交媒体最适合简短的事实性观点，尤其是评论链接。
- www.Instagram.com：热门的照片和视频共享平台。
- www.commun.it：用于追踪推特粉丝的工具。
- www.youtube.com：该网站是世界上最大的视频网络，用户可以创建自己的频道并上传视频。
- www.dlvr.it：一种社交媒体管理工具，可以简化在线营销，比较省时。
- www.vimeo.com：一个用于上传并分享视频片段的领先平台。
- www.slideshare.com：一个用于分享 PPT、PDF 等演示材料的社交媒体平台。
- www.webinarjam.com：可以在该网站上查找并分享在线讲座。
- www.typeform.com：该网站可以在线设计问卷和测验。
- www.crowdio.com：该网站提供全天候人工客服服务。

- www.agorapulse.com：该程序可以帮你同时在多个社交媒体平台上发布内容。
- https://buffer.com：该程序可以帮你同时在多个社交媒体平台上发布内容。
- www.canva.com：一个为博客文章、PPT 等创建插图的工具。
- www.hootsuite.com：该程序可以帮你同时在多个社交媒体平台上发布内容。
- www.involver.com：该程序可以帮你同时在多个社交媒体平台上发布内容。
- www.zopim.com：一个可以集成平台的程序，你可以通过该程序和用户沟通。该程序还可以分析访客人数等。
- www.social-booster.com：该程序可以帮你同时在多个社交媒体平台上发布内容。
- www.socialclout.com：该程序可以帮你同时在多个社交媒体平台上发布内容。
- https://zencastr.com：该应用程序可以高质量录制 Skype 或环聊音频会议。每个参与者的语音都在本地录制，随后音频文件可以下载到 Dropbox。每个音频文件都有一个时间戳，因此整个会话可以高质量自动重建。
- www.zoom.us：一个音频和视频会议应用程序。
- https://maitreapp.co：一体化推荐平台，可以推出产品推荐、抽奖、大使项目以及产品发布预热活动。

营销调研

- www.illuminatecontent.com：营销调研平台。
- www.metricwire.com：营销调研平台。
- www.quicktapsurvey.com：营销调研平台。
- CompareApp：一款可以收集用户反馈的应用。
- www.google.com/alerts：当网上提到某个单词或短语时会通知你，比如提到了你的公司、产品、竞争对手或你自己。
- https://www.uservoice.com：该应用程序可以设置用户生成的分值，非常适合评估问题的解决方案。
- www.surveyswipe.com：可以做手机端调查问卷的应用程序。
- www.surveymonkey.com：可用于生成调查问卷的应用程序（基于移动设备或网络），调查结果可以存储在网站和社交媒体账户中。

网站创建和管理

- www.monitorbacklinks.com：一个非常适合精通技术的创业者的工具，可以测试网站上链接的有效性。

- www.squarespace.com：一个可用于创建和控制网站和博客的网站，另见 Wordpress.com。
- www.themeforest.net：该网站提供性价比较高的网页设计。
- www.usertesting.com：一个你可以找人测试项目的平台，比如测试网站的用户友好性。
- www.uxtesting.io：测试基于应用程序的网站的用户友好性。
- www.webflow.com：帮你建立网站，而无须编码。
- www.wix.com：在 10 分钟内创建网站。
- www.wordpress.com：提供托管服务以及标准化的网页设计解决方案，以合理的价格轻松创建和运营网站，另见 Squarespace.com。
- www.google.com/analytics：一个提供详细的网站统计和分析的免费平台。
- https://usabilityhub.com：一个可以测试网站的用户友好性的众包应用程序。

发布媒体报道

- www.pressport.com：一个用于传播媒体报道的软件工具。
- https://presswire.com：一个用于传播媒体报道的软件工具。

在线营销工具

- https://business.linkedin.com/sales-solutions/sales-navigator：谷歌浏览器的扩展程序，可以显示你的电子邮件联系人的领英个人资料。这是一个很简单的工具，可以用于检查电子邮件地址是否与此人的领英个人资料相关联。
- https://sumo.com：一个可以增加电子邮件订阅量的程序。
- https://usabilityhub.com：一个可以测试网站的用户友好性的众包应用程序。
- www.truegether.com：一个可以销售产品的在线平台，易于使用。
- www.aweber.com：可以实现邮件营销自动化的网站和应用程序。
- Boomerang：谷歌浏览器的扩展程序，可用于设置自动发送电子邮件。
- www.canva.com：一个为博客文章、PPT 等创建插图的工具。
- www.ecamm.com：一个可以录制 Skype 或 Facetime 音频和视频会议的 Mac 软件工具。此外，也可以在 YouTube 上进行现场录音。
- www.mailchimp.com：一个用于邮件营销的热门工具。
- www.intercom.com：有助于和用户沟通的工具，可以让用户提供反馈或提问。

- www.nicereply.com：可用于获得用户反馈的应用程序。
- https://adwords.google.com：一个营销程序。如果用户点击你网站上的广告时，你需要按照潜在用户 / 点击付费。在用户搜索某一主题时，该程序有助于提高你的网站在谷歌排名中的位置。
- https://zencastr.com：该应用程序可以高质量录制 Skype 或环聊音频会议。每个参与者的语音都在本地录制，随后音频文件可以下载到 Dropbox。每个音频文件都有一个时间戳，因此整个会话可以高质量自动重建。
- www.zoom.us：一个音频和视频会议应用程序。
- https://yoast.com：使用 Wordpress.com 时可以使用本插件，它可以为你的所有网站和博客文章提供 SEO（搜索引擎优化）分数，帮助你提升谷歌排名。
- https://webengage.com：管理销售渠道和用户沟通的应用程序。
- www.surveymonkey.com：可用于生成调查问卷的应用程序（基于移动设备或网络），调查结果可以存储在网站和社交媒体账户中。
- www.surveyswipe.com：一个可以做手机端调查问卷的应用程序。
- https://maitreapp.co：一体化推荐平台，可以推出产品推荐、抽奖、大使项目以及产品发布预热活动。

用于监控业务的仪表盘工具

- www.plecto.com：仪表盘软件。
- www.cluvio.com：仪表盘软件。
- http://try.wrike.com：仪表盘软件。
- www.geckoboard.com：仪表盘软件。
- https://agencyanalytics.com：仪表盘软件。
- https://funnel.io：将业绩数据输入仪表盘、电子数据表等。

易于使用的网店工具

- www.shopify.com：网店即服务。
- www.woocommerce.com：网店即服务。
- www.magento.com：网店即服务。
- www.prestashop.com：网店即服务。

提高效率的工具

- https://business.linkedin.com/sales-solutions/sales-navigator：谷歌浏览器的扩展程序，可以显示你的电子邮件联系人的领英个人资料。这是一个很简单的工具，可以用于检查电子邮件地址是否与此人的领英个人资料相关联。
- www.pandadoc.com：可以创建元素目录的应用程序，比如可用于营销、销售、合同和PPT 的文本片段和图片。单击一下，就可以将不同的组件下载到一个文档中。
- www.escrow.com：可以实现安全交易，支持货到付款，购买昂贵的域名时可以使用。
- www.dictation.io：一个语音识别网站，如果你要口述比较长的文件，可以节省很多时间。
- www.wikijobs.com：有关招聘测试和面试技巧的提示和诀窍。
- AdobeFill&Sign：该应用程序可以用于在智能手机或苹果电脑上签署 PDF 文档。
- www.camcard.com：一款可以扫描名片的应用。
- www.dropbox.com：安全的文件存储系统，可用于分享文件。
- https://due.com：有助于开发票和行政给付的网站和应用程序。
- www.google.com/drive：安全的文件存储系统，可用于分享文件。
- https://hangouts.google.com：一种使用方便的在线交流工具，可用于视频会议。
- www.glympse.com：一个可用于预订会议的应用程序，将你的实时位置发送给对方，他就可以追踪你的位置。
- iPassword：一个可以安全存储所有密码、账号和其他机密信息的应用程序。
- LastPass：一个帮你记住不同网站密码的程序，你就不必自己记了。
- Scanner Pro：一个可以用于扫描文件的应用程序，同时支持把扫描文件上传到 Dropbox 或 Google Drive。

术语表

加速器（Accelerator）：作为一家公司，加速器旨在帮助处于创业阶段的其他公司，同时获得创业公司的股份。

累计股息（Accruing dividends）：风险投资机构可能会要求累计股息，也就是说在其他股东获得股息之前，风险投资机构必须先获得 x %的股息。

咨询委员会（Advisory board）：亦称专家组，为管理和业务结构等提供非约束性的战略建议。

联盟营销（Affiliate marketing）：一个结成联盟的机会，合作伙伴通过他们的网站将潜在用户引至你的网站，同时你要为此付费。

整体市场策略（Aggregation strategy）：一种忽略细分市场而针对整个市场的策略。

敏捷业务开发（Agile business development）：一种寻找产品 / 市场匹配的方式。这种方法要做一个演示，然后在用户中测试，进行修改，如此重复，直到产品臻于完美。此过程被称为“用户发现循环”。

全有或全无（All-or-nothing）：在这种策略中，你提出一个可以被赞成或否定的提议，但如果有一个人否定，那么谁都不可以购买该产品。

天使投资人（Angel investors）：天使投资人在公司的初创阶段投资。比较专业的天使投资人会被称作“超级天使投资人”。

天使轮投资（Angel round）：由天使投资人投资的风险投资。

反稀释条款（Anti-dilution）：在新一轮投资中，用于保护之前投资者的条款，以免投资者受到流血融资的影响。

不定期折扣（Aperiodic discounting）：一种在不可预测的时间提供折扣的定价策略。

应用程序接口（Application programming interface，API）：将一个软件与另一个软件集成的软件接口。如果某家公司的软件有应用程序接口，就为其他软件开发人员提供了编写软件的机会。

套利（Arbitrage）：一种商业模式，你在某处以较低的价格购入，然后在其他地方以更高的价格出售。套利与任何价格利得不同的是，你可以在交易时看到两个价格的模拟结果。

即服务模式（As-a-service model）：一种定价策略，销售产品使用的访问权限，比如包月服务。

后门推荐人（Backdoor reference）：这是一个与推荐和招聘相关的术语。后门推荐人不在候选人提供的推荐人之列。

信封背面的计算（Back-of-the-envelope calculation）：即粗略计算，之所以这样命名，是因为你可以在随手可拿到的东西上进行计算，比如信封的背面。

担保（Backstop）：它的原始含义是用作障碍物或支撑物的物体。在本书中，是指如果需要，必须向公司注入资金的创始人。

大片模式（Blockbuster model）：当你推出一鸣惊人的东西，比如电影、音乐专辑或视频游戏时，它会被大肆宣传，甚至可能会被疯传。

蓝海战略（Blue ocean strategies）：将竞争最小化的创新战略。

债券资本（Bond capital）：必须在约定时间偿还的贷款。

自力更生（Bootstrapping）：风投行业的术语，意思是你在几乎没有资本或根本没有资本的情况下开始创业。这可以通过以下方式实现：快速销售，使用非常廉价的劳动力，依靠咨询收入。

品牌建设（Brand building）：在这一商业模型中，品牌塑造是你的核心竞争力，目的是最终让每个人都了解你的品牌。

品牌延伸（Brand extensions）：强势的大品牌向其他公司出售有限的品牌使用权。

过桥资金（Bridge）：公司已经完成了一轮融资，但希望暂时等待一段时间，以便下一轮融资时估值更高。这时会需要过桥资金这种短期资金。

烧钱（Burn）：行业术语，指创业公司每月或每年的损失。

回购权（Buy-back rights）：公司或其股东从另一位股东那里购买股权的权利，通常是从即将离开公司的联合创始人或高管手中购买。

买断（Buy-out）：该术语通常表示股权基金买下所有现有股东的股权。

预先录制（Canned）：媒体行业的俚语，表示预先录制视频或音频，供日后发行。

股权结构表（Cap table）：显示增资前后具体资产配置的表格。

套息（Carry）：该术语表示以某一利息投资、以不同利息融资而导致的损益。如果一项交易的套息数值为正（即投资产生的利息大于融资），则被称为“套息交易”。

股权切离（Carve-out）：公司新成立一家子公司，继而出售少数股权。

现金流（Cash flow）：从公司转出或向公司转入的资本总额。

品类王（Category king）：定义了一个新类别并被视为该领域领导者的公司。

中央聚合器（Central aggregator）：可以使用这种商业模式把其他人的产品或服务集成为一个解决方案，比如媒体平台。

首席财务官（Chief financial officer，CFO）：作为高管之一，首席财务官就是公司的财务总监。

成交王（Closer）：特别擅长达成交易的销售人员。

成交（Closing）：销售过程的最后阶段，用户会签署协议。

云计算（Cloud computing）：该术语涵盖通过互联网提供的软件和服务。云计算是软件即服务（SaaS）、平台即服务（PaaS）和基础架构即服务（IaaS）的通称。

类比法（Comparables）：评估公司价值的一种模型，比如将公司与竞争对手或其他类似公司进行比较。

补充产品定价（Complementary pricing strategy）：亦称“亏本销售定价”（loss leader pricing）。在这一策略中，降低核心产品的价格，但从备件、配件、补充产品上获益，前者称为“亏本出售的商品”。

合并（Consolidation play）：合并行业中其他公司的一种商业模式。

联合定价（Co-pricing）：这是一种联盟策略，最终用户以打包的形式购买两个或更多公司的产品，从而获得折扣。

盈利能力支付计划（Corporate earn-out）：A 公司在为 B 公司开发产品时，与其达成协议，B 公司后期可以买下 A 公司，A 公司有权向其出售股权。

财务机构（Corporate finance house）：提供贷款和其他信贷服务的公司，也可以提供买卖公司的服务。

众筹（Crowdfunding）：向很多人筹集资金的一种方式，比如，可以让这些人以折扣价购买第一批产品。

众包（Crowdsourcing）：“人群”（crowd）和“外包”（outsourcing）这两个词的缩写。众包是指将问题或任务外包给一群人。

高管（C-suite）：是以“首席”开头的高管职位，比如首席技术官或首席执行官。

用户开发（Customer development）：敏捷业务开发的一个分支，你可以与潜在用户合作，为其开发产品。同时，你可以观察他们的反应。

用户发现循环（Customer discovery loop）：与敏捷业务开发同时存在的一个过程，首先制作演示，在用户中进行测试，修改产品，并在短时间内不断重复此过程。

用户生命周期价值（Customer life value）：从用户第一次购买产品或服务到最后一次购买，为你创造的全部收入。

客户关系管理（Customer relationship management，CRM）：一个包含客户关系数据的系统，用于处理和应用有关客户的宝贵知识。

诱饵效应（Decoy effect）：通过引入更多的产品或服务，让人们选择购买更贵的产品。

详细说明书（Detail specification）：解释产品所需组件和材料的文件。

差异化策略（Differentiation strategy）：一种基本上涵盖许多或所有细分市场的策略，但确保为每个细分市场定制营销组合。

稀释估值（Diluted valuation）：公司股价的一种估值方法，考虑了由于向员工发行股票期权而股票数量增加的情况。

现金流折现（Discounted cash flows，DCF）：使一项投资或一个企业的当前价值，等于其未来所产生的现金流的现值之和。

颠覆（Disrupting）：公司通过产品和服务创新颠覆了现有的商业模式。

股息（Dividend）：股票的利息。

股息税（Dividend tax）：获得股息所要交的税。

占优策略（Dominance strategy）：公司通过生产、营销和服务布局以占据某一个市场的主导地位。

流血融资（Down round）：投资者以低于公司上一轮融资的价格购买公司的股份。

强制出售权（Drag-along rights）：假设你拥有公司 50%的股份，有人想要购买你的公司，你可以强迫其他投资人一起退出。

尽职调查（Due diligence）：投资人在签署条款清单后会进行尽职调查，对公司进行全面分析和检查。

业余投资人（Dumb money）：出钱投资的家人和朋友。

免费宣传（Earned media）：创业公司应该重视的不需要付费的宣传。

电子商务（Ecommerce）：比如通过互联网从网站购买商品。

员工持股计划（Employee stock ownership plans，ESOPs）：员工可以购买公司股权的权利但非义务，通常在发行日以公允价值发行。

企业资源管理软件（Enterprise resource management software，ERM）：负责订单、库存管理等的软件。你可以将自己的 ERM 系统与经销商的 ERM 系统连接起来，以提高经销商的转换成本。

免责条款（Escape clause）：在投资人注资前需要在合同中添加的条款，比如在约定的日期之前款项没有到位，免责条款规定合同将会失效。

托管（Escrow）：你即将接受一笔投资，资金会被存入锁定的银行账户中，只有当所有手续都完成后，账户里的资金才可以使用。这时可以说款项在托管中。

传播者（Evangelizers）：该术语用来指代产品的用户，他们认为产品太好了，愿意向熟人推荐并给予高度评价（并且完全不收费）。

退出价值（Exit value）：公司出售时的价值。退出值通常与创业公司有关。

保理（Factoring）：销售方将其现在或将来的基于与购买方订立的货物销售或服务合同所产生的应收账款转让给提供相应服务的代理商，由代理商向其提供资金融通、销售账户管理、信用风险担保、账款催收等一系列服务的综合金融服务方式。

公允价值（Fair value）：在公平交易中，熟悉情况的交易双方自愿进行资产交换或者清偿债务的金额。

酒肉朋友（Fair-weather friend）：在艰难时期不能依靠的人。

假门（Fake door）：在真正生产之前测试产品的一种方法。在数字领域，这种方法在公司要测试新网站时尤为有用。它可以让一小部分用户在不知情的情况下访问新网站，公司从而对其进行测试。

家庭办公室（Family office）：拥有超过 3 亿美元资产的家族经常会找一家公司单独管理他们的财富。

先行者（First mover）：第一个将产品或服务引入市场的公司，这可以为公司带来竞争优势。

先申请制（First-to-file）：几乎所有国家都采用的一条原则，规定了谁有权申请某项发明专利。

特许经营（Franchise）：商品或服务的一种营销方法。授权人授权给特许经营者按照授权人的理念经营业务。麦当劳就是特许经营的一个例子。

前门推荐人（Front-door reference）：该术语用于推荐人和招聘流程。前门推荐人是候选人自己提供的。当然，候选人希望这些推荐人会为他们说一些好话。

完全棘轮条款（Full ratchet）：一种反稀释条款，这是早期投资者最好的对冲方式。有了这一条款，如果发生流血融资，投资人的股票价值不会跟着下降。

功能说明书（Functionality specification）：描述产品功能的文件。

绿鞋期权（Green-shoe option）：在证券交易所上市时会涉及。承销商以发售价买入额外股票的期权。

游击营销（Guerrilla marketing）：一种营销策略，即在不花钱的情况下创造极大的关注量。这首先是从创造惊喜开始的。

帮助台（Help desk）：一种资源，其目的是为用户（最终用户）提供有关公司产品和服务的信息。

人力资源（Human resources，HR）：公司负责人力的人。如今，人力资源部通常负责与员工有关的所有事情。

孵化器（Incubator）：旨在支持、指导和培养创业公司并助其成功的公司或组织。孵化器会提供咨询、财务支持和办公设施等。

室内工作（In-house）：要在办公室内而非公司外部完成的事情。

首次公开募股（IPO）：公司在证券交易所上市。

实物支付（In kind）：与“现金支付”相对，指用家具、协议、专利权、工作时间等进行支付。

知识产权（Intellectual property rights，IP）：包括发明和设计。

内部收益率（Internal rate of return，IRR）：使一项投资项目现金流入现值等于现金流出现值时的折现率。

内部风投计划（Internal venture）：有些公司选择通过设立内部风投计划成为连续创业者。

内部创业者（Intrapreneur）：在公司内部创办新公司的个人或团体。

倒挂（Inversion）：比如，一家公司收购了一家比自己规模小的公司，从而搬到其总部所在地。

联合营销组织（Joint marketing organization）：一种联盟战略，不同公司合作建立联合销售组织，从而节省成本并产生更大的影响。

合资企业（Joint venture）：由两个或两个以上的当事方共同出资、共担风险、共享收益而形成的新的企业。

关键绩效指标（Key performance indicator，KPI）：用来衡量某一职位工作人员或是某一部门工作绩效表现的具体量化指标。

线索（Lead）：潜在投资者或用户的联系人。也指呼叫中心你可以呼叫的人。

领投人（Lead investor）：当几家风投基金共同投资一家公司时，会选出领投人作为专业投资人的代表。

意向书（Letter of intent）：一份没有约束力的文件，概述了两方或多方之间的一项或多项协议。

优先清算权（Liquidation preference）：大多数风投公司会坚持要求退出时优先获得回报。优先清算权赋予了风投公司退出时优先获得回报的权利。

流动性事件（Liquidity event）：创业公司的出售、上市或其他事件，使股东将之前的非流通股份转换为现金。

现场尽职调查（Live due diligence）：投资者长时间跟进一家创业公司，以了解它的表现，是否遵守承诺，适应挑战的能力。

锁定（Lock-up）：公司从投资人那里获得资金时会用到这个词。锁定股意味着在接受投资几年内你不能出售你的股票。

长尾策略（Long-tail strategy）：专注于多个细分市场的策略。

并购（M&A）：“兼并与收购”的简称，意为多家公司的合并。

管理层收购（Management buy-out，MBO）：公司管理层收购公司的股票。

市场渗透：公司利用当前产品在市场上实现增长。

市场需求文档（MRD）：描述用户对一种产品或服务的需求的文档。

细分市场（Market segment）：经济市场的一个子市场，具有同质性。

营销联盟（Marketing alliance）：不同公司之间达成协议，携手进行交叉销售或联合营销。

最大回撤（Max drawdown）：直到再次赚钱为止累计所烧的钱。

合并（Merging）：一家公司与另一家公司联合成为一个更大的组织。

跟风的创业公司（Me-too start-ups）：效仿其他人的创业公司。

夹层融资（Mezzanine）：一种临时性的融资，介于股权与债券之间。这是公司在退出或盈利之前融的最后一笔资金。

微型跨国公司（Micro-multinational）：一家全球性的中小企业。

最小可行性产品（Minimum viable product，MVP）：具有足够功能的有用产品。MVP 通常与产品的进一步开发有关。测试用户端会收到 MVP，然后提供可用于进一步开发的反馈。

使命宣言（Mission statement）：又称电梯游说，是对公司目标的简要说明。使命宣言的时长应该为 20~60 秒。

只投钱的投资人（Money-only）：拥有专业知识但并不提供的投资人。

网络协作（Network orchestration）：简单说，就是你不负责生产，而是让别人去做。这意味着你将专注于搜集线索。

利基优势（Niche dominance）：在这种商业模式中，你进入一个非常有限的市场，但几乎占据了它的全部份额。

利基战略（Niche strategy）：运用这种策略，你可以选择一个或几个细分市场，并为之努力。

不招揽、不谈判协议（No shop/no talk agreement）：在公司收购过程中达成的一份协议，卖方同意将谈判保密，不再招揽其他买家。

保密协议（Non-disclosure agreement，NDA）：两方或多方缔结的一份法律协议，大家共享机密材料，不得向第三方披露。

非参与优先股（Non-participating preferred）：优先清算权的一种，意思是如果公司以低于原始估值的退出价值出售，其他股东将不再参与盈利分配。

禁止招揽协议（Non-solicit agreement）：禁止一家公司在一定时间内雇用你公司的任何员工，往往用于股权转让谈判中。

现货（Off-the-shelf）：标准化的产品，不是为用户单独定制的。

临时摊位（One-night stand）：在实际生产产品之前的一种测试方法。使用这种方法，你可以提供全面服务，而无须投资于必要的基础设施。快闪店就是其中一个例子。

期权 / 认股权证（Options/warrants）：认购股票的权利，也就是说你可以以特定价格购买股票，直到某个特定的到期日为止。

原始设备制造商协议（Original equipment manufacturer agreements）：一种联盟战略，制造商以自己的名义和品牌（自有品牌）销售另一家公司的产品。

外部创业者（Outsider entrepreneurs）：来自其他领域的创业者。进入市场并彻底改变市场的往往是外来者。

外包（Outsourcing）：公司将本来应该自己完成的生产 / 交付等任务交给分包商。这样做的理由是可以实现更高的质量（由专业人士负责）、更低的价格或更高的投资回报率。

付费宣传（Paid media）：与“免费宣传”相对，即需要花钱的宣传，比如在脸书或类似平台上登广告。

部分成交（Part closing）：如果满足某些条件，用户将同意购买。

同行参照法（Peers）：一种估值模型。将公司与“同行”进行比较，因此与类比法非常相似。
渗透定价（Penetration pricing）：一种定价策略，即公司开始时把产品或服务的价格定得非常低，以便打入市场。
业绩和成长评价（Performance and development review）：在员工表现很好以及表现不好时，通过交谈等方式告诉他们。
匹诺曹（Pinocchio）：指代一种“尚不存在的产品”，用于测试一种可能成功的产品的概念。
融资演讲稿（Pitch deck）：向潜在的投资方简要介绍公司，通常会使用 PPT。
毒丸条款（Poison pill）：一项合同条款，如果发生特定事件，会提高投资者的成本或导致投资者权利的损失。
交易后估值（Post-money）：公司获得投资后的价值。
过早规模化（Premature scaling）：如果行动过快和过早，公司将无法跟上增长的速度。
交易前估值（Pre-money）：公司获得投资前的价值。
种子轮之前的融资（Pre-seed round）：有产品之前的风险投资。
媒体资料（Press kit）：媒体通常可以从公司网站下载的背景信息、图片或类似资料。
批量定价（Price batch）：一种定价策略，在批量购买产品或服务时可以获得折扣。
启动（Priming）：心理学的一个概念。先前经验对随后的认知任务产生正向或负向影响的过程。
私募股权（Private equity）：资本基金，通常在注入资本的同时购买现有股东的股份，从而拥有大部分股份。
产品 / 市场匹配（Product/market fit）：指的是在一个健康的市场中，产品可以满足市场的要求。
利润乘数（Profit multiplier）：一种商业模式，表示在许多不同的情境中重复使用相同的产品。比如先在电影院放映电影，再制作 DVD 及周边产品等。
利润池（Profit pool）：某个行业的总利润。
权威人士（Pundits）：在大众媒体上发表意见的专家。
静默期（Quiet period）：静默期在路演之前。在此期间，公司可能不会对任何公司事务发表评论，以免影响股票的认购。
招聘人员或招聘顾问（Recruiter/recruitment consultant）：受聘负责公司招聘的人员。
红头招股书（Red herring）：一份披露文件。这份全面而详细的文件对公司进行了描述，这份文件在外部资金投入或公司上市之前制定。
红海战略（Red ocean strategies）：由于缺乏创新而导致激烈竞争的战略。
路演（Roadshow）：一种演示形式，去往全国各地，在分析师和潜在投资者面前演示。“路演”往往与“退出”有关。
售后租回（Sale and lease-back）：出售没有知识产权的资产。比如，如果一家公司拥有办公室或厂房，将其出售给养老基金，之后长期租赁。

规模化（Scaling）：创业圈中最常用的表达，主要和让公司成倍增长（快速增长）的成长型创业者同时使用。

搜索引擎营销（Search engine marketing，SEM）：一种网络营销形式，比如，可以通过提高网站在 Google SERP（谷歌搜索引擎结果页面）上的可见性进行推广。这种方式是付费的。

搜索引擎优化（Search engine optimization，SEO）：一种在各种搜索引擎上推广你的位置的方法 / 工具。这种方式是免费的。

二级市场折扣（Second market discounting）：一种定价策略，以两种不同的名称和价格销售同一种产品，这样可以用相同的产品瞄准多个细分市场。

种子轮（Seed round）：风险投资的一轮，已经有了一个基本产品，但还没有可行的商业模式。

A 轮融资（Series A round）：创业公司的第一轮主要融资，资本来自风险投资机构。

可服务市场（SAM）：针对可能会购买产品的潜在用户的营销术语。

股票期权（Share options）：一种金融工具，其价值取决于多种因素，比如时间范围和股价。

股东协议（Shareholders' agreement，SHA）：公司股东之间达成的法律协议，最常用于创业公司。

强制性条款（Shotgun clause）：可以是两位创始人之间的协议，其中一方可以提出以某一价格购买另一方的股票，具体价格由买方选择。然而，一旦提出这样的要约，另一方将拥有以相同价格购买对方股票的自动优先购买权。通常情况下，另一方有 20~40 天的时间买入或卖出。

浮夸型员工（Shouting employee）：性格外向，喜欢美化自己，但寻求的职位往往超出了他们的才能。此类员工通常不是十分忠诚。

撇脂定价（Skimming pricing）：一种定价策略，开始定价很高，随后降低价格。

臭鼬工厂（Skunk works）：允许员工做他们为之着迷的项目，项目与公司的日常工作无关，这会让人想起创业公司的场景。

专业的投资人（Smart money）：拥有专业知识的投资者，他们会为你提供建议。

社交媒体管理软件（Social media management software，SMMS）：帮助你优化社交媒体表现的程序。比如，可以同时在多个社交网络上发布帖子的程序。

软件开发工具包（Software development kit，SDK）：包含能够让第三方开发软件的说明，所开发软件可以与你自己的软件一同使用。

独家经销商折扣（Solo dealer discount）：一种定价策略，供应商如果承诺不使用其他竞品，就可以享受折扣。

解决方案供应商（Solutions provider）：一种专注于个人用户及其需求的商业模式。

分拆（Spinoff）：将整体业务的一部分设立为一家独立公司。

分开发布（Split releases）：一种测试产品或服务替代版本的方法。比如，你可以让一半的用户使用更新版，而另一半使用以前的版本。

独立解决方案（Stand-alone solution）：一种新兴市场的新产品，拥有基本功能，在后来的成长型市场中通常会增加不同版本和应用。

讲故事的人（Storyteller）：非常善于开拓市场的人。

人力资产（Sweat equity）：创业公司的顾问，他们不拿薪水，以此换取公司的股份。

转换成本（Switching costs）：换供应商所产生的成本。说到渗透壁垒时，转换成本常被提到。渗透壁垒是指渗透新市场的难度。

SWOT 分析（SWOT analysis）：评估公司市场地位的简单方法。SWOT 的四个字母分别代表优势（strengths）、劣势（weaknesses）、机遇（opportunities）和威胁（threats）。

系统集成商（System integrator）：会与增值经销商一起使用，比如在 IT 领域提供复杂的解决方案。

系统销售（System sales）：多用于技术销售，将技术团队从商业团队中分离出来。

跟随权（Tag-along rights）：投资人的一项权利。如果一位股东选择出售股份，那么部分或全部股东都有权以相同价格将所持股份卖给同一个买家。

回购条款（Take-back clause）：股东协议或雇用协议中的一项条款，规定公司或其他股东可以在员工辞职时购买其所持的股份。

目标市场（Target market）：你希望进入的市场。

条款清单（Term sheet）：用于投资交易。条款清单基本上就是股东协议的简化版。

投资规模（Ticket size）：表示一位投资人通常在单个项目中投入的金额。

潜在市场规模（Total addressable market，TAM）：营销人员用于表示市场规模的术语。理论上讲，TAM 代表可能的用户群。

股权转让（Trade sale）：将公司部分或全部股份出售给另一家公司，通常发生在同一行业内。

不平衡的扩张（Unbalanced scaling）：在一切准备就绪之前加速业务的某些环节。

独角兽退出（Unicorn exits）：创业公司退出时的交易额超过 10 亿美元。

美国一般公认会计原则（US GaaP）：美国的一套会计原则，公司可以选择遵循这些原则。

用户故事（User stories）：描述用户使用产品情况的一两句话。用户故事会和敏捷业务开发一起使用。

价值主张（Value proposition）：表示创新、服务或功能的营销术语，目的是让公司或产品对用户具有吸引力。

增值经销商（Value-added reseller）：一种让经销商为产品增加价值的联盟策略。

风险投资基金（Venture capital fund）：投资于创业公司的基金。风险投资基金代表其投资者进行此类投资，投资者通常是养老基金。

风险债务（Venture debt）：针对创业公司的贷款，因为创业公司通常无法从银行贷款。通常情况下，风险债务会与认股权证一起使用，如果公司进展顺利，贷款人有权购买公司股份。

股份兑现条款（Vesting）：你可以在一段时间内逐步拿到股权，一般是 4 年。你如果 2 年后离开公司，将只能获得一半的股权。

病毒系数（Viral coefficients）：通常用于视频或其他社交媒体内容。因为这些内容太好，所以大家会与朋友分享，朋友又会与其他朋友分享。如果病毒系数为 1，则表示每个人向另外一个人分享了视频。

安静型员工（Whispering employee）：相对安静、不浮夸但又技艺精湛而且忠诚的员工或人才。

白标（White label）：即自有商标，指经销商销售你的产品，同时你允许经销商以他自己的品牌生产同一种产品，经销商由此会获利更多。

白皮书（White papers）：对市场需求的事实性分析，同时还会描述同一产品如何被用作一种市场解决方案。

空白（Whitespace）：存在问题而且还有没有解决方案的市场（比如，有什么东西让你或你的朋友烦恼）。

批发（Wholesale）：向零售商出售大批货物。

营运资金优化（Working capital optimization）：简化营运资金，从而避免筹集新的资金。

注释

第一章

1 Hurst, E.G. and Pugsley, B.W. (2010). *Non-Pecuniary Benefits of Small Business Ownership*, University of Chicago.

2 Gage, D. (2012). The Venture Capital Secret: 3 out of 4 Start-Ups Fail, *The Wall Street Journal*, 20 September.

3 D'este, P. (2008). Gaining from Interacting with University: Multiple Methods for Nurturing Absorptive Capacity, *DRUID*.

4 Gompers, P.A., Kovner, A., Lerner, J. and Scharfstein, D.S. (2006). Skill vs. Luck in Entrepreneurship and Venture Capital: Evidence from Serial Entrepreneurs, *SSRN*.

5 Statistic Brain (2016). Startup Business Failure Rate by Industry, available at: http://www.statisticbrain.com/startup-failure-by-industry/

6 Golla, S., Holi, M., Johann, T., Klandt, H. and Kraft, L. (2008). The Development of Venture-Capital-Backed and Independent Companies: An Empirical Study Among Germany's Internet and E-Commerce Start-Ups, *New Technology-Based Firms in the New Millennium* 6.

7 Business ideas that are completely new, and therefore in the beginning have minimal competition, are called blue-ocean strategies. The opposite is red-ocean strategies, where there is competition.

8 Wikipedia (2016). Stanford Marshmallow Experiment, available at: www.en.wikipedia.org/w/index.php?title=Stanford_marshmallow_experiment&oldid=733813191

9 OPP (2017). MBTI Type and Entrepreneurship, available at: http://people.cpp.com/rs/788-YSM-155/images/Type%20and%20entrepreneurship%20survey%20report%20v3b%20FINAL%20-%20CPP.pdf

10 Freeman, M.A., Johnson, S.L., Staudenmeier, P.J. and Zisser, M.R. (2015). Are Entrepreneurs Touched with Fire?, available at: www.michaelafreemanmd.com/Research.html

11 Mart, G. and Street, R. (2008). *Who: The A Method for Hiring*, Ballantine Books.

12 Duckworth, A. (2016). *Grit: The Power of Passion and Perseverance*, Scribner.

13 Shane, S. and Stuart, T. (2002). Organizational Endowments and the Performance of University Start-ups, *Management Science* 48, no. 1, pp. 154–170.

14 Howe, J. (2006). The Rise of Crowdsourcing, available at: http://www.wired.com/2006/06/crowds

15 Hard Work Pays, dailymail.co.uk, 13 April 2004.

16 Moskowitz, T.J. and Vissing-Jorgensen, A. (2002). The Returns to Entrepreneurial Investment: A Private Equity Premium Puzzle?, *American Economic Review* 92, no. 4, pp. 745–778.

17 Hamilton, B.H. (2000). Does Entrepreneurship Pay? An Empirical Analysis of the Returns to Self-Employment, *Journal of Political Economy* 108, no. 3, pp. 604–631.

18 Christensen, C.M. and Bower, J.L. (1996). Customer Power, Strategic Investment, and the Failure of Leading Firms, *Strategic Management Journal* 17, no. 3, pp. 197–218.

19 Elfebein, D.W., Hamilton, B.H. and Zenger, T.R. (2009). *Entrepreneurial Spawning of Scientists and Engineers: Stars, Slugs and Small Firms*, Washington University in Saint Louis.

20 Gimeno, J., Folta, T.B., Cooper, A.C. and Woo, C.Y. (1997). Survival of the Fittest? Entrepreneurial Human Capital and the Persistence of Underperforming Firms, *Administrative Science Quarterly* 42, no. 4, pp. 750–783.

21 The Startup Compass Inc. (2015). Global Startup Ecosystem Ranking, available at: https://startup-ecosystem.compass.co/ser2015/

22 Azoulay, P., Jones, B.F., Kim, J.D. and Miranda, J. (2018). Age and High-Growth Entrepreneurship, MIT and NBER, 23 March.

23 Wasserman, N. (2013). *The Founder's Dilemmas: Anticipating and Avoiding the Pitfalls That Can Sink a Startup*, Princeton University Press.

24 Elfebein, D.W., Hamilton, B.H. and Zenger, T.R. (2009). *Entrepreneurial Spawning of Scientists and Engineers: Stars, Slugs and Small Firms*, Washington University in Saint Louis.

25 Chen, J., Reilly, R. and Lynn, G. (2005). The Impact of Speed-to-Market on New Product Success: The Moderating Effects of Uncertainty, *IEEE Transactions on Engineering Management* 52, no. 2, pp. 199–213.

第二章

1 www.theringer.com/2017/3/1/16040820/5-hour-energy-manoj-bhargava-philanthropy-92e639077f6f

2 McCormack, M.H. (1986). *What They Don't Teach You at Harvard Business School*, Bantam Books.

3 Hollingworth, C. (2013). Put a pencil in your mouth – the power of priming, available at http://www.marketingsociety.com/the-library/put-pencilyour-mouth-power-priming

4 Hampton, K., Goulet, L.S., Marlow, C., et al. (2012). Why most Facebook users get more than they give, PewResearchCenter, available at: www.pewinternet.org/2012/02/03/why-most-facebook-users-get-more-than-they-give/

第三章

1 Gallo, C. (2015). *Talk Like TED: The 9 Public-Speaking Secrets of the World's Top Minds*, St Martin's Press.

2 https://coschedule.com/blog/how-often-to-post-on-social-media/

第四章

1 Trelles-Tvede, S. (2016). What I Traded 1350 Vodka Red Bulls in for, TEDxKEA, available at: www.youtube.com/watch?v=8QndiGDebeE

第五章

1 Stevens, G.A. and Burley, J. (1997). 3000 Raw Ideas Equals 1 Commercial Success!, *Research Technology Management* 40, no. 3.

2 Jobs, S. (1996). Wired, February, available at: www.wired.com/1996/02/jobs-2/

3 Christensen, C. (1997). *The Innovator's Dilemma: When New Technologies Cause Great Firms to Fail*, Harvard Business Review Press.

第七章

1 Florida, R. and King, K.M. (2016). *Rise of the Global Startup City*, Martin Prosperity Institute.

2 Gompers, P. and Lerner, J. (2006). *The Venture Capital Cycle*, MIT Press.

3 Florida, R. (2002). *The Rise of the Creative Class. And How It's Transforming Work, Leisure and Everyday Life*, Basic Books.

4 Tax Foundation (2012). Capital Gains Rate By Country, 2011 (OECD), available at: www.taxfoundation.org/article/capital-gains-rate-country-2011-oecd

5 The Startup Compass Inc. (2015). Global Startup Ecosystem Ranking, available at: https://startup-ecosystem.compass.co/ser2015/

6 Ibid.

7 Ibid.

8 Creandum (2015). Nordic Tech Is on Fire–Almost 10% of Global BUSD Exits over Past 10 Years, available at: https://medium.com/creandum-family/nordic-tech-is-on-fire-almost-10-ofglobal-busd-exits-over-past-10-years-e52baf4de61#.davu5br1m

9 Cochrane, J.H. (2005). The Risk and Return of Venture Capital, NBER Working Paper No. 8066.

10 Cambridge Associates (2017). U.S. Venture Capital Index and Selected Benchmark Statistics.

11 Harris, R.S., et al. (2014). Private Equity Performance: What Do We Know?, *Journal of Finance* 69, issue 5, 1851–1882.

12 Acevedo, M.F. (2016). Building Momentum in Venture Capital across Europe, available at: www.kfw.de/PDF/Download-Center/Konzernthemen/Research/PDF-Dokumente-Studien-und-Materialien/Building-Momentum-in-Venture-Capital-across-Europe.pdf

13 Ibid.

14 Invest Europe (2016). 2015 European Private Equity Activity.

15 Ibid.

16 Simply stated, IRR stands for internal rate of return and is the average profit to the investors of the money invested, bearing in mind that the money invested varies a lot over the investment period. A more complete definition is: The IRR is the interim net return earned by investors (limited partners) in the fund from inception to a stated date. It is calculated as an annualized effective compounded rate of return using cash flows given to and drawn from investors, together with the quarter-end valuation of the fund's unliquidated holdings or residual value as a terminal cash flow to investors. Pooled IRR is an IRR obtained by aggregating all funds in a sample into a pool as if they were a single fund.

17 All funds' IRR exceed any sub-category because it is based on overall top quartile rather than sub-sector top quartile.

18 Thomson Reuters and EVCA (2014). 2013 Pan-European Private Equity Performance Benchmarks Study.

19 Hege, U., Palomino, F., et al. (2008). Venture Capital Performance: The Disparity Between Europe and the United States, available at: https://mpra.ub.uni-muenchen.de/39551/1/MPRA_paper_39551.pdf

20 Creandum (2015). Creandum Nordic Exit Analysis 2015.

第八章

1 Named after Max Marmer, who started the Startup Genome project and who also founded Compass.

2 Morris, G. (2012). Average Venture Capital Deal Sizes Globally in 2012 – December 2012, available at: http://www.preqin.com/blog/0/6044/vc-deals-2012.9,12

3 fundable.com. Startup Funding Infographic, available at: http://www.fundable.com/learn/resources infographics/startup-funding-infographic

4 Swisher, K. (2010). Series Seed Documents–With an Assist From Andreessen Horowitz – To Help Entrepreneurs with Legal Hairballs, available at: allthingsd.com

5 Wasserman, N. (2013). *The Founder's Dilemmas: Anticipating and Avoiding the Pitfalls That Can Sink a Startup*, Princeton University Press.

6 Ibid.

7 Wiltbank, R. and Boeker, W. (2007). Returns to Angel Investors in Groups, available at: https://papers.ssrn.com/sol3/papers.cfm?abstract_id=1028592

8 https://angelresourceinstitute.org/research/report.php?report=101&name=2016%2520Angel%2520Returns%2520Study

9 Wasserman, N. (2013). *The Founder's Dilemmas: Anticipating and Avoiding the Pitfalls That Can Sink a Startup*, Princeton University Press.

10 The Startup Compass Inc. (2015). Global Startup Ecosystem Ranking, available at: https://startup-ecosystem.compass.co/ser2015/

11 Wasserman, N. (2013). *The Founder's Dilemmas: Anticipating and Avoiding the Pitfalls That Can Sink a Startup*, Princeton University Press.

12 https://github.com/ethereum/wiki/blob/master/drafts/%5Benglish%5D-old-ethereum-whitepaper.md

13 https://coinjournal.net/vitalik-buterin-90-icos-will-fail/

14 Mikey, T. (2016) One-third of U.S. Startups That Raised a Series A in 2015 Went Through an Accelerator, *PitchBook*, 5 February.

15 Cowan, D. (2014). In Ramsinghani, M., *The Business of Venture Capital*, John Wiley & Sons.

16 The Startup Compass Inc. (2015). Global Startup Ecosystem Ranking, available at: https://startup-ecosystem.compass.co/ser2015/

17 Wasserman, N. (2013). *The Founder's Dilemmas: Anticipating and Avoiding the Pitfalls That Can Sink a Startup*, Princeton University Press.

18 Ramada, A.l., Peterson, D. and Lochhead, C., et al. (2016). *Play Bigger*, HarperCollins.

19 The Startup Compass Inc. (2015). Global Startup Ecosystem Ranking, available at: https://startup-ecosystem.compass.co/ser2015/

20 Wasserman, N. (2013). *The Founder's Dilemmas: Anticipating and Avoiding the Pitfalls That Can Sink a Startup*, Princeton University Press.

21 Thomson Reuters and EVCA (2014). 2013 Pan-European Private Equity Performance Benchmarks Study.

第九章

1 DocSend. What We Learned from 200 Startups Who Raised $360M, available at: http://www.docsend.com/view/p8jxsqr

2 Miller, C.C. (2013). Google Ventures Stresses Science of Deal, Not Art of the Deal, *New York Times*, 23 June.

3 The Danish Growth Fund (2016). What Can We Learn from 15 Years of Venture Investments?, available at: www.vf.dk/

4 DocSend. What We Learned from 200 Startups Who Raised $360M, available at: http://www.docsend.com/view/p8jxsqr

5 World Economic Forum (2017). A computer was asked to predict which start-ups would be successful. The results were astonishing, available at: www.weforum.org/agenda/2017/07/computer-ai-machine-learning-predict-the-success-of-startups/

6 Huet, E. (2017). These Are the 50 Most Promising Startups You've Never Heard Of, Bloomberg, March 9, available at: www.bloomberg.com/graphics/2017-fifty-best-startups/

7 Davis, A. (2017). Venture-Capital Firms Use Big Data to Seek Out the Next Big Thing, *The Wall Street Journal*, 24 April.

8 Balachandra, L. and Corbett, A. (working paper). Calm, Cool and Competent: The Impact of an Entrepreneur's Displayed Emotions on Investor Decisions; Balachandra, L. (working paper). Pitching Trust: Investors Value Character Over Competency; Balachandra, L.

(forthcoming). Don't Pitch Like a Girl! How Gender Stereotypes Influence Investor Decisions, *Entrepreneurship Theory and Practice.*

9 Pentland, S. and Olguín, D. (2010). Defend Your Research: We Can Measure the Power of Charisma, available at: https://hbr.org/2010/01/defend-your-research-we-can-measure-the-power-of-charisma

10 Payne, B. (2007). Valuation of Pre-revenue Companies: The Venture Capital Method, available at: entrepreneurship.org, 1 July. See also Fund, S. (2015). *The Angel Investor Market in 2015: A Buyer's Market*, Center for Venture Research.

11 Ramsinghani, M. (2014). *The Business of Venture Capital*, John Wiley & Sons.

12 Kawasaki, G. (2006). The Top Ten Lies of Entrepreneurs, available at: www.guykawasaki.com/the_top_ten_lie_1-3/

13 Blank, S. (2011). Tune In, Turn On, Drop Out – The Startup Genome Project, available at: http://www.steveblank.com/2011/05/29/tune-in-turn-ondrop-out-the-startup-genome-project/

第十章

1 Miller, C.C. (2013). Google Ventures Stresses Science of Deal, Not Art of the Deal, *New York Times*, 23 June.

2 Gorman, M. and Sahlman, W.A. (1989). What Do Venture Capitalists Do?, *Journal of Business Venturing* 4, no. 4, pp. 231–248.

3 Wasserman, N. (2013). *The Founder's Dilemmas: Anticipating and Avoiding the Pitfalls That Can Sink a Startup*, Princeton University Press.

4 Marmer, M., Herrmann, B.L., Dogrultan, E., et al. (2012). *Startup Genome Report – A New Framework for Understanding Why Startups Succeed*, Startup Genome.

5 Amit, R., MacCrimmon, K.R., Zietsma, C., et al. (2000). Does Money Matter?: Wealth Attainment as the Motive for Initiating Growth-Oriented Technology Ventures, *Journal of Business Venturing* 16, issue 2, pp. 119–143.

6 Wadhwa, V., Aggarwal, R., Holly, K., et al. (2009). *The Anatomy of an Entrepreneur: Family Background and Motivation*, Ewing Marion Kauffman Foundation.

7 Davidsson, P. and Honig, B. (2003). The Role of Social and Human Capital Among Nascent Entrepreneurs, *Journal of Business Venturing* 18, issue 3, pp. 301–331.

8 The Startup Compass Inc. (2015). Global Startup Ecosystem Ranking, available at: https://startup-ecosystem.compass.co/ser2015/

9 Wasserman, N. (2013). *The Founder's Dilemmas: Anticipating and Avoiding the Pitfalls That Can Sink a Startup*, Princeton University Press.

10 Ibid.

11 Marmer, M., Herrmann, B.L., Dogrultan, E., et al. (2012). *Startup Genome Report – A New Framework for Understanding Why Startups Succeed*, Startup Genome.

12 Gompers, P.A., et al. (2006). Skill vs. Luck in Entrepreneurship and Venture Capital: Evidence from Serial Entrepreneurs, NBER Working Paper No. 12592.

13 Wasserman, N. (2013). *The Founder's Dilemmas: Anticipating and Avoiding the Pitfalls That Can Sink a Startup*, Princeton University Press.

14 Ibid.

15 Ibid.

16 Ibid.

17 Marmer, M., Herrmann, B.L., Dogrultan, E. and Berman, R. (2012). *Startup Genome Report – A New Framework for Understanding Why Startups Succeed*, Startup Genome.

第十一章

1 www.inc.com/jeff-bussgang/scaling-a-business-is-hard.html

2 Wasserman, N. (2013). *The Founder's Dilemmas: Anticipating and Avoiding the Pitfalls That Can Sink a Startup*, Princeton University Press.

3 The Startup Compass Inc. (2015). Global Startup Ecosystem Ranking, available at: https://startup-ecosystem.compass.co/ser2015/

4 OECD. (2006). Tax Policy Study No. 11: The Taxation of Employee Stock Options.

5 Kaplan, S. et al. (2009). Should Investors Bet on the Jockey or the Horse? Evidence from the Evolution of Firms from Early Business Plans to Public Companies, *The Journal of Finance* LXIV, no. 1 February.

6 Wasserman, N. (2013). *The Founder's Dilemmas: Anticipating and Avoiding the Pitfalls That Can Sink a Startup*, Princeton University Press.

7 Ibid.

8 https://twitter.com/richardbranson/status/449220072176107520?lang=en

9 Oncken, W.Jr. and Wass, D.L. (1999). Management Time – Who's Got the Monkey?, *Harvard Business Review*, November.

10 Horowitz, B. (2014). *The Hard Thing About Hard Things*, HarperCollins.

第十二章

1 Ellis, S. (2009). The Startup Pyramid, available at: www.startup-marketing.com/the-startup-pyramid

2 Marmer, M., Herrmann, B.L., Dogrultan, E. and Berman, R. (2012). *Startup Genome Report–A New Framework for Understanding Why Startups Succeed*, Startup Genome.

3 Ibid.

4 Poppendieck, M. and Poppendieck, T. (2003). *Lean Software Development – An Agile Toolkit*, Addison-Wesley Professional.

5 Cohen, D. (2010). Small Asks First, available at: http://www.davidgcohen.com/2010/10/28/smallasks-first/

6 National Geographic (2013). The Decoy Effect, available at: www.youtube.com/watch?v=33aaQdtD20k

7 Iyengar, S.S. and Lepper, M. (2000). When Choice Is Demotivating – Can One Desire Too Much of a Good Thing?, *Journal of Personality and Social Psychology* 79, no. 6, pp. 995–1006.

8 Bygrave, W.D., et al. (2007) Pre-Startup Formal Business Plans and Post-Startup Performance: A Study of 116 New Ventures, *Venture Capital Journal* 9, no. 4, pp. 1–20, October.

9 Startup Genome (2011). Startup Genome Report 1, available at: https://startupgenome.com/

10 Blank, S. and Dorf, B. (2012). *The Startup Owner's Manual*, K&S Ranch Publishing.

第十三章

1 www.marketingmag.com.au/news-c/ibms-ceo-on-data-the-death-of-segmentation-and-the-18-month-deadline

2 Ramadan, A., et al. (2016). *Play Bigger*, HarperCollins.

3 www.apple.com/newsroom/2010/01/27Apple-Launches-iPad

第十四章

1 Marmer, M., Herrmann, B.L., Dogrultan, E. and Berman, R. (2012). *Startup Genome Report – A New Framework for Understanding Why Startups Succeed*, Startup Genome.

2 Moore, G.E. (2014). *Crossing the Chasm*, HarperCollins.

第十五章

1 Gerken, L.C. (2014). *The Little Book of Venture Capital Investing*, John Wiley & Sons.

第十七章

1 Specifically, we recommend that you start with one of the following three books: Swensen, D.F. (2005). *Unconventional Success: A Fundamental Approach to Personal Investment*, Free Press; Siegel, J.J. (2002). *Stocks for the Long Run: The Definitive Guide to Financial Market Returns and Long-Term Investment Strategies*, McGraw-Hill; Kaplan, P.D. (2011). *Frontiers of Modern Asset Allocation*, John Wiley & Sons.